8 REGRAS DO AMOR

JAY SHETTY

8 REGRAS DO AMOR

Como encontrá-lo,
mantê-lo e deixá-lo partir

SEXTANTE

Título original: *8 Rules of Love – How to Find it, Keep it, and Let it Go*
Copyright © 2023 por Jay R. Shetty
Copyright da tradução © 2024 por GMT Editores Ltda.

Todos os direitos reservados. Nenhuma parte deste livro pode ser utilizada ou reproduzida sob quaisquer meios existentes sem autorização por escrito dos editores.

tradução: Bruno Fiuza
preparo de originais: Rafaella Lemos
revisão: Hermínia Totti e Luis Américo Costa
diagramação: Valéria Teixeira
capa: Rodrigo Corral Studio
adaptação de capa: Natali Nabekura
impressão e acabamento: Associação Religiosa Imprensa da Fé

CIP-BRASIL. CATALOGAÇÃO NA PUBLICAÇÃO
SINDICATO NACIONAL DOS EDITORES DE LIVROS, RJ

S557o
    Shetty, Jay
        8 regras do amor / Jay Shetty ; tradução Bruno Fiuza. - 1. ed. - Rio de Janeiro : Sextante, 2024.
        320 p. ; 23 cm.

        Tradução de: 8 rules of love
        ISBN 978-65-5564-793-8

        1. Amor. 2. Relação homem-mulher. 3. Relações interpessoais. I. Fiuza, Bruno. II. Título.

23-87097   CDD: 152.41
                                  CDU: 159.942.52:392.61

Meri Gleice Rodrigues de Souza - Bibliotecária - CRB-7/6439

Todos os direitos reservados, no Brasil, por
GMT Editores Ltda.
Rua Voluntários da Pátria, 45 – 14º andar – Botafogo
22270-000 – Rio de Janeiro – RJ
Tel.: (21) 2538-4100
E-mail: atendimento@sextante.com.br
www.sextante.com.br

*Para a minha mãe, por ter me
ensinado a amar infinitamente*

*Para a minha irmã, por ter me
ensinado a amar incondicionalmente*

*Para a minha esposa, por ter me
ensinado a amar de verdade*

Sumário

Introdução — 9

PARTE UM
SOLIDÃO: APRENDENDO A AMAR A SI MESMO

REGRA 1 Aprenda a ficar sozinho — 24
REGRA 2 Não ignore seu karma — 50
  Escreva uma carta de amor para si mesmo — 85
  Meditação para a solitude — 87

PARTE DOIS
COMPATIBILIDADE: APRENDENDO A AMAR OS OUTROS

REGRA 3 Defina o amor antes de pensar nele, senti-lo ou expressá-lo — 90
REGRA 4 O seu parceiro é o seu guru — 116
REGRA 5 O propósito em primeiro lugar — 143
  Escreva uma carta de amor para o seu parceiro — 183
  Meditação para a compatibilidade — 185

PARTE TRÊS
CURA: APRENDENDO A AMAR EM MEIO ÀS DIFICULDADES

REGRA 6 Ganhar ou perder juntos	188
REGRA 7 Como continuar inteiro após a separação	223
Escreva uma carta de amor para ajudá-lo a se curar	271
Meditação para a cura através do amor	273

PARTE QUATRO
CONEXÃO: APRENDENDO A AMAR A TODOS

REGRA 8 Cada vez mais amor	276
Escreva uma carta de amor para o mundo	298
Meditação para se conectar	300
Agradecimentos	302
Nota do autor	304
Referências	305

Introdução

"Qual é a diferença entre gostar e amar?", pergunta um aluno. O professor responde: "Quando gosta de uma flor, você a colhe. Quando ama uma flor, você a rega diariamente." Esse diálogo, que costuma ser citado com frequência, ilustra uma das minhas visões preferidas sobre o amor. Somos atraídos pela beleza – ansiamos por ela – e a queremos para nós. Essa é a flor que colhemos e de que desfrutamos. Mas a atração, assim como uma flor colhida, mais cedo ou mais tarde murcha e a jogamos fora. Quando se transforma em amor, porém, a atração exige mais cuidado. Quando queremos manter uma flor viva, não a cortamos para colocá-la em um vaso. Nós lhe damos luz, solo e água. E somente quando cuida de uma flor por algum tempo, fazendo o possível para mantê-la viva, é que você experimenta plenamente sua beleza – o frescor, a cor, o perfume, o desabrochar. Você repara nos delicados detalhes de cada pétala. Você a vê reagir às estações. Você sente alegria e satisfação quando um novo botão aparece e fica emocionado quando ele se abre.

Somos atraídos pelo amor como somos atraídos por uma flor, por sua beleza e seu fascínio em primeiro lugar. Mas só podemos mantê-lo vivo com cuidado e atenção consistentes. O amor é um esforço diário.

Neste livro quero desenvolver com você o hábito do amor. Vou apresentar práticas, atitudes e ferramentas que vão ajudá-lo a amar de uma forma que traz recompensas diárias, estação após estação.

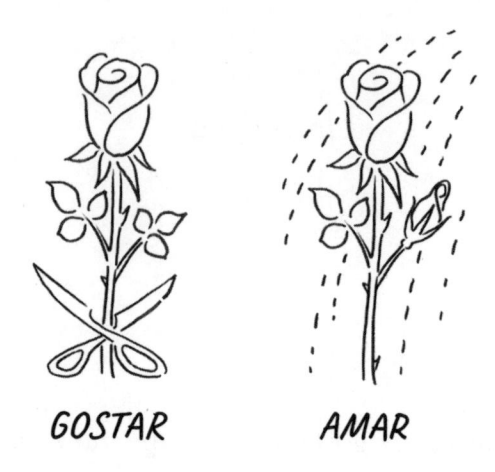

GOSTAR   AMAR

Dizem que a maior busca da vida humana é amar e ser amado. Acreditamos no amor – é da nossa natureza. Somos atraídos por histórias românticas, ansiamos por viver uma e torcemos para que o verdadeiro amor seja possível. Mas muitos de nós também sabem como é ser uma flor que foi colhida e colocada na água apenas para murchar e perder as pétalas. Talvez você já tenha se sentido assim ou já tenha colhido e jogado fora algumas flores. Ou, quem sabe, ainda não tenha encontrado o amor e continue à procura. Essas decepções podem se apresentar de diferentes formas: acreditar que você estava apaixonado e depois se sentir enganado. Achar que era amor, apenas para descobrir que era só tesão. Ter certeza de que era amor, mas descobrir que era mentira. Ter esperança de que o amor duraria e vê-lo desvanecer. Pode ser que você tenha medo de compromisso ou que escolha pessoas que têm. Talvez estabeleça padrões muito altos e acabe nem dando chance ao outro. Pode ser que ainda esteja com um ex na cabeça ou que simplesmente tenha tido azar. Em vez de se apaixonar por falsas promessas ou por parceiros aquém das suas expectativas, em vez de se sentir derrotado ou perdido, em vez de ficar com o coração partido, quero que você experimente o amor expansivo que tanto espera que exista.

O amor romântico é ao mesmo tempo familiar e complexo. Já foi visto e descrito de infinitas formas ao longo do tempo e por diferentes culturas. O psicólogo Tim Lomas, professor do Human Flourishing Program, em Harvard, analisou cinquenta idiomas e identificou quatorze tipos singulares de amor. Os gregos antigos diziam que havia sete tipos básicos: *Eros*, o amor sexual ou passional; *Philia*, a amizade; *Storge*, o amor familiar; *Agape*, o amor universal; *Ludus*, o amor casual ou sem compromisso; *Pragma*, o pautado no dever ou em outros interesses; e *Philautia*, o amor-próprio. Uma análise da literatura chinesa de quinhentos a 3 mil anos atrás revela muitas formas de amor, do amor passional e obsessivo ao amor devotado, passando pelo amor casual. Na língua tâmil, existem mais de cinquenta palavras para vários tipos e nuances de amor, como *amor enquanto graça, amor dentro de um relacionamento gratificante* e *um derreter por dentro devido ao sentimento de amor*. Em japonês, o termo *koi no yokan* descreve a sensação de conhecer uma pessoa e sentir que você está destinado a se apaixonar por ela, e *kokuhaku* descreve uma declaração de compromisso amoroso. Na língua bodo, da Índia, *onsra* descreve a percepção de que um relacionamento vai terminar.

A própria cultura ocidental descreve o amor de inúmeras formas. Se olharmos para as cinquenta melhores canções de amor de todos os tempos segundo a *Billboard*, elas nos dizem que o amor é uma emoção de segunda mão (Tina Turner), uma montanha-russa (Ohio Players), uma ressaca (Diana Ross), uma coisinha maluca (Queen). O amor deixou a Beyoncé *so crazy right now* e Leona Lewis não para de sangrar amor. Os filmes idealizam o amor, mas raramente ficamos sabendo o que acontece depois do felizes para sempre. Com tantos pontos de vista, retratos e parábolas de amor ao nosso redor todos os dias, quero que este livro o ajude a criar sua própria definição de amor e a desenvolver as habilidades para praticar e desfrutar desse amor todos os dias.

Quando eu tinha 21 anos, faltei à formatura da faculdade e fui para um *ashram* num vilarejo perto de Mumbai. Passei três anos lá, vivendo como um monge hindu, meditando, estudando as escrituras antigas e trabalhando como voluntário junto com meus companheiros de monastério.

As escrituras hindus mais antigas que estudamos são conhecidas como os Vedas. Eles foram escritos no idioma sânscrito há mais de 5 mil anos em folhas de palmeira – a maioria das quais não existe mais. Mas os textos sobreviveram. Alguns estão até disponíveis na internet. Sua presença e relevância no mundo moderno sempre me impressionam e me inspiram. Há dezesseis anos venho estudando essas escrituras, e durante os três anos em que vivi como monge me dediquei profundamente a elas. Quando me dei conta de quanta sabedoria prática e acessível havia escondida nos Vedas, comecei a compartilhar essas mensagens e esses insights com pessoas do mundo todo em podcasts, livros e vídeos. Hoje em dia, grande parte do meu trabalho consiste em aconselhar indivíduos e casais, e formar pessoas para fazer o mesmo. Isso me permitiu certificar mais de 2 mil *coaches*, todos eles a partir de um currículo que desenvolvi com base nos princípios védicos.

Usei a sabedoria dos Vedas para formular os conceitos deste livro porque esses antigos escribas falam de amor de formas que eu nunca tinha ouvido antes. O que eles dizem é simples e acessível – uma perspectiva antiga que oferece um novo ponto de vista. Os Vedas me apresentaram aos conceitos fundamentais de que o amor tem estágios, que é um processo, e que todos nós desejamos amar e ser amados. Ao trabalhar com indivíduos e casais, seus relacionamentos e suas transições, vi que esses conceitos resistem à prova de fogo da vida real. Depois, nos comentários dos meus vídeos e nas reações ao meu podcast, vi e ouvi pessoas lutando com os mesmos padrões recorrentes em seus relacionamentos, muitas vezes questões que eu havia trabalhado com sucesso com meus clientes usando os ensinamentos védicos. Escrevi este livro para que qualquer um possa ter acesso a esses princípios e tenha a possiblidade de debatê-los com amigos, parentes e companheiros. Eu me baseei nas orientações dos Vedas, no que funcionou com os meus clientes, nas minhas viagens e no que aprendi com meus companheiros monges. Amo a interseção entre a ciência moderna e a sabedoria antiga. As ideias apresentadas aqui têm respaldo de ambas, embora estejamos empregando os ensinamentos védicos de modos que nunca foram usados antes, aplicando ensinamentos espirituais aos relacionamentos terrenos.

A PRÁTICA DO AMOR

Ninguém nos coloca numa sala de aula e nos ensina a amar. O amor está por toda parte, mas pode ser difícil aprender com amigos e familiares, já que eles também estão apenas improvisando. Alguns estão à procura do amor. Outros estão apaixonados e cheios de esperança. Outros ainda podem estar iludindo um ao outro ou praticando *ghosting*. Alguns estão juntos, mas não se amam. Outros estão se separando porque simplesmente não conseguem descobrir como fazer o relacionamento dar certo. E outros ainda parecem contentes em seus relacionamentos amorosos. Todo mundo tem um conselho: *Você só precisa de amor. Quando encontrar sua alma gêmea, você vai saber. Você pode mudar o outro. Um relacionamento deve ser fácil. Os opostos se atraem.* Mas é difícil saber que conselho seguir e por onde começar. Não podemos esperar entender o amor se nunca nos ensinaram a dá-lo nem a recebê-lo. Tampouco nos disseram como lidar com as nossas emoções em conexão com as de outra pessoa, como entender o outro ou como construir e cultivar um relacionamento no qual os dois lados prosperem.

A maioria dos conselhos amorosos ensina a encontrar a Pessoa Certa. Achamos que existe alguém perfeito para nós, uma alma gêmea e única, e os aplicativos de namoro reforçam essa crença. É maravilhoso quando isso acontece, mas não é assim com todo mundo e nem sempre é tão perfeito. Este livro é diferente porque não fala sobre encontrar a pessoa ou o relacionamento perfeito e deixar tudo o mais ao acaso. Quero ajudar você a construir deliberadamente o amor, em vez de ficar sonhando, desejando e esperando que ele caia pronto do céu. Quero ensinar a lidar com os desafios e as imperfeições que encontramos na jornada rumo ao amor. Quero que você crie um amor que cresça a cada dia, que se expanda e evolua, não um que já venha resolvido e completo. Não temos como saber onde ou quando vamos encontrar o amor, mas podemos nos preparar para isso e pôr em prática tudo que aprendemos ao encontrá-lo.

Os Vedas identificam quatro fases da vida, e essas são as salas de aula nas quais aprenderemos as regras do amor para que possamos reconhecê-lo e aproveitá-lo ao máximo quando ele aparecer no nosso caminho. Em vez de apresentar o amor como um conceito etéreo, eles o descrevem como uma série de etapas, estágios e experiências que traçam um caminho claro a ser seguido. Depois de aprendermos as lições de um nível, passamos para o seguinte. Se tivermos dificuldades ou se avançarmos para a etapa seguinte antes de termos concluído a anterior, simplesmente voltamos à lição de que precisamos – a vida nos empurra de volta a essa tarefa. As quatro salas de aula são: *Brahmacharya ashram*, *Grhastha ashram*, *Vanaprastha ashram* e *Sannyasa ashram*.

Se você procurar a palavra *ashram* no dicionário, vai descobrir que significa "ermida". O sentido das palavras sânscritas costuma ser simplificado quando as traduzimos para outros idiomas, mas na prática elas têm mais profundidade. Eu defino *ashram* como uma escola de aprendizagem, crescimento e apoio. Um santuário para o autodesenvolvimento, um pouco como o *ashram* onde passei meus anos como monge. Em todas as fases da vida temos algo a aprender. Pense na vida como uma série de salas de aula, ou *ashrams*, nas quais aprendemos várias lições.

Cada um nos leva a um nível diferente de amor.

OS QUATRO ASHRAMS

- **Brahmacharya** — Preparando-se para o amor
- **Grhastha** — Praticando o amor
- **Vanaprastha** — Protegendo o amor
- **Sannyasa** — Aperfeiçoando o amor

O primeiro ashram: Preparando-se para o amor

No primeiro *ashram*, *Brahmacharya*, nós nos preparamos para o amor. Não entramos em um carro e saímos por aí dirigindo sem antes nos matricularmos em uma autoescola e praticar em locais seguros. Quando começamos em um novo emprego, pode ser que nos preparemos aprendendo a usar um novo programa de computador, conversando com as pessoas com quem vamos trabalhar ou revisando quaisquer habilidades de que possamos precisar. E nos preparamos para o amor aprendendo a amar a nós mesmos quando estamos sozinhos. A sós, aprendemos a nos entender, a curar nossas dores e a cuidar de nós mesmos. Desenvolvemos competências como compaixão, empatia e paciência (Regra 1). Isso nos prepara para compartilhar o amor porque vamos precisar dessas qualidades quando amarmos outra pessoa. Também vamos examinar nossos relacionamentos anteriores para evitar cometer os mesmos erros nos relacionamentos futuros (Regra 2).

O segundo ashram: Praticando o amor

O segundo *ashram*, *Grhastha*, é quando estendemos nosso amor aos outros sem deixar de amar a nós mesmos. Os três capítulos que tratam desse estágio explicam como entender, apreciar e cooperar com outra mente e outros valores e preferências.

Temos a tendência de simplificar demais o amor, achando que tudo não passa de uma questão de química e compatibilidade. Romance e atração são, de fato, os pontos iniciais de conexão, mas eu defino o amor mais profundo como o que você sente quando gosta da personalidade de uma pessoa, respeita seus valores e a ajuda a alcançar seus objetivos em um relacionamento de longo prazo. Você pode se sentir assim em relação aos seus amigos – e espero que sinta! –, mas estou falando sobre manter essa postura quando mora com uma pessoa, convive com ela dia após dia e partilha suas maiores alegrias, frustrações e todos os outros aspectos mundanos e intensos da vida cotidiana.

No estágio *Grhastha* vamos falar sobre como saber se você está apaixonado (Regra 3), como aprender e crescer com seu parceiro (Regra 4) e como definir prioridades e administrar o tempo e o espaço de cada um no relacionamento (Regra 5).

O *terceiro* ashram: Protegendo o amor

Vanaprastha, o terceiro *ashram*, é um espaço de cura para o qual nos retiramos em busca de paz. Vamos parar aqui após o fim de um relacionamento, após uma perda ou quando a vida familiar mudou e passou a exigir menos da nossa atenção. Depois de aprender a dar amor aos outros em *Grhastha*, esse é um interlúdio no qual refletimos sobre a experiência de amar, descobrimos o que pode bloquear nossa capacidade de amar e trabalhamos o perdão e a cura. No estágio *Vanaprastha*, aprendemos a resolver conflitos para proteger o nosso amor (Regra 6), a saber quando terminar um relacionamento e como lidar com esse término (Regra 7) – e ao fazer isso protegemos a nós mesmos e à nossa capacidade de amar.

O *quarto* ashram: Aperfeiçoando o amor

O quarto *ashram*, *Sannyasa*, é o ápice do amor – quando estendemos nosso amor a todas as pessoas e todos os momentos de nossa vida. Nessa fase, o nosso amor se torna ilimitado. Percebemos que podemos experimentar o amor a qualquer hora, com qualquer um. Aprendemos a amar de novo e de novo (Regra 8). Batalhamos por alcançar essa perfeição, mas jamais a alcançamos.

Muitos de nós passam por esses quatro *ashrams* sem aprender as lições que eles nos trazem. No primeiro, resistimos a ficar sozinhos e desperdiçamos o crescimento que a solitude proporciona. No segundo, evitamos as lições que vêm dos desafios que acompanham qualquer relacionamento. No terceiro, não assumimos a responsabilidade pela nossa própria cura. E o quarto – amar a todos – é algo que nem sequer cogitamos porque não fazemos ideia de que seja possível.

Este livro segue a ordem desses *ashrams*, que essencialmente seguem o ciclo dos relacionamentos – desde a preparação, passando pela prática e a proteção, até o aperfeiçoamento do amor. Pensando nesses quatro *ashrams*, procurei resumi-los a oito regras que precisamos aprender e qualidades que precisamos desenvolver para passar de um estágio a outro: duas regras para se preparar para o amor, três para praticá-lo, duas para protegê-lo e uma para batalhar rumo ao amor perfeito. Oito regras atemporais e universais. Esses princípios são cumulativos e se desenvolvem em conjunto. Minha intenção é que você os aborde nessa ordem, mas eles nos são úteis em qualquer idade e estágio de um relacionamento. Alguns são contraintuitivos. Falo sobre a solitude como o início do amor. Digo que você deve colocar o seu propósito antes do de seu parceiro. Explico que o seu parceiro é seu guru. São novas abordagens em relação ao amor que vão guiá-lo para que você saiba como aumentar suas chances de encontrar o amor, o que procurar no primeiro encontro, o que fazer se você tiver um "tipo", como se apresentar, quando dizer "Eu te amo", quando assumir um compromisso, como lidar com conflitos, como administrar uma casa e quando colocar um fim no relacionamento.

Cada uma dessas regras o ajuda a desenvolver uma mentalidade voltada para o amor, esteja você solteiro, em um relacionamento ou passando por um término. Você pode praticar a solitude num relacionamento. Pode repensar sua postura diante do conflito, não importa a sua situação. Essas regras se aplicam a todas as circunstâncias da vida.

Este livro não é uma coletânea de técnicas de manipulação. Não vou ensinar cantadas para puxar conversa com as pessoas. Não vou lhe dizer como se tornar a pessoa que o outro quer que você seja nem como transformar o outro em quem você quer que ele seja. Esse livro fala sobre abraçar suas preferências e inclinações, para não perder tempo com pessoas que não são compatíveis com você. Sobre aprender a mostrar seus valores, não a se vender. Sobre deixar de lado toda raiva, ganância, vaidade, dúvida e confusão que obscurecem seu coração e interferem em sua capacidade de amar. Ao longo do caminho, vou oferecer técnicas para ajudar você a lidar com a solidão, deixar de lado as expectativas, cultivar a intimidade e se curar de um coração partido.

Quando decidi pedir Radhi em casamento, estava determinado a organizar o melhor e mais romântico pedido de todos os tempos. Perguntei a um amigo sobre anéis de noivado e comprei para ela um anel clássico de diamante. Então, em uma bela noite de primavera em 2014, sugeri que nos encontrássemos perto da London Bridge para dar um passeio pela margem do Tâmisa (morávamos em Londres nessa época). Eu disse que iríamos jantar em um lugar bacana, ciente de que ela escolheria uma roupa apropriada para a noite que eu havia planejado. Assim que passamos por um local idílico, com uma das melhores vistas da cidade, um sujeito apareceu de repente e entregou a Radhi um enorme buquê. Enquanto ela se maravilhava com as flores, um grupo *a cappella* irrompeu e se juntou ao sujeito do buquê para cantar "Marry You", do Bruno Mars. Eu me ajoelhei e a pedi em casamento. Ela chorou; eu chorei também. Depois que ela disse sim, chegou o entregador com o jantar vegano que eu havia encomendado e nos sentamos para comer a uma mesa montada às margens do Tâmisa. Ela achou que toda aquela fanfarronice tivesse chegado ao fim e nos levantamos para ir para casa, mas, ao virarmos uma esquina, havia uma carruagem puxada por cavalos brancos. Embarcamos e fomos levados em um passeio pela cidade, passando por todos os principais pontos turísticos. Ela gritava "Estou noiva!" e os transeuntes comemoravam conosco. Por fim, fomos compartilhar a novidade com os pais dela.

No entanto, no caminho até lá começaram a aparecer manchas vermelhas em todo o rosto de Radhi. Quando chegamos à casa dos pais dela, ela estava coberta de erupções, e as primeiras palavras deles para nós não foram "Parabéns!", mas "O que há de errado com o seu rosto?". Nesse dia descobrimos que ela é alérgica a cavalos.

Eu achava que tivesse coreografado o pedido de casamento perfeito, mas, com o passar do tempo, me dei conta de que todas as minhas ideias tinham saído diretamente de filmes da Disney e vídeos virais de pedido de casamento. Radhi gosta mesmo de música *a cappella*? Claro, mas não gosta de gestos grandiosos. Ela tem algum apego ao Tâmisa ou a passeios de carruagem por Londres? Na verdade, não. Claro, estar perto de cavalos e coberta de erupções não era a noite dos sonhos dela. E, no fim das contas, diamante não é sua pedra preciosa preferida. Do que Radhi gosta de verdade? Ela adora comer e, embora eu tenha conseguido que um restaurante vegano nos entregasse o jantar à beira do rio, a comida chegou fria e sem graça. O detalhe que ela mais poderia apreciar foi o que menos planejei, e a execução foi péssima. Além disso, ela adora a família. Se eu tivesse pensado nisso, poderia ter planejado que eles, não os cantores, saíssem de trás dos arbustos para nos surpreender. Ela teria adorado.

Nós nos divertimos e eu tive sorte – Radhi disse sim e nunca reclamou de nada –, mas o meu pedido não foi particularmente pessoal.

Ao longo da vida eu tinha visto declarações de amor com gestos românticos exagerados e achava que essa era a única forma de demonstrar o que eu sentia. A alergia foi um pequeno sinal de que eu não sabia o que estava fazendo; de que deveria pensar na pessoa que estava à minha frente, e não nas imagens de amor dos contos de fadas com que somos constantemente bombardeados.

Durante a vida toda estive cercado por histórias que me diziam como o amor deveria ser. Todos nós estivemos. E a maioria das pessoas inconscientemente gravita – no amor e em todos os outros aspectos da vida – em torno de um caminho convencional. Nos relacionamentos heterossexuais, os homens ainda são os maiores responsáveis pelos pedidos de casamento. No site de casamentos The Knot, 97% das histórias são de homens fazendo o pedido de casamento. Oitenta por cento das noivas ganham um anel de noivado de diamante. De acordo com uma pesquisa da revista *Brides*, mais de 80% das noivas usam branco e 76% das mulheres adotam o sobrenome do marido. A família nuclear ainda é a estrutura familiar mais comum nos Estados Unidos, com apenas um em cada cinco americanos vivendo em uma casa com duas ou mais gerações adultas sob o mesmo teto – aproximadamente a mesma porcentagem da década de 1950. Setenta e dois por cento dos americanos vivem na cidade onde cresceram ou perto dela. E, embora o número de pessoas que dizem que *gostariam* de ter uma relação não exclusiva tenha aumentado, apenas cerca de 4% a 5% dos americanos estão de fato em um relacionamento não monogâmico consensual.

O amor estereotipado que expressei a Radhi não era o que sustentaria nosso relacionamento. Contos de fadas, filmes, canções e mitos não nos ensinam como praticar o amor todos os dias. Para isso é preciso aprender o que o amor significa para nós dois enquanto indivíduos e desaprender o que achávamos que significava. Por isso estou contando minha história imperfeita. Não sei nem entendi tudo. Radhi me ensinou muito sobre o amor, e continuo a aprender com ela. Estou compartilhando todos os conselhos deste livro com você ciente de quanto eu poderia tê-los usado e usarei no futuro. Amor não é encenar o pedido de casamento perfeito nem criar o relacionamento perfeito. É aprender a navegar pelas imperfeições intrínsecas a cada um de nós, aos nossos parceiros e à própria vida. Espero que este livro o ajude a fazer exatamente isso.

PARTE UM

SOLIDÃO: APRENDENDO A AMAR A SI MESMO

No primeiro *ashram*, *Brahmacharya*, nos preparamos para o amor entendendo como estar sozinhos e aprendendo com os nossos relacionamentos anteriores a aprimorar o próximo. Sozinhos, aprendemos a nos amar, nos compreender, curar nossas dores e cuidar de nós mesmos. Experimentamos *atma prema*, o amor-próprio.

REGRA 1

APRENDA A FICAR SOZINHO

*Eu gostaria de poder mostrar a você, quando se sente sozinho
ou nas trevas, a surpreendente luz do seu próprio ser.*
– Hafiz

Todos concordamos que ninguém quer se sentir solitário. Muitas pessoas até preferem continuar num relacionamento infeliz a ficar solteiras. Se você digitar a frase "Será que algum dia..." em algum mecanismo de busca na internet, ele prevê que suas próximas palavras serão "vou encontrar o amor", porque "Será que algum dia vou encontrar o amor" é a pergunta mais frequente que as pessoas fazem sobre o futuro.

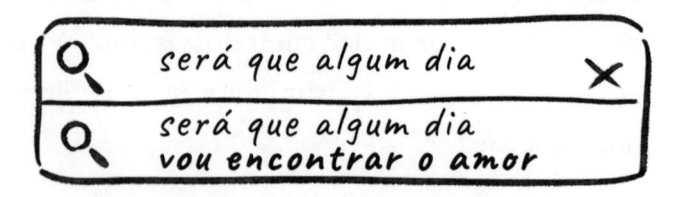

🔍 *será que algum dia* ✕
🔍 *será que algum dia vou encontrar o amor*

Essa pergunta revela nossa insegurança, nosso medo, nossa ansiedade em relação à solidão, e são justamente esses sentimentos que nos impedem de encontrar o amor. Pesquisadores da Universidade de Toronto fizeram uma série de estudos e descobriram que, quando temos medo de ficar solteiros, é mais provável nos contentarmos com relacionamentos menos satisfatórios. Especificamente, é mais provável nos tornarmos dependentes dos nossos parceiros e menos inclinados a terminar com eles, mesmo quando o relacionamento não atende às nossas necessidades.

Estar em um relacionamento parece ser a cura óbvia para a solidão. Só nos sentimos solitários porque estamos sozinhos, não é? Mas o medo da solidão interfere em nossa capacidade de tomar boas decisões sobre relacionamentos. Meu cliente Leo estava namorando Isla há quase um ano quando ela teve que se mudar da Filadélfia para Austin por causa do trabalho.

"Você deve fazer o que é melhor para você", ela lhe disse. "Quero ser sincera. Não sei ao certo que rumo nosso relacionamento está tomando." Ele ficou inseguro no começo, mas se mudou para Austin um mês depois dela.

"A maioria dos meus amigos estava em um relacionamento. Eu basicamente me sentia solteiro sem Isla, e não queria ficar solitário, então decidi ir junto." Em vez de pensar nos prós e contras da mudança – Quais eram as perspectivas de emprego para ele? O que ele estava deixando para trás na Filadélfia? Quem ele conhecia em Austin? Será que ele gostaria de lá? Esse passo traria algum benefício ao relacionamento? –, Leo estava focado principalmente em evitar a solidão.

Um mês depois que ele se mudou, Isla terminou o relacionamento. Leo foi para Austin a fim de evitar a solidão, mas acabou trabalhando remotamente em uma cidade onde não conhecia ninguém, sentindo-se mais solitário do que nunca.

Queremos escolher ou permanecer em um relacionamento com

base na insegurança e no desespero ou com base na satisfação e na alegria? A solidão nos faz correr para entrar de cabeça num namoro, nos mantém em relacionamentos errados e nos estimula a aceitar menos do que merecemos.

Precisamos aproveitar a solteirice ou passar algum tempo sozinhos quando estamos comprometidos para entender a nós mesmos, nossos prazeres e nossos valores. Quando aprendemos a amar a nós mesmos, desenvolvemos compaixão, empatia e paciência. Podemos então dispor dessas qualidades para amar outra pessoa. Dessa forma, ficarmos sozinhos – não *solitários*, mas confortáveis e confiantes nas situações em que fazemos nossas próprias escolhas, em que seguimos nossas próprias ideias e refletimos sobre nossas experiências – é o primeiro passo para nos prepararmos para amar os outros.

O MEDO DA SOLIDÃO

Não admira que tenhamos tanto medo de ficar sozinhos. Durante toda a nossa vida fomos ensinados a sentir esse medo. A criança que brincava sozinha no parquinho? Era chamada de esquisita. Aquela que deu uma festa de aniversário e nenhum coleguinha do grupo descolado apareceu? Ela se sentiu impopular. Não ser capaz de encontrar um acompanhante para levar a um casamento faz com que nos sintamos perdedores. A aterrorizante perspectiva de se sentar sozinho durante o almoço é um tema tão recorrente nos filmes sobre o ensino médio nos Estados Unidos que o nome "Steven Glansberg", um coadjuvante irrelevante de *Superbad*, virou verbete do Urban Dictionary com o sentido de "aquele garoto que senta sozinho na hora do almoço todos os dias comendo sua sobremesa". Incutiram em nós a ideia de que precisávamos arranjar uma companhia para o baile de formatura e estar cercados de um esquadrão de amigos. Estar sozinho significava ser solitário. A solidão foi pintada como inimiga da alegria, do crescimento e do amor. Nós nos imaginamos presos numa ilha, perdidos, confusos e desamparados, como Tom Hanks em *Náufrago*, sem ninguém além de uma bola de vôlei chamada Wilson para conversar. A solidão é o fundo do poço. Um lugar que ninguém quer visitar, muito menos morar.

Quando passei três anos como monge, fiquei mais tempo sozinho do que no resto da minha vida inteira. Embora houvesse muitos monges no *ashram*, a maior parte do nosso tempo era em silêncio e solitude, e com certeza não tínhamos relacionamentos amorosos. O isolamento emocional me permitiu desenvolver e praticar habilidades de difícil acesso em meio aos prazeres e às pressões de um relacionamento. Por exemplo, a primeira vez que fui a um retiro de meditação, fiquei chocado ao descobrir que não poderia levar meu MP3 player. A música era minha vida na época e eu não conseguia imaginar o que faria durante os intervalos se não pudesse ouvir música. Mas nesse retiro descobri que amava o silêncio. Descobri que não precisava de nada para me entreter. Eu não estava distraído por conversas, flertes ou expectativas. Não havia música nem qualquer dispositivo no qual eu pudesse mexer para ocupar a cabeça. E eu estava mais envolvido e presente do que nunca.

Se você não aprendeu as lições de um *ashram*, a vida vai continuar a empurrá-lo de volta para essa fase da vida de uma forma ou de outra. Muitas das principais lições de *Brahmacharya* são aprendidas na solitude. Vamos começar avaliando quanto tempo você passa sozinho e como se sente quando faz isso. Essa autoavaliação básica é importante, esteja você em um relacionamento ou não, para ver se está aproveitando o seu tempo sozinho para se entender melhor e se preparar para o amor.

EXPERIMENTE ISTO: AUTOAVALIAÇÃO SOLO

1. Primeiro, passe uma semana registrando todo o tempo que passa sozinho. Isso significa sem companhia. Não passe esse tempo com a TV ligada ou distraído no celular. Quero que você tome nota de passatempos solitários ativos, como ler, caminhar, meditar, praticar exercícios ou se dedicar a uma atividade interessante como cozinhar, ir a museus, fazer coleções, construir ou criar alguma coisa. Não, você não pode contar o tempo que passa dormindo. Para esta parte do exercício, não precisa se esforçar para passar mais tempo sozinho. Queremos apenas observar quais são seus hábitos.

   Ao lado do tempo que passou sozinho, anote o que fez e se não ter companhia lhe trouxe algum incômodo. Você pode gostar de lavar a louça sozinho ou achar que é um doloroso lembrete de que cozinhou para uma pessoa só. Você pode gostar de fazer uma caminhada sozinho ou se sentir solitário durante o percurso. Pense nos motivos de ter se sentido confortável ou desconfortável. Em que momentos fica confortável sozinho? O objetivo deste exercício é ajudá-lo a fazer um balanço de como gasta seu tempo quando está sem companhia antes de desenvolvermos sua prática de ficar sozinho. Faça sua tabela de acordo com o modelo a seguir:

TEMPO	ATIVIDADE	CONFORTÁVEL / DESCONFORTÁVEL	POR QUÊ?

2. Agora que você fez um balanço da sua solitude, comece a fazer uma nova atividade sozinho toda semana, e quero que escolha deliberadamente como gastar esse tempo. Escolha uma atividade que você raramente faz ou nunca fez sozinho.

   Vá ao cinema, a uma apresentação ou a um evento esportivo
   Vá a um museu

Faça uma reserva para um jantar
Vá a um restaurante e não toque no celular
Faça uma trilha
Comemore seu aniversário
Aproveite um feriado prolongado
Vá a uma festa sozinho
Participe de uma ação como voluntário
Assista a uma palestra

Experimente fazer isso toda semana ao longo de um mês. Durante a atividade, preste atenção em como reage a uma situação inédita. Observe quaisquer pensamentos intrusivos que tornem difícil para você ficar sozinho. Use as perguntas a seguir para refletir.

Quanto tempo levou para você se sentir confortável?
Qual seria a diferença se estivesse acompanhado?
Você consegue se divertir mais quando está sozinho?
Você gostaria que houvesse outra pessoa ali?
É difícil saber o que fazer?
Sua opinião sobre a atividade seria influenciada pela reação de um acompanhante?
Dependendo da atividade, você se sente tentado a se distrair ou ocupar a cabeça com o celular, a TV ou podcasts?
O que você amou nessa experiência?
Quais são os prós e os contras de estar sozinho?

Se você não consegue sair para jantar sozinho sem se sentir desconfortável, o que seria necessário para deixá-lo à vontade? Você pode descobrir que gosta de estar com um livro ou uma tarefa de trabalho, porque isso faz com que se sinta concentrado ou produtivo. Ter uma conversa breve e amigável com o garçom pode ser tudo de que você precisa para começar seu jantar com o pé direito.

Se você vai ao cinema sozinho e sente falta de compartilhar a experiência com alguém, encontre uma nova forma de se expressar por si mesmo. Escreva uma postagem sobre o filme em um blog, faça uma resenha sobre ele no seu diário ou publique uma avaliação na internet. O mesmo vale se assistiu a uma aula. Você aprendeu alguma coisa? Do que gostou? O que teria feito de diferente? Grave uma nota de voz dizendo a si mesmo como se sentiu com a experiência. É bom trocar opiniões com alguém sobre um filme, uma aula ou uma palestra, mas, quando você faz isso sozinho, pratica o desenvolvimento de ideias e opiniões sem a influência dos gostos alheios.

Se você não está acostumado a fazer trilha sozinho, defina uma meta divertida e sem muita pressão para si mesmo. Pode ser um objetivo físico, como fazer o seu melhor tempo, ou pode ser encontrar algo que chame sua atenção e levar essa coisa para casa. O objetivo pode ser tirar uma foto de que goste (que pode guardar só para si ou postar nas redes sociais).

O objetivo da autoavaliação solo é ficar mais confortável consigo mesmo. Você está conhecendo suas preferências sem depender das prioridades e das expectativas de outra pessoa. Está aprendendo a ter uma conversa consigo mesmo.

A SOLITUDE É O ANTÍDOTO PARA A SOLIDÃO

O dicionário possui o termo *solidão*, que expressa o sofrimento de estar sozinho, e o termo *solitude*, que expressa o prazer de estar sozinho.

A diferença entre um e outro é a lente através da qual enxergamos o tempo que passamos sozinhos e a forma como usamos esse tempo. A lente da solidão nos torna inseguros e mais propensos a tomar más decisões. A lente da solitude nos torna abertos e curiosos. É essa que deve servir de base para construirmos o nosso amor.

A solitude não é uma incapacidade de amar. É o começo do amor. Durante o tempo que passamos desacompanhados, transitamos pela vida de um jeito diferente, mais atentos a nós mesmos e ao mundo. Em um estudo, pesquisadores deram a mais de quinhentos visitantes de um museu uma luva especial que registrava seus padrões de movimento e dados fisiológicos como os batimentos cardíacos. Os dados mostraram que, quando as pessoas não estavam distraídas conversando com seus acompanhantes, elas tinham uma resposta emocional mais intensa às obras de arte. Como escreveram os pesquisadores, os que estavam sozinhos puderam "abordar a exposição com 'todos os seus sentidos abertos e alertas' em um grau muito maior".

Os participantes também preencheram uma pesquisa antes e depois da visita. Em última análise, aqueles que foram à exposição acompanhados de um grupo relataram uma experiência menos instigante em termos intelectuais e menos estimulante em termos emocionais do que aqueles que foram sozinhos. Claro, não há nada de errado em conversar e deixar a arte como pano de fundo, mas pense em toda a inspiração que esses indivíduos do museu deixaram passar. Em seguida, aplique isso à vida de modo geral. Quando nos cercamos de outras pessoas, não estamos deixando passar apenas os detalhes mais sutis de uma exposição de arte. Estamos perdendo a chance de refletir e de nos entender melhor.

De fato, estudos mostram que, se nunca nos permitimos ficar sozinhos, é simplesmente mais difícil aprender. Em *Flow: A psicologia do alto desempenho e da felicidade*, Mihaly Csikszentmihalyi escreve: "Nossa pesquisa mais recente com adolescentes talentosos mostra que muitos não conseguem desenvolver suas habilidades não porque tenham déficit cognitivo, mas porque não suportam ficar sozinhos." Sua pesquisa descobriu que os jovens eram menos propensos a desenvolver habilidades criativas, como tocar um instrumento ou escrever, porque a prática mais eficaz dessas competências geralmente é feita a sós. A exemplo desses adolescentes talentosos, quando evitamos a solitude temos dificuldade para desenvolver nossas habilidades.

A JORNADA DA SOLIDÃO À SOLITUDE

Por si só, a solitude não nos dá as habilidades necessárias para os relacionamentos. Você não pode simplesmente decidir que vai usar a solitude para se entender e pronto. Mas, se a usarmos para nos conhecer melhor, há muitas formas pelas quais ela nos prepara para o amor. Lembre-se: em um relacionamento saudável você administra melhor a interseção de duas vidas se já conhece sua própria personalidade, seus valores e objetivos. Assim, à medida que saímos da solidão para um uso produtivo da solitude, começamos a explorar nossa personalidade, nossos valores e objetivos. Essa jornada tem três estágios: presença, desconforto e confiança.

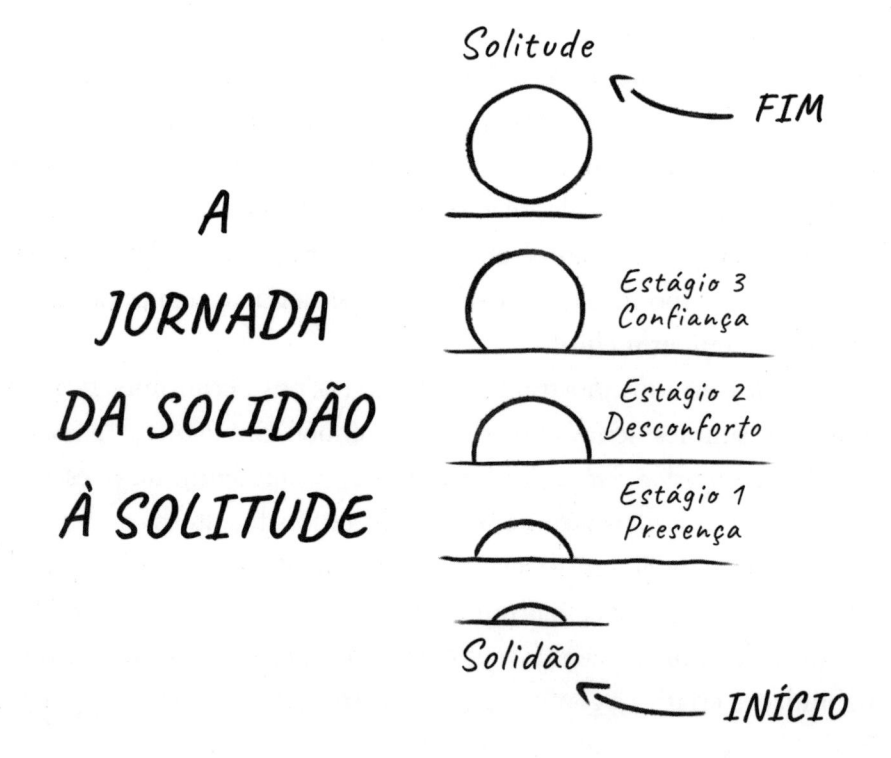

A JORNADA DA SOLIDÃO À SOLITUDE

Solitude ← FIM

Estágio 3 — Confiança

Estágio 2 — Desconforto

Estágio 1 — Presença

Solidão ← INÍCIO

Presença

Estar presente consigo mesmo é o primeiro passo para aproveitar sua solitude. Mesmo quando não estamos acompanhados, muitas vezes estamos ocupados, distraídos e distantes da nossa própria vida. Quando prestamos atenção em como nos sentimos e nas escolhas que fazemos, aprendemos o que priorizamos na vida – nossos valores. Esses valores orientam nossa tomada de decisão. Estar presente e entender quais são seus valores lhe dá uma noção de quem você é – e assim você pode decidir se deseja ser essa pessoa. Você passa mais tempo consigo mesmo do que com qualquer outra pessoa em sua vida. Aproveite esse tempo para compreender quais são seus pontos fortes e reconhecer as áreas em que precisa trabalhar. Dessa forma, quando entrar em um relacionamento, você já terá uma noção do que está oferecendo ao outro e em que pontos pode melhorar. Não é comum pensarmos na importância de trazer autoconhecimento para um relacionamento, mas ter autoconsciência significa que você pode moderar seus pontos fracos e tirar proveito dos seus pontos fortes.

> **EXPERIMENTE ISTO: CONHEÇA SEUS VALORES**
> Observe as escolhas que você faz em diferentes áreas da vida. Elas estão ligadas aos seus valores ou são hábitos que gostaria de mudar? Apresento a seguir algumas opções para descrever sua postura em relação a cada elemento, mas, caso nenhuma delas se encaixe na maneira como se vê, escreva o que lhe parecer mais correto. Quanto mais especificamente se conhecer, mais você poderá aprimorar o que ama em si mesmo e investir nas áreas que gostaria de mudar.

USO DO TEMPO
Redes sociais: Gosto de documentar minha vida para meus amigos / Rede social não é a minha praia; gosto de estar no aqui e agora
Fins de semana / Viagens: Quero conhecer o mundo / Quando tenho tempo livre, só quero ou preciso relaxar
Encontros: Gosto de ficar em casa e cozinhar / Adoro sair à noite na cidade
TV: Assisto a alguma coisa todas as noites / Escolho minhas séries com cuidado e me mantenho fiel apenas às que adoro
Pontualidade: Sou sempre pontual / Normalmente me atraso
Planejamento: Tenho uma agenda e me atenho aos meus planos / Não gosto de ficar preso a compromissos

HÁBITOS
Organização: Mantenho tudo em ordem e as contas pagas / Queria ser mais organizado do que sou
Exercícios: Gosto de ser ativo ou pratico porque é saudável / Tenho dificuldade em encontrar motivação
Comida: Como de forma saudável ou faço o melhor que posso / A vida é curta – como o que acho gostoso
Sono: Gosto de dormir até tarde se puder / Sou de acordar cedo

DINHEIRO
Gastos opcionais: Meu foco é economizar para o futuro / Gasto o que tenho
Férias: Gosto de viagens extravagantes / Viajo com pouco dinheiro
Casa, roupa, carro: Mantenho a simplicidade em tudo / Gosto de coisas mais refinadas
Compras: Compro coisas por impulso / Minhas compras são cuidadosamente pensadas

> **INTERAÇÃO SOCIAL**
> **Amigos:** Gosto de estar com muitas pessoas / Prefiro encontros a dois ou ficar sozinho (se você escolheu a segunda resposta, está na regra certa!)
> **Família:** Vejo minha família sempre que posso / Só vejo minha família quando preciso
> **Conversas:** Gosto de debater todo tipo de assunto detalhadamente / Sou uma pessoa de poucas palavras

Depois de conhecer seus valores, você vai poder garantir que seu parceiro os respeite. Se não respeitarem os valores um do outro, ficará mais difícil entender as escolhas e decisões de cada um, o que poderá provocar desentendimentos e conflitos. Se vocês não têm os mesmos valores, não precisam brigar por eles nem defendê-los, mas sim conhecer os seus de modo a respeitá-los e conhecer os do outro para poder respeitá-los também – e vice-versa.

Desconforto

Se você não tem o hábito de passar tempo a sós, pode ser estranho e desconfortável no começo. Pode ser difícil ficar sozinho com seus pensamentos. Você pode ter a sensação de que não está fazendo nada de útil ou nem saber o que fazer. Você pode achar que não há qualquer benefício óbvio nisso.

Para nos acostumarmos à sensação de estar sozinhos, temos que nos desafiar, primeiro com as pequenas coisas que descrevi na Autoavaliação Solo, mas também de formas mais amplas e imersivas.

EXPERIMENTE ISTO: APROVEITE O SEU TEMPO SOZINHO

O que você gostaria de experimentar? Aqui estão três maneiras diferentes de passar algum tempo sozinho e usar esses momentos para se conhecer melhor. Escolha a opção que lhe parecer mais atraente – porque parte disso envolve aprender sobre as suas preferências – ou crie as suas próprias.

1. Comprometa-se com uma nova habilidade que levará semanas, meses ou mais para ser desenvolvida. Faça as aulas de canto que você sempre quis, aprenda a andar de patins ou se junte ao exército da quarentena e finalmente aprenda a fazer pão artesanal. O que o atraiu nessa habilidade? O que o fez esperar até hoje para se dedicar a ela? Como a nova habilidade afeta a sua confiança e a sua autoestima? Isso se encaixa na sua imagem de quem você é e de quem quer ser? Não há problema algum em trabalhar com um instrutor (como um professor de música se você quiser aprender a tocar um instrumento). O objetivo é criar a oportunidade para refletir sozinho sobre o que a nova atividade lhe ensina sobre você.
2. Viaje sozinho. Aprenda sobre si mesmo ao planejar uma viagem de fim de semana a sós. Você vai descobrir bem rápido quão independente você é. Essa é uma atividade sensacional, *principalmente* se você tem medo de ficar sozinho.

Você é do tipo:

Indeciso / Decidido
Que leva pouca bagagem / Que leva muita bagagem
Preguiçoso / Ativo
Satisfeito / Entediado

Organizado / Bagunceiro
Planejador / Espontâneo
Você tem conversas na mente ou sua experiência interior é silenciosa?
Você é decidido ou questiona as próprias escolhas?
Você se sente inibido ou confiante?
Quais aspectos da viagem mais o atraem?
Para onde você gostaria de ir da próxima vez?

3. Aceite um trabalho que você nunca fez antes. Isso é difícil de administrar se você trabalha em tempo integral, mas, se puder, experimente uma nova forma de trabalho. Seja voluntário em uma biblioteca; inscreva-se como motorista em um aplicativo de carona; trabalhe como garçom; seja babá; dê alguma aula. Para que fique claro – muitas dessas opções envolvem interagir com outras pessoas, mas a ideia é que você a escolha sozinho, embarque nela sozinho e reflita sobre a experiência sozinho.

Que aspectos de si mesmo são consistentes, não importa o que você faça?
O que descobriu sobre si mesmo?
É um trabalho que despertava seu interesse ou é o dinheiro extra que mais importa?
Você gosta de interagir com as pessoas ou trabalhar de forma independente?
Você prefere receber instruções claras ou descobrir seu próprio jeito de fazer as coisas?
Você é mais propenso a pedir permissão ou perdão?
O trabalho o revigora ou o esgota?
Gostaria de expandir essa nova oportunidade em sua vida?

Saber mais sobre nós mesmos e sobre nossos gostos nos ajuda a nos sentirmos confortáveis na solitude. Assim ficamos mais dispostos a dedicar tempo aos nossos interesses sem precisar da rede de segurança de uma companhia. As atividades que você escolher e tudo que aprender sobre si mesmo ao praticá-las vão expandir sua autoconsciência e ajudá-lo a tirar o máximo de proveito do tempo que você passa sozinho.

Confiança

Quando passamos a nos sentir confortáveis na solitude, podemos trabalhar a nossa confiança. O Dicionário Oxford define *confiança* como um sentimento de segurança decorrente da consciência das próprias habilidades ou qualidades. A confiança é importante em um relacionamento porque nos ajuda a falar com a pessoa de quem gostamos sem buscar sua aprovação nem vincular nossa autoestima às reações dela. Quando não esperamos que os outros validem nossos gostos e escolhas, podemos apreciar suas palavras gentis sem nos iludirmos nem nos deixarmos distrair por elas.

Às vezes a ausência de confiança nos faz pensar que não somos dignos de amor. Você é, sim. Juro que é. Mas me ouvir dizer isso não vai ajudá-lo a sentir isso. Construímos nossa confiança reservando um tempo para as coisas que importam para nós. Se existem aspectos de nós mesmos de que não gostamos, devemos fazer algo para mudá-los. Temos uma escolha: podemos ou mudar nossa mentalidade, ou mudar o que não gostamos. Precisamos adquirir o hábito de fazer autoavaliações e trabalhar para melhorar nossa própria vida.

A maioria das pessoas estabelece metas em torno de conquistas externas. Elas querem ter liberdade financeira ou comprar uma casa. Mas as metas que desenvolveremos no exercício a seguir se concentram no crescimento, não em conquistas. Conhecer nossos objetivos nos ajuda a nos preparar para o amor. Dessa forma, quando o assunto aparecer em uma conversa com um parceiro em potencial, você vai ser capaz de explicar por que eles são importantes para você. A outra pessoa pode reagir com apoio, desdém ou neutralidade. Se ela não se der conta, você pode sinalizar, dizendo: "Isso é realmente um objetivo importante para mim, e as razões são as seguintes." Você quer um parceiro que respeite não apenas os seus objetivos, mas os *motivos* por trás deles.

Em um relacionamento, lembre que, a menos que você tome atitudes para alcançar seus objetivos, seu parceiro não tem como saber que eles são realmente importantes para você. Às vezes você precisa começar a se mexer para obter adesão total. Mas, em ambos os casos, se não soubermos quais são nossos objetivos, não teremos como saber em que medida eles se relacionam com os de outra pessoa.

EXPERIMENTE ISTO: IDENTIFIQUE SUA ÁREA COM MAIOR POTENCIAL DE CRESCIMENTO

Vamos fazer uma análise completa da sua vida examinando estas cinco áreas: Individualidade, Finanças, Mental/Emocional, Saúde e Relacionamentos. Escolha a resposta que mais se aproxima de sua relação com cada área. Quando tiver completado o questionário, olhe para onde você está e pense onde quer estar. Em qual área você mais quer crescer?

1. Personalidade
    a. Não gosto de quem sou.
    b. Gosto de mim quando os outros gostam de mim.
    c. Gosto de mim apesar dos meus defeitos e me esforço para melhorar.
        ☐ ESTOU BEM ASSIM   ☐ QUERO MUDAR

2. Saúde emocional
   a. Com frequência fico ansioso e inquieto.
   b. Coloco minhas emoções de lado para fazer o que preciso.
   c. Entendo as minhas emoções e tento compreendê-las.
      ☐ ESTOU BEM ASSIM   ☐ QUERO MUDAR

3. Saúde física
   a. Nem penso no meu corpo ou não gosto dele.
   b. Trabalho o meu corpo ativamente porque é importante estar bonito ou mais bonito.
   c. Cuido de mim e sou grato pelo corpo que tenho.
      ☐ ESTOU BEM ASSIM   ☐ QUERO MUDAR

4. Relacionamentos
   a. Sinto-me inseguro em relação a alguns dos meus relacionamentos.
   b. Dependo dos meus relacionamentos para ter alegria.
   c. Invisto nos meus relacionamentos para ajudá-los a crescer.
      ☐ ESTOU BEM ASSIM   ☐ QUERO MUDAR

5. Dinheiro
   a. Pensar em dinheiro me deixa preocupado e ansioso.
   b. Pensar em dinheiro faz com que eu me sinta animado e ambicioso. Invejo as pessoas que têm mais dinheiro do que eu.
   c. Pensar em dinheiro me deixa contente. Só quero ter mais para poder dar mais.
      ☐ ESTOU BEM ASSIM   ☐ QUERO MUDAR

Digamos que tenha sido na área financeira que você identificou o maior potencial de crescimento. Você gasta demais e isso sempre foi um problema. Quando passar um tempo sozinho, você deve se concentrar em tomar providências em relação a essa área. Eu poderia escrever um livro inteiro sobre como desenvolver e alcançar seus objetivos, mas uma boa forma de começar é elaborar um plano de crescimento usando os três Cs da transformação:

OS TRÊS Cs DA TRANSFORMAÇÃO

Capacitação

Consistência

Comunidade

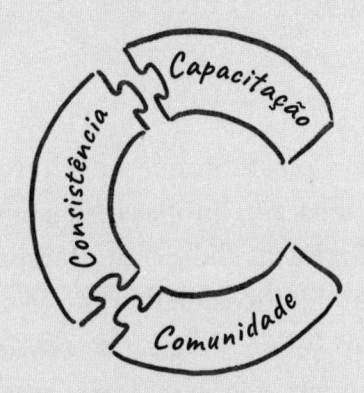

1. *Capacitação.* Vivemos em um mundo em que é possível ter fácil acesso a especialistas e informações pela internet. Comece procurando recursos para ajudá-lo com a questão. Encontre um livro, podcast, curso, amigo, profissional, TED Talk, MasterClass ou vídeo que possam ajudá-lo. Você vai descobrir que a maioria desses recursos o ajudará a dividir seu objetivo em etapas menores e viáveis, reajustando a perspectiva de um desafio que antes parecia intransponível.
2. *Consistência.* Use as informações coletadas para traçar um plano de como lidar com a questão de um jeito contínuo. Estabeleça para o fim do ano uma meta que deve estar vinculada a ações pontuais, não a uma conquista. Ou seja, seu objetivo não deve ser "Juntar um milhão de dólares", mas se comprometer a fazer esforços contínuos que o ajudarão a crescer nessa área.

> 3. *Comunidade.* Procure uma comunidade que possa ajudá-lo em seus esforços. Existem grupos de apoio virtuais e presenciais para qualquer coisa imaginável. Encontre um no qual haja pessoas na mesma situação que você, pessoas que estejam implementando mudanças e que tenham tido algum êxito em transformar a própria vida da forma você deseja. Decida se você prefere uma comunidade motivacional, informativa ou uma mistura das duas coisas. Quem sabe você possa até encontrar seu futuro parceiro por lá?

Algumas pesquisas mostram que uma autoestima elevada não apenas proporciona uma vida profissional mais satisfatória e uma saúde física e psicológica melhor, como também é um prenúncio de relacionamentos românticos melhores e mais plenos. Você deve estar se perguntando: *Não poderia ser o contrário? Será que ter um relacionamento muito bom não aumentaria minha autoestima?* Faz sentido, mas as pesquisas afirmam o oposto. Aliás, quando as pessoas com autoestima elevada tiveram um relacionamento que deu errado, a autoestima delas não ficou abalada. Elas não viam o nível de felicidade do relacionamento como um reflexo imediato de seu valor pessoal.

AS RECOMPENSAS DA SOLITUDE

Depois de passar algum tempo produtivo na solitude, você começa a conhecer sua própria personalidade, seus valores e objetivos. Durante esse processo, você desenvolve qualidades que o preparam de diversas formas para o amor em todas as fases de um relacionamento.

Uma só mente

Desenvolvemos a capacidade de ver e conhecer a nós mesmos sem a influência de outra mente. Frida Kahlo disse: "Eu pinto autorretratos porque quase sempre estou sozinha." O que é um autorretrato se não um estudo de si mesmo – uma tentativa de retratar visualmente o modo como nos vemos? A solitude nos permite entender nossa própria complexidade. Nós nos tornamos estudiosos de nós mesmos.

Em seu primeiro apartamento, minha amiga Mari e sua colega de quarto tiveram um problema com baratas voadoras enormes. "Eu absolutamente não conseguia lidar com aquilo", confessa Mari. "Por sorte, minha colega de quarto, Yvonne, era campeã em matar baratas. Quando chegava em casa e encontrava alguma, eu simplesmente saía para beber alguma coisa e esperar pela Yvonne." Mas então a Yvonne foi passar o fim de semana fora e, na sexta-feira – o primeiro dia de seu fim de semana solo –, Mari voltou para casa e encontrou uma barata no quarto dela. *Em cima do travesseiro.* "Liguei pra Yvonne em pânico. Ela me disse para eu bater nela. Mas eu simplesmente não conseguia. Então sentei lá e fiquei encarando a barata por um tempão. Fiquei pensando em como era injusto odiá-las tanto apesar de amar borboletas. Então abri a janela e usei uma vassoura para espantá-la delicadamente até que saísse." Aquele foi um pequeno momento, com uma pequena criatura, mas Mari aprendeu algo sobre si mesma que nunca aprenderia se tivesse continuado a deixar Yvonne lidar com o problema no lugar dela. Quando estamos sozinhos, dependemos inteiramente de nós mesmos, descobrimos o que importa para nós e entendemos quem somos. Aprendemos a enfrentar os desafios por conta própria. É claro que podemos receber ajuda caso ela apareça, mas não a esperamos nem dependemos dela.

Como os leitores de meu primeiro livro, *Pense como um monge*, devem se lembrar, um dos textos a que me refiro com mais frequência é a *Bhagavad Gita*. Parte do *Mahabharata*, poema épico escrito há quase 3 mil anos, a *Gita* é um diálogo entre um guerreiro, Arjuna, e o deus Krishna pouco antes de uma batalha. Pode parecer que isso não tem muito a oferecer à humanidade moderna, mas a *Bhagavad Gita* é a escritura védica mais próxima de um livro de autoajuda. Nela, Krishna diz: "Os sentidos são tão fortes e impetuosos, ó Arjuna, que arrebatam à força até mesmo a mente de um homem de discernimento que se esforce por controlá-los." Em outras palavras, se não tivermos cuidado, podemos ser atraídos por coisas superficiais ou inautênticas. Temos que nos treinar para não gostar e confiar instantaneamente na pessoa mais atraente do recinto, esquecendo do fato de que não a conhecemos nem a entendemos.

A solitude nos ajuda a dominar os sentidos – a mente –, porque na solidão lidamos com uma só mente. Um único conjunto de pensamentos. Hoje em dia, nossos sentidos são constantemente superestimulados, não apenas pelas pessoas, mas por todas as informações não filtradas com que somos bombardeados. Tudo está competindo pela nossa atenção, e em meio a esse ruído não temos a chance de identificar o que é importante. Dizem que o amor é cego porque, quando somos dominados pelos estímulos sensoriais, não conseguimos enxergar com clareza. Os sentidos nos atraem para o que há de mais novo, bonito e reluzente, sem nos dar a chance de refletir antes de tomar decisões.

Nossos sentidos não tomam as melhores decisões. A *Bhagavad Gita* diz: "Assim como um vento forte arrasta para longe um barco sobre a água, um único sentido errante em que a mente se concentre já basta para arrebatar a inteligência de um homem." Não há nada de errado com a atração, mas facilmente nos deixamos levar pelo que é atraente, gostoso ou parece o certo. Na solitude, aprendemos a criar um espaço entre o estímulo sensorial e a tomada de decisões.

Se estivermos o tempo todo procurando o amor ou focados em nosso parceiro, estaremos distraídos do trabalho vital de compreender a nós mesmos. Se não nos compreendemos, corremos o risco de adotar os gostos e valores do nosso parceiro. A visão dele se torna a nossa visão. Podemos optar por acatar a visão de uma pessoa porque a admiramos – talvez um cozinheiro habilidoso, cuja mentoria aceitamos com gratidão –, mas não queremos nos moldar a outra pessoa simplesmente porque não nos conhecemos. Já tive incontáveis clientes que, após vinte anos de relacionamento, se deram conta de que haviam perdido contato consigo mesmos porque tinham terceirizado a própria individualidade. Podemos assimilar os gostos do nosso parceiro com confiança e autonomia se trouxermos os nossos para a mistura também.

Por meio das escolhas que fazemos quando estamos sozinhos, definimos o padrão de como queremos viver, amar e ser amados. Com espaço para escrever nossa narrativa a partir do nosso ponto de vista, vamos aos poucos superando a influência dos filmes, dos livros, do exemplo dos nossos pais ou responsáveis e dos desejos do parceiro. Assim esclarecemos a nossa visão do amor. **A solitude o ajuda a reconhecer que existe um *você* antes, um *você* durante e um *você* depois de cada relacionamento, criando seu próprio caminho mesmo quando você tem companhia e amor.**

Então, quando nossa narrativa se cruza com a de outra pessoa, não fazemos escolhas baseadas na paixão, não seguimos uma visão alheia de amor nem deixamos as coisas acontecerem passivamente sem saber o que queremos. Em vez disso, expressamos pouco a pouco o padrão que desenvolvemos para ver como ele se encaixa no do outro. E, quando ficamos novamente sozinhos, refletimos e evoluímos.

Autocontrole e paciência

Duas das principais habilidades que aprendemos na solitude são o autocontrole e a paciência. Elas estão conectadas porque quanto mais melhoramos nosso autocontrole, mais paciência conseguimos ter. Sem essas duas habilidades, nos tornamos propensos a seguir nossos sentidos e qualquer coisa que nos atraia.

O autocontrole é o tempo e o espaço que você cria entre o momento em que se sente atraído por determinada coisa e o momento em que reage a ela. O professor budista Rigdzin Shikpo escreve: "Desejo é algo que projetamos para fora, em outra pessoa ou objeto. Achamos que ele existe externamente, no nosso objeto de desejo. Mas o desejo, na verdade, está no nosso próprio corpo e em nossa própria mente, e é por isso que nos relacionamos com ele por meio dos sentimentos que ele produz." Quando conseguimos separar nosso próprio sentimento de desejo da pessoa que desejamos, começamos a nos sentir menos controlados e podemos dar um passo atrás e analisar o desejo de um ponto de vista mais distanciado e menos urgente. Em vez de deixar seus sentidos guiarem seus atos, a distância que você cria lhe proporciona uma contenção que garante que sua reação esteja alinhada com quem você quer ser. Essa capacidade de se refrear – de criar espaço – é aprimorada pelo autoconhecimento.

A solitude coloca tempo e espaço entre a atração e a reação. Nós nos perguntamos: Será que isso é realmente saudável para mim? Isso vai me fazer bem? É benéfico a longo prazo? Desenvolvemos o autocontrole para parar e nos fazer essas perguntas, e a paciência para respondê-las com calma. Aprendemos a diferença entre o que é gostoso e o que nos nutre. Muitas vezes, quando algo é saudável, parece difícil no começo, mas fica ótimo depois. O exemplo mais claro disso é o exercício, mas se estende a decisões mais complexas, como abrir mão de um sábado para ajudar um amigo na mudança ou romper um relacionamento que você sabe que não está dando certo. E o que não é saudável parece ótimo no começo, mas o resultado não é bom. Pense em como a ideia de comer um pedaço enorme de bolo de chocolate parece ótima antes, mas no fim das contas não faz bem. O mesmo vale para decisões mais importantes, como levar um acompanhante para um casamento porque você não quer ficar sozinho, mesmo sabendo que isso vai passar uma mensagem equivocada.

Um eu pleno

Fomos ensinados a buscar nossa "cara-metade" ou alguém que "nos complete". Isso nos torna a metade pior? Significa que somos incompletos sem um parceiro? Mesmo que essas frases sejam ditas de modo descontraído, elas nos colocam em uma posição de dependência alheia que jamais poderá ser verdadeiramente preenchida. Olhamos para o nosso parceiro em última instância dizendo: "Estou entediado, me divirta. Estou cansado, me dê energia. Estou irritado, me faça rir. Estou frustrado, me console. Estou infeliz, me anime." Tratamos nossos parceiros como um analgésico em forma de gente, esperando que eles nos proporcionem alívio imediato.

Não estamos totalmente equivocados ao esperar por isso. Parceiros de fato corregulam um ao outro – mudanças no seu corpo ocasionam mudanças no corpo dele e vice-versa. A neurocientista Lisa Feldman Barrett escreve: "Quando você está com alguém de quem gosta, a respiração de vocês pode entrar em sincronia, assim como as batidas do coração." Essa conexão começa quando você é bebê – seu corpo aprende a sincronizar os próprios ritmos por meio dos ritmos de quem cuida de você – e continua na idade adulta. Mas, como aponta Barrett: "A melhor coisa para o seu sistema nervoso é outro ser humano. A pior coisa para o seu sistema nervoso é outro ser humano." Entrar em sintonia com outras pessoas pode nos conectar tanto às suas más vibrações quanto às boas. Por isso precisamos nos autorregular, nos reconfortando, acalmando ou animando. Se estivermos sempre recorrendo aos outros para que nos ajudem a ajustar nossos sentimentos, não deixaremos de ser como uma criança, incapaz de se acalmar e de cuidar de si mesma. Quando você estiver triste, se tiver sorte, seu parceiro saberá fazê--lo se sentir melhor. As pessoas podem e vão nos ajudar, e isso é bom, mas talvez não precisemos disso. Se alguém nos garante que vai ficar tudo bem, é bom ouvir e receber esse amor e apoio, mas o que precisamos de verdade é de um tempo a sós para elucidar como melhorar nossa situação.

Na solitude, praticamos dar a nós mesmos tudo que precisamos em vez de esperar que outra pessoa o faça. Você é gentil consigo mesmo? Você é sincero consigo mesmo? Você está emocionalmente disponível para si mesmo? Você apoia seus próprios esforços? Não precisa responder a essas perguntas agora. Quanto mais tempo passar sozinho, melhor poderá respondê-las. Em grande medida, as pessoas determinam como vão nos tratar observando a forma como tratamos a nós mesmos. O modo como você fala sobre si afeta o modo como as pessoas vão falar com você. O modo como você permite que as pessoas falem com você reforça o que elas acham que você merece.

Um relacionamento com outra pessoa não vai curar seu relacionamento consigo mesmo. Terapia, amizade e um parceiro podem nos ajudar a entender e abordar as fontes da nossa tristeza, mas muitas pessoas ainda têm a sensação de que o parceiro não as entende. Nossa cultura geralmente nos estimula a colocar em outra pessoa a responsabilidade de desvendar nossos sentimentos. Esperamos que o outro entenda as nossas emoções, mesmo que nós mesmos não as entendamos. Outras pessoas podem ajudá-lo, mas, se você não estiver tentando entender a si mesmo, ninguém mais poderá fazer isso por você. Todos já tivemos aquele amigo que dizia "Você tem razão, você tem razão, você tem razão", mas não ia seguir nosso conselho. Eles precisam fazer o trabalho por conta própria.

Esperar que um parceiro resolva seus problemas é como tentar que alguém escreva seu trabalho de conclusão de curso para você. Você precisa assistir às aulas, aprender a matéria e escrever o trabalho sozinho, ou não terá aprendido nada. Você pode pensar: "Ótimo, cadê esse curso que vai me ensinar a levar uma vida repleta de sentido? Pode me inscrever!"

Mas você já está inscrito nele. É para isso que a solitude serve. Quando você chega a um relacionamento como um eu pleno, sem estar à procura de alguém que o complete ou seja sua cara-metade, aí, sim, consegue se conectar e amar de verdade. Você sabe como gosta de aproveitar seu tempo, o que considera importante e como gostaria de crescer. Você tem autocontrole para esperar alguém com quem possa ser feliz e paciência para valorizar quem já está ao seu lado. Você percebe que pode agregar valor à vida de outra pessoa. Com esse alicerce, você estará pronto para dar amor sem carência nem medo.

É claro que os relacionamentos nos curam por meio da conexão, mas, ao aproveitar ao máximo o tempo que passa em solitude, você dá uma vantagem a si mesmo. **Você quer fazer uma jornada ao lado de alguém, não transformar a pessoa na sua jornada inteira.**

Essa fase da vida existe para nos ajudar a aprender a amar a nós mesmos. Mas, se não aprender as lições do primeiro *ashram* do amor, você não saberá quão digno é de ser amado nem o que tem a oferecer. Nos prepararmos para um relacionamento sem deixar de ser fiéis a quem somos é uma prática diária. É uma das regras mais difíceis deste livro e a mais importante.

Qualquer passo em direção a se conhecer melhor na solitude o ajudará a amar os outros, porque, além de saber o que você traz para o relacionamento, o próprio *processo* de olhar para si com uma disposição amorosa o ajuda a entender o esforço necessário para amar outra pessoa. O trabalho necessário para nos entendermos nos ensina que, mesmo quando estamos com alguém de quem gostamos, ainda assim será difícil entendê-lo. Talvez a lição mais importante que a solitude oferece seja nos ajudar a entender nossa própria imperfeição. Isso nos prepara para amar outra pessoa, em toda a sua beleza e imperfeição.

REGRA 2

NÃO IGNORE SEU KARMA

*Não se deixe guiar pelos outros, desperte a sua
mente, acumule a sua experiência e
decida por si mesmo seu próprio caminho.*
– Atharva Veda

Quando Jonny e Emmett se conheceram em um retiro profissional, Emmett sentiu uma conexão instantânea. "Pareceu a coisa mais natural do mundo", disse ele. "Após sairmos algumas vezes, já estávamos passando todos os fins de semana juntos. Ele disse que me amava." Mas três meses depois Jonny terminou com ele. "Essa é a terceira vez que alguém me diz que não pode 'me dar o que eu quero'. Mas eu só quero um relacionamento sério! Eu tenho karma de relacionamento ruim", disse-me Emmett. Em certo sentido ele tinha razão, mas karma não significa o que Emmett ou a maioria das pessoas pensam. Karma é a lei de causa e efeito. Toda ação produz uma reação. Em outras palavras, suas decisões hoje, boas e ruins, determinam a sua experiência futura. As pessoas acham que significa que, se você fizer algo ruim, coisas ruins vão acontecer com você, como se alguém fosse terminar com você porque você terminou com outra pessoa. Mas não é assim que funciona. Karma tem mais a ver com a mentalidade com que tomamos uma decisão. Se fazemos uma escolha ou agimos com ou sem entendimento adequado, recebemos uma reação baseada nessa escolha. Se você esconde do seu parceiro que está indo para uma festa, mas encontra o melhor amigo dele lá e seu parceiro fica chateado, isso é o karma em ação. Você fez uma escolha e tem que arcar com as consequências dela. Punição e recompensa não são o propósito do karma. Em vez disso, ele está tentando lhe ensinar alguma coisa – nesse caso, transparência e honestidade. Não quero que você atribua todas as coisas boas ou ruins da sua vida ou do mundo ao karma. Isso não é produtivo. Esse conceito é muito mais útil como ferramenta do que como explicação. Ele permite que você use suas experiências passadas para fazer melhores escolhas agora.

O CICLO DO KARMA

O karma começa com uma impressão. Desde o momento em que nascemos, fazem escolhas por nós. Somos rodeados de informações e experiências que nos moldam: nosso ambiente, nossos pais, nossos amigos, nossa formação escolar e nossa instrução religiosa. Não escolhemos essas influências, mas observamos e absorvemos as mensagens que nos transmitem. *Samskara* é a palavra em sânscrito para "impressão", e, quando somos jovens, colecionamos *samskaras*. As impressões que carregamos a partir dessas experiências influenciam nossos pensamentos, comportamentos e respostas. À medida que uma impressão ganha força, ela começa a moldar nossas decisões. Se você cresceu colocando o leite na tigela primeiro e depois acrescentando o cereal, isso se torna sua norma. Então você se muda e passa a ter um colega de quarto que diz que você está fazendo do jeito errado, que faz muito mais sentido colocar o cereal antes do leite. Agora você tem uma escolha. Você vai ficar com a impressão que absorveu quando criança ou vai experimentar um caminho novo? À medida que envelhecemos, ganhamos inteligência para realizar uma curadoria das nossas impressões, fazendo uma seleção do que vemos e a quem damos ouvidos. Também temos a oportunidade de revisitar, editar e desaprender impressões antigas.

Na infância, as escolhas são feitas por você.

Elas se tornam impressões.

Depois de adulto, você usa essas impressões para fazer suas próprias escolhas. Essas escolhas geram um efeito, uma consequência ou uma reação.

Se você estiver feliz com as consequências, provavelmente não vai mudar sua impressão.

Mas, se não gostar das consequências, você pode revisitar a impressão e avaliar se ela o orientou no caminho errado. Se esse tiver sido o caso, você pode romper o ciclo formando uma nova impressão, que então o direciona para uma nova escolha, a partir da qual você obtém uma nova reação.

O CICLO DO KARMA

Um efeito é gerado

Uma escolha é feita

Impressão

Feliz – você continua assim

Infeliz – forma uma nova impressão

Nova escolha

Um novo efeito é gerado

Nova impressão

Esse é o ciclo do karma.

Deveríamos aprender com o nosso karma, usá-lo para fundamentar nossa tomada de decisão, mas isso não é fácil. A vida é atribulada e achamos que o que aprendemos é exatamente o jeito que as coisas são. Mas não importa se o assunto é amor ou cereal, nossos *samskaras* podem nos apontar um caminho torto.

Karma e relacionamentos

Tive uma cliente cujo ex-namorado deixou uma impressão nela. Ele era extremamente ambicioso e estava tentando se firmar em uma nova carreira. Ela gostava do ímpeto dele, mas estava infeliz por ele nunca ter tempo para nada. Então ela conheceu um homem que era extremamente atencioso. No fim do primeiro encontro, ele a convidou para sair novamente e, a partir de então, não tinha como ser mais disponível – mandava mensagens, fazia planos, perguntava como estava sendo o dia dela. Era justamente o que ela estava procurando! Dentro de algumas semanas, eles começaram a passar quase todo o tempo juntos. Mas, depois de alguns meses, ela percebeu o que realmente estava acontecendo. Ele não era apenas atencioso, era obsessivo. A atenção que lhe dava era baseada na insegurança, não no amor. Ele era possessivo e tinha medo que ela o deixasse. Minha cliente fez uma escolha com base em uma impressão, mas seu foco estava muito limitado. Seu karma havia lhe ensinado que sua impressão era muito reativa. Ela não precisava nem queria ser o foco exclusivo da atenção de ninguém. Só queria a pessoa que estivesse presente quando estivesse com ela. No decorrer desses dois relacionamentos, minha cliente usou seu karma para refinar o que buscava em um companheiro.

As impressões que formamos na juventude nos dizem como o amor deve ser. Elas sugerem o que é atraente e o que é esquisito, como devemos tratar os outros e ser tratados, que profissão o outro deve ter e quem deve pagar o jantar. Mas, se não entendermos como nossas impressões foram formadas e como fazemos escolhas, vamos continuar a repetir o mesmo karma. Impressões iguais levam a escolhas iguais. Amamos em resposta à forma como fomos amados. Entretanto, se formos capazes de colocar nossas impressões em contexto para ver e entender as origens delas, então teremos a perspectiva necessária e a oportunidade de formar uma nova impressão. Por exemplo, se eu entendo que faço chantagem emocional com o meu parceiro porque minha mãe fazia o mesmo comigo, então essa percepção me inspira a quebrar o ciclo. Compreender nossas impressões é o primeiro passo para nos libertarmos dos *samskaras* plantados em nós por uma infância sobre a qual não tivemos controle.

As escolhas que fazemos a partir de uma nova impressão são conscientes, pois podemos avaliar se gostamos dos resultados que elas geram. Se nossos pais tinham um relacionamento volúvel e passional, poderíamos ter a impressão de que é assim que o amor deve ser. Porém, se temos certeza de que não gostamos do resultado dessa volubilidade – e às vezes percebemos isso ainda bem jovens –, criamos uma nova impressão e decidimos que o amor que buscamos é justamente o *oposto* do que os nossos pais ofereciam como exemplo. Aí evitar todo aquele drama pode se tornar nossa prioridade. Essa nova impressão pode dar origem a desafios – podemos agir com excesso de cautela ou podemos estar tão focados no que *não* queremos que nos esqueçemos de pensar no que *efetivamente* queremos. Mas abrimos a cabeça e nos libertamos do nosso primeiro *samskara*, e agora temos a oportunidade de criar novas impressões por meio do processo de tentativa e erro.

O karma é um espelho que nos mostra aonde nossas escolhas nos levaram. Escolhemos as pessoas erradas e repetimos erros nos relacionamentos por causa dos *samskaras* do passado que trazemos conosco. Em vez de permitir que o passado nos guie inconscientemente, quero que aprendamos a tomar decisões aprendendo com ele. Precisamos identificar esses *samskaras* para administrar sua influência. Fazemos isso por dois motivos: primeiro, porque, quando aprendemos com o passado, nós o curamos. E, segundo, porque esse processo nos ajuda a parar de cometer os mesmos erros.

Desenterrando nossos *samskaras*

Nossos desejos e expectativas em relação aos relacionamentos são moldados por nossas primeiras experiências em torno do amor. Pense em como você assimilou pela primeira vez as ideias de como o amor deve ser. As influências mais fortes provavelmente são o que você testemunhou entre seus pais ou responsáveis; o que recebeu ou não recebeu deles; os primeiros filmes românticos a que assistiu e os primeiros relacionamentos sérios que teve. Em nossa busca pelo amor, subconscientemente tentamos repetir ou consertar nossas experiências prévias. Imitamos ou rejeitamos. No entanto, muitas vezes damos um peso indevido a essas influências do início da vida. Elas afetam nossas escolhas, para o bem e para o mal, e interferem em nosso julgamento mais do que imaginamos.

Vamos começar com uma visualização. Estamos tentando deixar de lado quem somos e nos reconectar com uma parte subconsciente de nós mesmos, e a visualização é a melhor maneira que eu conheço de viajar para outro tempo e lugar.

> **EXPERIMENTE ISTO: MEDITAÇÃO DO EU MAIS JOVEM**
> Tente desenterrar as impressões deixadas pelo seu passado e entender como elas influenciam hoje sua ideia do que é o amor. O objetivo não é encontrar defeitos nos outros nem colocá-los em um pedestal. Trata-se simplesmente de isolar os padrões emocionais que o influenciaram em seus primeiros anos.
>
> Você pode pensar nessa meditação como uma escavação arqueológica. Existem artefatos a encontrar – alguns tesouros enterrados, alguns semiex-

postos, alguns sem qualquer valor. Eles mostram a riqueza e as cicatrizes do passado e têm muito a nos ensinar sobre a vida.

Entre em contato com desejos não resolvidos e não realizados visitando a si mesmo aos 13 ou 14 anos. Ofereça ao seu eu mais jovem todas as palavras, os conselhos e abraços de que ele precisa. Acolha o seu eu mais jovem. O que ele precisava ouvir que ninguém nunca lhe disse?

> **Você é lindo.**
> **Você é corajoso.**
> **Acredite em você.**
> **Vai ficar tudo bem.**
> **Você não é burro.**

O que seu eu mais jovem diria em resposta?

> **Obrigado por voltar para me dizer isso.**
> **Não se estresse tanto.**
> **Você deveria voltar a cantar.**

Depois de ter tido essa conversa com o seu eu mais jovem, dê um abraço nessa sua versão e agradeça a ela por esse insight.

Quando guio as pessoas nessa meditação, a maioria descobre que tinha algum tipo de insegurança na adolescência e que essa criança ainda está dentro delas, sofrendo com a dúvida em relação a si mesma. No entanto, certa vez um homem me disse, após a meditação, que seu eu mais jovem olhou para ele e disse: "Vamos lá, cara. Deixa isso pra trás. Levanta e segue em frente." A sensação que tive foi de que seu eu mais jovem estava dizendo: "Aguenta. Somos fortes. A gente pode lidar com qualquer coisa." Seu ego estava protegendo sua vulnerabilidade.

Mesmo que achemos que não há nada para ser curado, às vezes as feridas são tão profundas que nem conseguimos mais vê-las. Adotamos uma abordagem estoica, dizemos a nós mesmos que estamos bem, mas não admitimos que precisamos avaliar a situação. Corta para um ano depois, quando esse homem me mandou uma mensagem do nada para dizer: "Percebi que preciso ser mais compassivo com as pessoas que eu amo e comigo mesmo também. Não levo jeito para isso. A sensação é de que não tenho tempo para ficar pensando nos pensamentos e nas emoções dos outros."

Eu respondi: "Você não dedica tempo a pensar nas suas próprias emoções." Levou um ano, mas ele finalmente estava pronto.

A meditação do eu mais jovem nos ajuda a identificar as virtudes e as lacunas que nos acompanham desde a infância, mas esse é só o primeiro passo para nos livrarmos das impressões nocivas e assumirmos o controle das escolhas que fazemos nos relacionamentos. Para nos aprofundar nesse aspecto, vamos examinar três influências em nossos *samskaras*: nossos pais, a mídia e nossas primeiras experiências amorosas.

AS DÁDIVAS E LACUNAS DOS NOSSOS PAIS

Na coluna "Amor moderno", do *The New York Times*, a escritora Coco Mellors relatou a história de quando se apaixonou por um vizinho que deixava claro para ela que não queria um relacionamento. Ela sabia que estava mentindo para ele quando dizia que também não queria nada sério, e admitiu: "Embora eu não soubesse na época, eu estava repetindo um padrão familiar. Cresci correndo atrás do amor do meu pai, um homem que, assim como o meu vizinho, podia ser afetuoso ou ausente, dependendo do dia."

Matha Pitha Guru Deivam é uma frase em sânscrito muito repetida no hinduísmo. Significa "mãe, pai, professor, Deus". Sua mãe é o seu primeiro guru. Ela ensina o que é o amor. Ela ensina o que é cuidar – não por meio de lições, mas por meio das interações com você. E seu pai está ali ao lado dela, claro. É um princípio freudiano básico que os primeiros relacionamentos que temos com nossos pais e responsáveis estabelecem uma dinâmica de relacionamento que, como Mellors, somos impelidos a reproduzir depois de adultos. Quando somos jovens, contamos integralmente com nossos pais e descobrimos maneiras de atrair sua atenção, inspirar sua afeição e sentir seu amor. O amor que eles nos dão molda a forma como lidamos com o amor. *Matha Pitha Guru Deivam* é um conceito simples, com extensas implicações.

No livro *A General Theory of Love* (Teoria geral do amor), Thomas Lewis, Fari Amini e Richard Lannon, todos professores de psiquiatria na Universidade da Califórnia em São Francisco, escrevem: "Agimos de acordo com nosso conhecimento inconsciente a cada passo impensado que damos na dança do amor. Se uma criança tem os pais certos, ela aprende os princípios certos – que amor significa proteção, cuidado, lealdade, sacrifício. Ela aprende isso não porque lhe disseram, mas porque seu cérebro reduz automaticamente a confusão a alguns protótipos comuns. Se tem pais que não são emocionalmente sadios, a criança involuntariamente memoriza a lição de seu relacionamento conturbado com eles: que o amor é sufocante, que a raiva é assustadora, que a dependência é humilhante ou uma entre um milhão de variações incapacitantes possíveis."

Mas acredito que mesmo a criança com os pais "certos" enfrente seus próprios desafios quando se trata de encontrar o amor. Se uma criança cresce vendo o amor como proteção, cuidado, lealdade e sacrifício, é isso que ela identifica como amor. Tendemos a ver nossas experiências da infância como normais, a menos que tenham sido traumáticas (e às vezes ainda que tenham sido). Então, quando somos amados por alguém que demonstra isso de forma diferente – por exemplo, por meio da alegria, da dedicação e da abundância –, pode levar algum tempo para percebermos e apreciarmos essas qualidades como expressões genuínas de amor. Se seus pais o amaram, pode ser que você se torne uma pessoa boa e gentil. Ou pode ser que espere dos outros um padrão de amor impossível de alcançar. A menos que façamos o trabalho de examinar nossos *samskaras*, na maioria das vezes não temos consciência dessas impressões. Apenas presumimos que a forma como pensamos e nos sentimos é a resposta razoável. Dessa maneira, as dádivas de nossos pais podem criar tanto armadilhas quanto lacunas. **Se houver uma lacuna no modo como nossos pais nos criaram, esperamos que outros a preencham. E, se houver alguma dádiva na forma como nossos pais nos criaram, esperamos que os outros nos ofereçam a mesma coisa.**

AS DÁDIVAS E LACUNAS DOS NOSSOS PAIS

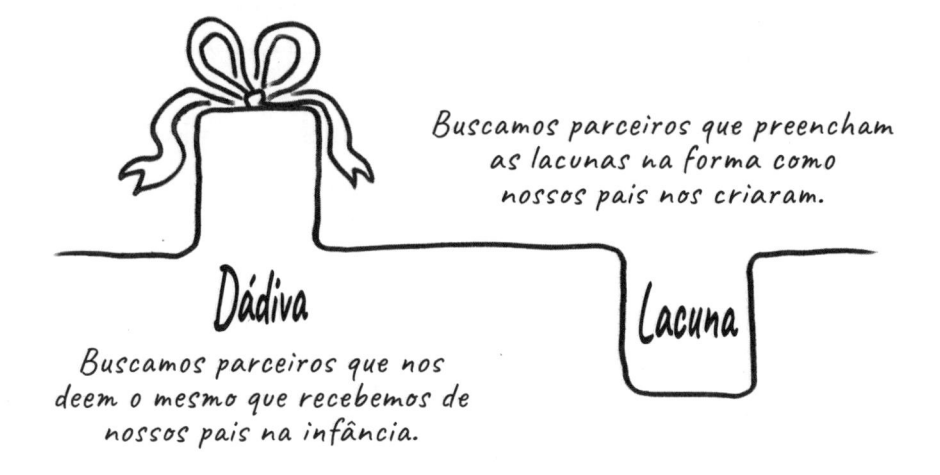

Dádiva
Buscamos parceiros que nos deem o mesmo que recebemos de nossos pais na infância.

Lacuna
Buscamos parceiros que preencham as lacunas na forma como nossos pais nos criaram.

O amor que minha mãe me deu foi uma dádiva – ele me permitiu dar amor aos outros. Mas meus pais nunca foram assistir aos meus jogos de rúgbi. Por conta dessa lacuna, eu procurava a validação de meus colegas. Queria que os meus amigos na escola achassem que eu era forte, casca-grossa, porque ansiava por um tipo de apoio que não recebia em casa. Quando me tornei monge, ainda não havia encontrado uma forma de satisfazer meu desejo de validação. No entanto, durante os meus estudos no *ashram*, olhei no espelho do karma e percebi que, mesmo quando recebia a validação pela qual tanto ansiava, nunca estava satisfeito. Mesmo quando recebia um feedback autêntico e positivo de outras pessoas, não ficava satisfeito. E acho que isso costuma ser verdade – que é difícil para os outros entender plenamente o que passamos para alcançar um bom resultado. **Primeiro buscamos a validação nas pessoas mais próximas de nós. Então, insatisfeitos, a buscamos em todo mundo. Por fim, nós a encontramos em nós mesmos.** Foi a lacuna que meus pais criaram que acabou me ensinando essa lição. Eu tinha que ser feliz comigo mesmo.

As dádivas e lacunas dos pais aparecem de várias formas em nossos relacionamentos. No meu aniversário, meus pais sempre me davam presentes que faziam com que eu me sentisse especial, enquanto a família de Radhi a presenteava com tempo de qualidade. Esses são aspectos muito apreciados da infância de cada um de nós, mas, no meu aniversário, Radhi pode me dar um tempo de qualidade quando eu esperava um presente. Quanto mais conscientes estivermos das nossas expectativas e de onde elas vêm, mais podemos comunicar nossas necessidades e nos adaptar aos nossos parceiros. Todos nós respondemos de maneira diferente às dádivas e lacunas com que nos deparamos. Se você via seus pais discutindo, pode crescer e se tornar beligerante ou defensivo. Ou pode se curar disso e fazer um esforço consciente para não tratar os outros assim. Também pode ajudar outras pessoas a superarem seus conflitos. Se seus pais criaram um lar instável, você pode tentar manter a paz o tempo todo e esconder seus verdadeiros sentimentos. O karma nos permite escolher como reagir, e as opções podem ser sutis e variadas. Não tem a ver com certo ou errado. Queremos descobrir quando recorremos ao nosso karma de uma forma que beneficiou nossos relacionamentos e em que situações ainda estamos fazendo escolhas inconscientes. Se seu pai era um babaca, você pode acabar namorando um bando de babacas até finalmente se dar conta disso e optar por um cara legal. Isso é aprender a lição do karma.

Muitos de nós temos a sensação de que não fomos criados do jeito certo. Isso pode significar qualquer coisa, desde não ter tido nossas necessidades básicas atendidas até não ter tido oportunidades que nos ajudariam a ter uma base melhor na vida. Mesmo que nossos pais acreditem em nós, estimulem nossos pontos fortes, nos assegurem de que nossas decepções não são o fim do mundo e consistentemente ampliem nossa confiança de outras formas, eles não podem nos dar uma psique perfeitamente desenvolvida dentro de uma caixa com um laço de fita. E muitos deles têm os mesmos problemas de autoconfiança, autoestima, autoaperfeiçoamento, amor-próprio e autocuidado que enfrentamos. É difícil transmitir essas qualidades aos filhos quando eles enfrentam os próprios desafios.

Pode parecer que estamos condenados, mas lhe garanto que não. Estamos apenas nos concentrando demais no que os nossos pais deveriam ter feito ou desejando que eles tivessem se comportado de maneira diferente, em vez de descobrir o que nós mesmos podemos fazer. Não importa quão imperfeita seja a situação em que nascemos, podemos aprender com nosso karma e usá-lo para nos guiar para e durante o relacionamento que desejamos.

EXPERIMENTE ISTO: IDENTIFICAR DÁDIVAS E LACUNAS DOS PAIS

LEMBRANÇAS
Anote suas três melhores lembranças da infância.
Anote suas três piores lembranças da infância.
Identifique um momento desafiador da sua infância. Seus pais o ajudaram a superá-lo? De que forma? Como isso afetou você?

Suas respostas não precisam ser preto no branco. Uma demonstração de amor pode ter acalmado você ou promovido um relacionamento calcado na dependência. Uma reação severa pode ter prejudicado sua autoestima ou aumentado sua resiliência. O que importa não é se os seus pais foram ou não os melhores do mundo, mas como a forma como o trataram se manifestou no seu desenvolvimento.

EXPECTATIVAS

Que expectativas seus pais tinham de você? Elas o motivaram ou o pressionaram? Como elas afetam seus relacionamentos?

Se seus pais esperavam que você alcançasse um determinado grau de sucesso ou tivesse um relacionamento com um certo tipo de pessoa, você pode estar desnecessariamente apegado a essa expectativa ou pode ter reagido a ela. Como essas forças ainda atuam na sua vida? Eu tinha uma amiga cujos pais incutiram nela a ideia de que deveria se casar com alguém ambicioso, mas seu último namorado terminou o relacionamento porque, nas palavras dele: "Não quero ser seu parceiro de negócios. Quero ser seu namorado." Ela teve que abrir mão do que os pais queriam para ela e repensar suas ideias de como um verdadeiro parceiro deveria ser.

EXEMPLOS

De quais elementos do relacionamento dos seus pais você gostava/não gostava?

Muitas vezes, nos relacionamentos, rejeitamos ou repetimos o que nossos pais faziam. Se eles discutiam, podemos passar a evitar conflitos. Se eles tinham uma dinâmica de poder, podemos esperar que haja a mesma coisa em nosso relacionamento ou evitá-la a todo custo.

APOIO EMOCIONAL

Que tipo de amor e apoio emocional você gostaria que seus pais tivessem lhe dado? Do que você sentia falta?

Depois de tomar consciência de uma dádiva ou lacuna que esteja levando para os seus relacionamentos, você pode começar a tentar lidar com eles.

1. *Reconhecer*. O primeiro passo é reconhecer onde e quando essa impressão o leva a agir contra seus próprios interesses. Isso se manifesta nas redes sociais? Com um determinado grupo de pessoas? Quando você tenta comemorar com seu parceiro? Quando você viaja?
2. *Relembrar*. O lembrete é um recado para si mesmo sobre como você quer ou não quer ser. Crie um lembrete capaz de flagrá-lo no momento em que estiver correndo o risco de agir ao contrário do que pretendia. Você tem um desafio pela frente e espera de seu parceiro um tipo de apoio que geralmente não lhe dá? Você fica com ciúmes quando vê seu parceiro interagindo em grupo? Um certo tipo de comportamento sempre desperta sua raiva? Antes que o episódio se concretize, encontre uma forma de se lembrar de que deseja mudar naquele momento, tempo e espaço. Pode ser tão simples quanto colar um post-it no espelho do banheiro, escrever um bilhete para si mesmo em seu diário ou pedir ao seu parceiro que o lembre do aspecto que você está tentando trabalhar.
3. *Repetir*. Transforme seu lembrete em um mantra, uma frase que você sempre possa repetir para si mesmo. Ao fazer isso, é mais provável que ela venha à sua mente no momento em que você precisar dela. Pode ser "A culpa não faz parte do amor", "A raiva não é a resposta" ou "Pergunte antes de presumir".
4. *Reduzir*. Até que uma reação ou expectativa desapareça, você vai notar que elas vão enfraquecendo. Deixe seu parceiro ciente, para que ele saiba que você está trabalhando para diminuir a influência de tal impressão.
5. *Remover*. Por fim, com o tempo, com atenção e repetição, você vai quebrar o hábito da expectativa.

Quer nossos pais tenham nos negligenciado, quer tenham atendido às nossas necessidades em ampla medida ou não, quando deixamos o ninho pela primeira vez estamos programados para olhar para fora, para os outros, em busca de validação e satisfação, e não para dentro, para nós mesmos. Gravitamos em direção a parceiros que possam preencher nosso vazio, mas também podemos deixar de abrir nossa cabeça e nosso coração a pessoas que talvez sejam mais compatíveis conosco.

Olhar no espelho do karma nos ajuda a parar de correr atrás de pessoas que possam atender às nossas necessidades emocionais da infância e começar a satisfazê-las nós mesmos. Ao mesmo tempo, quanto mais você se conscientizar dessas influências na sua vida, maior será sua capacidade de ver como os pais de um parceiro o afetam. Isso lhe proporciona maior compreensão e paciência consigo mesmo e com o seu parceiro.

A MAGIA DOS FILMES

Nossos pais não são os únicos *samskaras* em nossa forma de ver o amor. Desde a infância, filmes, programas de TV, músicas e outras mídias nos vendem um ideal romantizado de amor. A Branca de Neve canta "O meu príncipe vai chegar" e nos prometem que a pessoa dos nossos sonhos aparecerá, que imediatamente perceberemos que estamos predestinados a ficar juntos e que ela vai arrebatar nosso coração e seremos felizes para sempre.

Em *Forrest Gump*, Tom Hanks, representando o personagem que dá nome ao filme, entra em um ônibus para seu primeiro dia de aula e, quando Jenny o convida para se sentar ao lado dela, narra: "Nunca tinha visto nada tão lindo em toda a minha vida. Ela era como um anjo." A história de amor começa a partir daí. As histórias românticas querem que acreditemos no amor à primeira vista. Mas, em seu livro *Face Value* (Ao pé da letra), o professor Alexander Todorov mostra que as primeiras impressões provavelmente estão erradas. "Achamos que as pessoas que parecem felizes são mais confiáveis e que as que parecem cansadas são menos inteligentes, embora essas impressões não tenham ligação com a realidade. Atribuímos qualidades positivas a rostos que consideramos 'comuns'" e "embora não exista um rosto humano 'médio', gostamos de rostos que estão mais próximos da [nossa] definição de um rosto 'comum'". Sobre a falta de confiabilidade das primeiras impressões, um grupo de psicólogos da Universidade da Pensilvânia vasculhou dados de mais de 10 mil pessoas que participaram de eventos de "encontros a jato" e descobriram que a maioria delas decidia se sentia atração por alguém em apenas três segundos.

Alguns estudos mostram que primeiras impressões como essa são facilmente influenciadas por fatores que talvez nem percebamos. Em um deles, psicólogos da Universidade Yale pediram aos participantes que segurassem uma xícara de café quente ou gelado e avaliassem uma pessoa desconhecida com base em um dossiê contendo informações sobre ela. As que estavam segurando café quente descreveram a personalidade dos indivíduos sobre os quais leram como substancialmente mais calorosa do que as que estavam segurando o café gelado. (Portanto, da próxima vez que for marcar um primeiro encontro, convém sugerir um bom chocolate quente em vez de um sorvete.)

Quando se trata de conhecer pessoas, o *efeito contexto* explica como o ambiente em que as encontramos pode causar um impacto na impressão que temos delas. Imagine encontrar alguém no saguão de um cinema depois de assistir a uma comédia romântica – é provável que sua tendência a pensar no potencial dela como par amoroso seja maior do que se a encontrasse depois de assistir ao documentário *Lesmas: As pequenas rebeldes da natureza*. Agora imagine conhecer alguém em um casamento – que é o equivalente a ter acabado de assistir a uma centena de comédias românticas. É mais provável que você veja essa pessoa como um cônjuge em potencial do que se a conhecesse em um bar.

Imagens cinematográficas do amor definem o padrão de como ele deve ser e com frequência nos fazem sentir que não estamos alcançando o nível de romantismo que deveríamos. Em *(500) Dias com ela*, Tom, que escreve cartões comemorativos, mostra a seu chefe um cartão de Dia dos Namorados e diz: "Se alguém me desse este cartão, Sr. Vance, eu o comeria. São esses cartões, os filmes e as músicas pop, são eles os culpados por todas as mentiras, as mágoas, por tudo."

Hollywood está longe de ser o único culpado. Os filmes de Bollywood a que assisti quando criança deixaram uma marca em mim. Eu sonhava com aquele felizes para sempre que Bollywood vendia. Você pode achar que superei essas ideias depois de ser monge, mas, como já contei, quando quis pedir Radhi em casamento as imagens de noivado que eu tinha na mente vinham desse *samskara*. Daí toda a extravagância à margem do rio, com música e carruagem. Radhi e eu demos certo, graças a Deus, mas sua reação alérgica ao cavalo me fez lembrar de que eu deveria pensar na pessoa que estava diante de mim, em vez de sucumbir às influências das mídias ao meu redor.

Da mesma forma, quando quis comprar um anel de noivado para ela, perguntei a um amigo como escolher um. Ele me disse para comprar o melhor anel que eu pudesse e gastar cerca de dois a três meses de salário nele, então foi o que fiz. Não perguntei como ele havia chegado àquela cifra. Se tivesse, ele provavelmente teria dito: "Ah, foi o que alguém me disse quando fiquei noivo." Somente anos depois fui descobrir que, antes da Segunda Guerra Mundial, apenas 10% dos anéis de noivado eram de diamantes. A partir daí, a indústria de diamantes conseguiu torná-los a joia oficial do casamento e do amor. E quase cinquenta anos mais tarde começou a definir também quanto um homem deveria gastar no anel. Em 1977, um comercial da joalheria De Beers mostra as silhuetas de um casal na praia. A sombra de um homem desliza um anel de diamantes na sombra do dedo da mulher, e o anel de ouro é a única imagem em cores. Eles se beijam e a narração diz: "O anel de noivado de diamantes. De que outra forma o salário de dois meses poderia durar para sempre?" Foram as joalherias que disseram ao mundo exatamente quanto um homem deveria gastar em um anel de noivado! Existe exemplo melhor de conflito de interesses? Esse comercial foi veiculado antes mesmo de o meu amigo nascer. E, no entanto, influenciou a ele, a mim e outros milhões de pessoas, espalhando a crença de que, se você ama alguém, deve gastar uma bela grana em um anel de diamantes.

Há menos comédias românticas hoje em dia, mas, ao examinar nosso ideal de amor, temos que olhar para trás, para as ideias que foram plantadas em nossa mente quando éramos jovens e não tínhamos o senso crítico desenvolvido nem qualquer experiência que nos servisse de parâmetro. Quando Lily James interpretou Cinderela no filme de 2015, o sapatinho cravejado de cristais Swarovski não coube no pé dela. "Donzela nenhuma na face da Terra consegue calçar aquele sapato", disse ela ao *The Washington Post*. "Então o príncipe vai morrer sozinho." **Acaba que a promessa do felizes para sempre na verdade é um obstáculo.**

EXPERIMENTE ISTO: O AMOR NA CULTURA

Pense na primeira vez que você ouviu uma canção de amor ou assistiu a um filme que moldou ou mudou sua forma de ver o amor. Que características do amor eram apresentadas? Você acredita nelas? Você as alcançou em algum dos seus relacionamentos anteriores?

> Você me ganhou quando disse "oi" – *Jerry Maguire*
> Eu gostaria de saber como largar você – *O segredo de Brokeback Mountain*
> Para mim, você é perfeita – *Simplesmente amor*
> Como você quiser – *A princesa prometida*
> Você quer a Lua? Basta dizer uma palavra, que eu jogo um laço em volta dela e a puxo aqui para baixo – *A felicidade não se compra*
> Eu também sou só uma garota, parada na frente de um garoto, pedindo a ele que a ame – *Um lugar chamado Notting Hill*

Quando entendemos os *samskaras* sobre histórias de amor que a mídia plantou em nossa mente, deixamos de exigir a perfeição de Hollywood. E nos tornamos dispostos a experimentar um amor que comece devagar ou que se desenvolva de uma forma diferente.

PRIMEIROS AMORES

Nossa ideia de amor também é moldada por nossos primeiros romances. Em 2015, a artista Rora Blue convidou as pessoas a postarem recados anônimos para seu primeiro amor. Mais de um milhão de pessoas responderam com mensagens como "Você me destruiu, mas até hoje escrevo bilhetes de amor para você em pratos de papel e guardanapos", "Você vai estar sempre gravado no meu corpo", "Amei me perder em você, mas anos se passaram e ainda não consegui me encontrar" e "Se eu fechar os olhos, o homem que vejo se parece com você". Há uma razão biológica pela qual o primeiro amor cria *samskaras*. Uma área-chave do nosso cérebro – o córtex pré-frontal – só se desenvolve por completo por volta dos 25 anos. Como descreve o neurocientista Daniel Amen, o córtex pré-frontal nos ajuda a pensar antes de falar e agir, e a aprender com nossos erros. Os jovens "pensam" com seus sentimentos. Sem o filtro do córtex pré-frontal inteiramente desenvolvido, grande parte da nossa vida mental passa pela amígdala – uma estrutura do cérebro associada a processos emocionais como o medo e a ansiedade. À medida que envelhecemos, nossa paixão vai sendo temperada pela razão e pelo autocontrole, e não sentimos mais as coisas com a mesma entrega selvagem. Aqueles que sentiram a paixão de um amor juvenil podem se lembrar dela como mais intensa do que qualquer coisa na vida adulta, ainda que não tenha sido uma relação ideal ou mesmo saudável.

A primeira vez que você entra em um relacionamento por pura paixão, a pessoa pode partir seu coração. Se você não assimilar a lição e entrar no relacionamento seguinte por paixão de novo, então, na segunda vez, pode se pegar entediado ou agindo de um jeito que não combina com você. Na terceira, a pessoa pode roubar seu dinheiro. O karma vai ensinar a mesma lição repetidas vezes, por meio de diferentes pessoas, até você mudar. E, ocasionalmente, vai ensinar as mesmas lições repetidas vezes com o mesmo parceiro também. Os ensinamentos védicos dizem que existem três níveis de inteligência. No primeiro nível, quando alguém lhe diz que o fogo queima, você dá ouvidos, aprende e nunca põe a mão no fogo. No segundo nível, você experimenta por si mesmo. Você põe a mão no fogo, ele o queima e você aprende a não fazer isso novamente. No terceiro nível, você se queima, mas não aprende nunca. Se não dermos a devida atenção ao nosso karma, vamos ficar presos no terceiro nível de inteligência e acumular cicatrizes. Esquecemos que o que experimentamos no passado contém informações sobre como vamos nos sentir se repetirmos as mesmas ações. Muitas vezes, quando achamos que temos azar nos relacionamentos, o verdadeiro problema está em vivermos ignorando os dados e desprezando as lições do karma. Em outras palavras, se você não aprende nada, repete o mesmo erro. O karma o incentiva a refletir sobre as suas escolhas, os motivos pelos quais as fez e o que deve fazer diferente da próxima vez.

Vamos examinar alguns dos "tipos" que namoramos e quais lições kármicas eles têm a oferecer.

Rebelde. No filme *Eu sei o que vocês fizeram no verão passado*, Julie diz a Ray: "Eu odeio isso, odeio de verdade. Você vai lá e vai se apaixonar por alguma estudante de filosofia de cabeça raspada, vestida de preto, cheia de tatuagens e piercings."

Ray responde: "Isso parece atraente."

Esse personagem é encontrado repetidas vezes na literatura e no cinema – de Rochester em *Jane Eyre* e Heathcliff em *O morro dos ventos uivantes* a Edward em *Crepúsculo*.

Sentir-se atraído por alguém que não se dobra ao sistema não é necessariamente um erro. Mas, se você fica sempre esperando que a aventura e o mistério se transformem em lealdade e responsabilidade, está na hora de aprender com suas escolhas. Por que você se sente atraído por essa pessoa? Ela lhe oferece o relacionamento que você deseja? Se você está pronto para assumir um compromisso mais sério, precisa escolher alguém com base nas qualidades que o indivíduo tem a oferecer, e não apenas em seu charme rebelde.

OS CINCO TIPOS PELOS QUAIS NOS APAIXONAMOS

Rebelde *Difícil* *Projeto*

Galinha *Opulento*

Difícil. Às vezes nos sentimos atraídos por alguém emocional e até mesmo fisicamente indisponível. A pessoa está sempre em movimento, mas às vezes dá uma paradinha apenas por tempo suficiente para manter nossas esperanças. E, como estamos encantados, nos convencemos de que ela vai parar de vez e de repente nos dar seu tempo e sua atenção. Temos certeza de que, quando finalmente olhar bem para nós, ela vai se apaixonar. Por isso nos dedicamos a seguir em seu encalço. Onde ela está? Como está gastando seu tempo quando poderia estar conosco? Quando vai ligar? Como nos tornar visíveis e disponíveis sem parecer desesperados? Quando entramos nesse jogo da conquista, não estamos conhecendo a pessoa, descobrindo compatibilidades, aprendendo de maneira recíproca nem crescendo juntos. Toda a nossa energia romântica é investida, mas não há retorno algum.

Em seu livro *Por que ele? Por que ela?*, a antropóloga Helen Fisher, principal consultora científica do site Match.com, explica que se fazer de difícil cria um fenômeno que ela chama de "atração por frustração". Ela escreve: "Os obstáculos intensificam os sentimentos de amor romântico, (...) provavelmente porque as vias cerebrais associadas ao prazer, à energia, ao foco e à motivação continuam a todo vapor quando uma recompensa é adiada." No entanto, ela acrescenta que os pesquisadores analisaram o resultado final de se fazer de difícil e não encontraram evidências de que isso ajude a construir um relacionamento de longo prazo. Não importa de qual dos dois lados você esteja: se você não está passando tempo com a outra pessoa, não está desenvolvendo um relacionamento.

Se você é atraído pela emoção da conquista, esteja ciente da escolha que está fazendo. Se começa um relacionamento com um músico que vive viajando, não pode esperar que ele desista da carreira e passe todo o tempo com você. Quando alguém não está disponível, isso geralmente não muda. Você se sente atraído pela pessoa porque está procurando alguém tão ocupado quanto você? Ou cresceu com um pai ou uma mãe indisponível, então esse é o único nível de amor que acha que merece? Para usar bem o seu karma, você deve estar consciente de quem está escolhendo, por quê e se a pessoa se enquadra no que você deseja para a sua vida, conforme começou a explorar na Regra 1.

Projeto. Às vezes seu parceiro precisa ser salvo. Você sente vontade de cuidar dele, dando atenção, ajuda e estabilidade. Isso pode tocar seu lado maternal. A curto prazo, faz você se sentir competente e no controle. O outro precisa de você e você sente que pode ajudá-lo a ter uma vida melhor. Mas, a longo prazo, se ele não se transforma, você vai ficando esgotado e ressentido porque se tornou o cuidador da outra pessoa. Vocês não estão em pé de igualdade. E você está investindo muito mais no relacionamento.

Dominar um relacionamento infla nosso ego e nos faz sentir importantes. Não exige que nos questionemos nem que sigamos as sugestões de nosso parceiro. Mas, em última instância, interfere na conexão de longo prazo que estamos tentando desenvolver. Somos atraídos pela dinâmica, não pela pessoa. Se você ama o papel de guiar, liderar e dar conselhos, pode encontrar isso em outras áreas da sua vida.

EXPERIMENTE ISTO: PAPÉIS NO RELACIONAMENTO

Aqui vão algumas perguntas para ajudar você a examinar qual papel desempenhou em seu relacionamento mais recente ou que espera desempenhar em um novo relacionamento. É isso que você quer? Você vai desempenhar todos os papéis que descrevo a seguir, mas seu objetivo deve ser avançar para o apoio mútuo, conscientemente permitindo que haja momentos de consertar as coisas e depender do outro.

TIPO 1: O QUE CONSERTA AS COISAS
Você se via constantemente tentando resolver, acolher, ajudar ou tornar a outra pessoa melhor? Você estava tentando carregá-la no colo, buscando fazer com que os objetivos dela se realizassem?

TIPO 2: DEPENDENTE
Você achava que dependia demais do seu parceiro? Você lhe apresentava todas as suas questões e esperava que ele encontrasse a solução?

TIPO 3: APOIADOR
Você gostava da personalidade do seu parceiro, respeitava seus valores e queria ajudá-lo a alcançar seus objetivos?

Você respeitava a forma como ele empregava o tempo e mantinha o espaço dele ou vivia querendo mudar isso?

O que conserta as coisas tem uma mentalidade parental. Você acha que é responsabilidade sua cuidar da outra pessoa, protegê-la. A felicidade dela é a sua prioridade. Essa mentalidade pode ser útil, mas também pode passar da conta. Quando você cuida do seu parceiro, isso faz com que ele se comporte como uma criança.

O dependente tem uma mentalidade infantil. Você conta com o seu parceiro para tudo. Quer que ele resolva as coisas e fica frustrado quando ele não dá conta. Às vezes adotamos essa mentalidade quando temos um parceiro dominador. Pode ser reconfortante ter outra pessoa no comando. Mas saímos perdendo quando não seguimos nosso caminho nem moldamos nossa vida.

O apoiador é o maior incentivador do parceiro. Não é um cuidador nem uma criança dependente: está lado a lado com ele. Você tenta assumir a responsabilidade; tenta desenvolver paciência; tenta ajudar a outra pessoa a crescer, mas não está tentando microgerenciá-la. Essa é a mentalidade que representa o meio-termo perfeito.

É natural entrar e sair de todos esses papéis ao longo dos relacionamentos. Às vezes assumimos o comando. Às vezes nos sentimos mais confortáveis abrindo mão do controle. O que estamos tentando evitar é namorar um único tipo, com quem ficamos presos na mesma dinâmica o tempo todo.

Resolver tudo em tempo integral significa que seu parceiro não está seguindo a própria jornada. Não temos o direito de fazer isso por ele. Não é nosso papel consertar algo que pode nem estar quebrado. Por outro lado, ser frágil em tempo integral significa que você não tem autoconfiança e busca validação externa. Você se sente quebrado e quer que alguém o conserte. Estar com alguém que estimula esse seu lado o atrapalha, não permitindo que assuma a responsabilidade pelo seu próprio crescimento, sua alegria e seu sucesso.

O apoiador é um ideal pelo qual lutar. Os dois parceiros se comunicam como iguais. Seu parceiro está sempre ensinando algo a você, mas você está sempre ensinando algo a ele. E, quando ambos entendem que estão ensinando e aprendendo ao mesmo tempo, é aí que nasce uma parceria (mais sobre isso na Regra 3).

Galinha. Quando estamos com alguém que sai com várias outras pessoas, isso comunica claramente que o outro não está interessado em um compromisso exclusivo. Se é isso que você está procurando, avalie se vale a pena continuar por causa do sexo excelente. O sexo pode nos distrair e nos impedir de fazer boas escolhas sobre nosso parceiro, e uma das maiores causas dessa distração é o hormônio chamado oxitocina. De acordo com o neurocientista e psiquiatra Daniel Amen, a oxitocina está relacionada à paixão, e sua liberação pode estimular e até mesmo acelerar o vínculo e a confiança.

Geralmente os homens têm níveis mais baixos de oxitocina do que as mulheres, mas o sexo faz com que se elevem mais de 500%. O neurocientista da Universidade de Nova York Robert Froemke diz que a oxitocina age como um botão de volume, "aumentando e amplificando a atividade cerebral relacionada a tudo que a pessoa esteja experimentando". Durante o sexo e depois dele, nos sentimos mais apaixonados, mas na verdade isso não é amor. Nós nos sentimos quimicamente mais próximos, embora não estejamos emocionalmente mais próximos. Além disso, na prática o hormônio tem um efeito temporário de bloquear as memórias negativas, então todas aquelas "coisinhas" que estavam incomodando você ou aquela discussão que vocês tiveram antes – que talvez tenha sido um importante sinal de alerta – podem desaparecer após o sexo.

Quando entrevistei os especialistas em relacionamento conjugal John e Julie Gottman em meu podcast, John disse que a oxitocina pode ser o "hormônio do erro de julgamento". "Você fica achando que vai ficar tudo bem porque esse hormônio o faz se sentir seguro e protegido. Assim você não enxerga os sinais de alerta que a pessoa transmite e que claramente dizem 'Não sou confiável'." Se o outro não está interessado em se comprometer, ainda assim pode haver uma conexão divertida, mas saiba que você provavelmente não vai aprender muita coisa com ele.

Opulento. A *Bhagavad Gita* lista seis opulências: conhecimento, fama, dinheiro, beleza, força e renúncia. Às vezes nos sentimos atraídos por alguém que tem uma única opulência, e isso basta para nos convencermos prematuramente de que estamos apaixonados. Na música "Halo", da Beyoncé, a luz ao redor de uma pessoa a convence de que ela é "tudo de que ela precisa e mais", mas o "halo" não é necessariamente um indicador preciso de quem o outro é. Na psicologia, o *efeito halo* é um tipo de viés cognitivo em que formamos uma impressão imprecisa de algo ou alguém com base em um único traço ou característica. Por exemplo, se uma pessoa é atraente, é mais provável atribuirmos outras características positivas a ela, como inteligência, perspicácia ou bondade. Esse efeito halo específico é chamado de *estereótipo da atratividade*. Uma pesquisa mostrou que os professores avaliavam alunos atraentes de forma mais positiva quando a aula era presencial, mas não quando era on-line e eles não podiam ver os alunos. Outros estudos mostraram que garçons considerados mais atraentes recebiam gorjetas mais generosas. Quando vemos uma pessoa bonita, podemos fazer suposições inconscientes de que ela é mais rica, mais ambiciosa, mais simpática, e assim por diante, e isso pode influenciar nossa atração por ela.

A *Bhagavad Gita* diz que as seis opulências nos mostram as limitações do desejo. Queremos atenção, mas um milhão de curtidas não fazem com que nos sintamos amados. Queremos beleza, mas procuramos fazer com que a juventude (que não é a única forma de beleza) dure para sempre. Queremos dinheiro, mas ele não compra felicidade. Experimente pesquisar "ganhadores da loteria" no Google se quiser uma prova disso. Se as opulências forem nosso critério para encontrar um parceiro, vamos nos relacionar apenas com uma lista temporária de bens. A *Gita* diz que o amor divino é conhecer a grandeza de Deus, mas gravitar em torno de sua doçura. Você pode conhecer todas as glórias e conquistas do seu parceiro, mas isso não o define como indivíduo. **Ser atraído pelo que nosso parceiro tem ou conquistou não é um ponto de partida ruim, mas também não é um bom ponto de chegada.** Habilidades e realizações não importam tanto quanto qualidades e ações. Cometemos o erro de atribuir qualidades às pessoas com base em suas habilidades. Presumimos que um bom comunicador será confiável. Achamos que um escritor é atencioso. Que um gerente deve ser organizado. A única forma de saber quais qualidades uma pessoa realmente tem é passando tempo com ela e a observando. Somente quando conhecemos alguém íntima e profundamente é que entramos em contato com sua doçura.

> **EXPERIMENTE ISTO: REFLITA E APRENDA COM UM RELACIONAMENTO DO PASSADO**
>
> Temos o hábito de medir o sucesso dos relacionamentos pelo tempo que eles duram, mas seu valor real está em quanto aprendemos e crescemos com eles. Se compreendemos isso, podemos examinar as escolhas que fizemos, avaliar os motivos pelos quais escolhemos essa pessoa, descobrir o que deu errado, desenvolver uma noção melhor de quem escolher e entender se precisamos mudar alguma coisa da próxima vez.
>
> 1. Em que estado energético você estava quando escolheu ficar com seu ex?
>
>   *Energia da ignorância.* Neste estado, você pode ter escolhido alguém porque estava entediado, porque não havia mais ninguém à disposição ou porque estava solitário. Escolhas feitas na ignorância levam a depressão, sofrimento e estresse.
>
>   *Energia da paixão.* Neste estado, você escolheu alguém porque queria uma das opulências. As decisões tomadas com base na paixão começam bem, mas têm que se aprofundar e se transformar em compreensão e respeito, ou acabam mal.
>
>   *Energia do bem.* Neste estado, você escolheu alguém com quem se sentiu conectado e compatível. Havia respeito mútuo, e muitas vezes essas relações mantêm o respeito intacto mesmo depois que terminam.
>
> 2. Por que acabou? Seja o mais sincero possível consigo mesmo ao avaliar o que deu errado nesse relacionamento.

> 3. Aprenda com ele. O que você pensa em fazer diferente da próxima vez? Será que consegue entrar em seu próximo relacionamento com uma energia do bem? É capaz de deixar de lado as opulências e procurar as qualidades que fazem um bom parceiro?

VOCÊ ATRAI O QUE USA PARA IMPRESSIONAR

As opulências destacam uma forma muito prática de entender o karma. Se somos atraídos por alguém por sua ambição, é isso que obtemos – uma pessoa cuja prioridade é a ambição. Não há nada de errado com a ambição... até você perceber que deseja alguém que tenha tempo de sobra para compartilhar com você. Às vezes achamos que nenhuma das opções que temos diante de nós são pessoas com quem queremos namorar. E então precisamos nos perguntar: *Por que são essas as minhas opções?* Por que estamos atraindo essas pessoas e como podemos atrair as que queremos? Você recebe de volta o que joga para o mundo. Isso é o karma em sua forma mais básica. Se eu usar o dinheiro para apresentar meu valor, vou atrair alguém que acredita que o meu valor está no dinheiro que tenho.

Quando nos apresentamos, estamos sinalizando a dinâmica que queremos, a forma como esperamos ser tratados, o que achamos que merecemos. Tive um cliente que era um empresário de sucesso. Ele estava chateado porque todas as mulheres que conhecia "só se interessavam pelo dinheiro". Mas toda foto que ele postava nas redes sociais era em um carrão ou na frente de mais uma casa que havia comprado. Ele disse: "Eu não sou assim pessoalmente." Mas não deveria estar surpreso por atrair um determinado tipo de pessoa.

Se usa a riqueza para impressionar alguém... você está se comprometendo com tudo que for preciso para manter sua riqueza.

Mas um dia você pode querer mudar a forma como usa seu tempo. Pode querer sentir que o seu parceiro dá mais valor a você do que ao seu patrimônio.

Se usa seu corpo para impressionar alguém... você está se colocando numa posição em que é difícil aceitar o envelhecimento. Um dia seu corpo vai mudar, e pode ser que você queira um parceiro cujo amor dure muitos anos.

Se usa seu status social para impressionar alguém... você pode descobrir que alguém com um status social mais alto é mais atraente para seu parceiro. Ou algo pode afetar o seu status, e você vai desejar um parceiro capaz de lhe dar apoio em tempos difíceis.

Se usa seu intelecto para impressionar alguém... você pode descobrir que não sente uma conexão emocional.

Se usa o sexo para impressionar alguém... você está estabelecendo um padrão de conexão física que pode ser difícil para um ou ambos sustentarem caso a atração diminua.

Quando nos manifestamos no mundo, seja no primeiro encontro, nas redes sociais ou em um site de relacionamento, estamos dizendo: "É desta versão de mim que eu quero que você goste." É importante expor a versão de si mesmo pela qual você deseja que alguém se sinta atraído, não a versão pela qual acha que alguém se sentiria atraído. São duas coisas distintas. Se você atrair alguém graças a uma persona, terá que fingir ser essa pessoa para sempre, caso contrário seu verdadeiro eu será descoberto.

Um estudo mostrou que 53% dos perfis em sites de relacionamento mentiam – mulheres mais do que homens e mais frequentemente sobre a aparência (fazendo coisas como postar uma foto antiga para parecer mais jovem), e homens com mais frequência sobre a própria situação financeira. Levando em conta que os homens tendem a considerar a boa aparência uma característica altamente valorizada em um parceiro em potencial e que as mulheres tendem a enxergar o sucesso financeiro da mesma forma, é possível ver como isso acontece, pelo menos em relacionamentos heterossexuais. Mesmo que a imagem que tenta passar seja mais sutil e você esteja disposto a desempenhar indefinidamente o papel que inventou, vai sempre saber, no fundo do coração, que não é amado por quem realmente é. Você fez a outra pessoa se apaixonar por um personagem que você criou, não por você. Ao fingir ser quem não é, você atrai conflitos para sua vida. Poupe esse tempo e essa energia.

É natural querer apresentar a melhor versão de si mesmo. Você pode estar fazendo isso por meio das opulências, seja tentando deixar escapar na conversa o nome da universidade onde estudou, seja levando seu par a um restaurante caro para demonstrar riqueza ou colocando suas fotos mais sedutoras no site de relacionamento. Podemos facilmente nos pegar julgando a nós mesmos por nosso patrimônio ou pela forma como o exibimos através de bens materiais; por nossos amigos ou seguidores; pela nossa aparência física. Mas todos nós conhecemos pessoas que têm um alto "valor" de acordo com esses parâmetros e ainda assim têm baixa autoestima. Há um ditado que diz que o pobre mendiga fora do templo enquanto o rico mendiga dentro dele. Nós nos "vendemos" para os outros usando nossas opulências, mas fazer isso não trará qualquer benefício a longo prazo. Queremos exibir nossa verdadeira personalidade, nossos valores e objetivos, para que sejamos amados por tudo que mais importa para nós.

A recíproca também é verdadeira. Preste atenção e veja se são as opulências que o atraem no seu parceiro – e cuidado se elas forem o único aspecto que o atrai. Você não quer acabar com alguém por quem sente apenas atração física, cuja vida social o envolve, com quem se conecta apenas por causa do trabalho ou cujo sucesso exterior o deslumbra. Essas qualidades estão ligadas a situações e características temporárias, não vão durar para sempre. E, quando elas desaparecerem, o relacionamento terá o mesmo fim.

Quando conheci Radhi, eu não tinha nada. Não, isso não é verdade. A verdade é que estamos juntos desde que eu só tinha a mim mesmo para oferecer a ela – e isso pareceu ser o suficiente.

> **EXPERIMENTE ISTO: O QUE VOCÊ EXIBE**
>
> Quando há uma disparidade entre o que atrai o seu parceiro e o que você ama em si mesmo, pode ser difícil viver de acordo com a visão do outro. Primeiro faça uma lista do que ama em si mesmo. Pense nas qualidades das quais você mais se orgulha e tente evitar as opulências. Você é gentil, atencioso, trabalhador, honesto, criativo, grato, flexível, confiável? Agora, para cada um dos seus relacionamentos importantes ou de longo prazo, faça uma lista das qualidades que acha que essa pessoa viu e apreciou em você. Queremos construir relacionamentos nos quais somos amados pelo que amamos em nós mesmos.

DÊ A SI MESMO PRIMEIRO O QUE VOCÊ QUER DE OUTRA PESSOA

Uma vez que tenhamos uma noção melhor dos *samskaras* que acumulamos ao longo dos anos, podemos ver como eles influenciaram nossas escolhas e avaliar se gostamos dos resultados. Não queremos cometer os mesmos erros repetidas vezes. Queremos trazer as dádivas do passado para o presente, mas não podemos presumir que o nosso parceiro vai recebê-las exatamente da forma como esperamos. Tampouco queremos trazer as lacunas para os nossos relacionamentos e esperar que nosso parceiro as preencha. Queremos preencher nossas próprias lacunas.

Ao observar seu parceiro atual ou potencial, pense no que o atrai nele. Seu julgamento está sendo influenciado por critérios não superados do seu passado? Se seus pais lhe davam toda a atenção, você espera o mesmo de um parceiro? Os filmes que viu em sua juventude fazem você esperar um amor arrebatador? Seu primeiro amor era distante e inacessível, então você está preso em um padrão e vive repetindo essa dinâmica? Um dos meus clientes estava ficando muito zangado com a esposa quando ela não chegava do trabalho no horário normal. Perguntei por que a reação dele era tão intensa e, durante o nosso trabalho, ele percebeu que sua mãe nunca chegava em casa na hora e isso incomodava seu pai. Ele havia "herdado" a ansiedade do pai. Perguntei o que o atraso da esposa significava para ele. Depois de pensar um pouco, ele disse: "É como se ela não se importasse comigo e não gostasse da minha companhia." Sugeri a ele que perguntasse à esposa sobre o assunto e conversamos sobre como, em vez de perguntar "Então, por que você sempre chega atrasada?" em tom acusatório, ele poderia dizer "Em que você tem trabalhado? É algo animador ou estressante?". No fim das contas, a esposa estava estressada com um projeto e achava que, dali a três meses, poderia começar a voltar para casa mais cedo. Ela não percebeu que comunicar sobre o projeto e sobre o prazo previsto para terminá-lo o teria deixado mais calmo, mas ainda mais importante foi a percepção dele de que o motivo do atraso dela diferia da interpretação dele. Não foi um felizes para sempre perfeito, mas ele conseguiu aceitar a situação e não ficar se debatendo com a ansiedade que havia herdado. Ele pediu que passassem mais tempo juntos no fim de semana e eles descobriram como atender às necessidades de ambos.

Nossos relacionamentos não devem ser uma resposta ao que os nossos pais nos deram ou deixaram de dar, nem bálsamos para as inseguranças da nossa juventude. Se esperarmos que nossos parceiros preencham alguma lacuna emocional, isso coloca uma pressão indevida sobre o outro. Estamos pedindo à outra pessoa que assuma a responsabilidade pela nossa felicidade. É como dizer: "Só vou tirar meu carro da garagem quando o meu parceiro colocar combustível." Por que esperar que outra pessoa faça você se sentir bem? Por isso é tão importante nos curarmos, assumindo o controle desse processo, em vez de transferir a culpa e a responsabilidade para um parceiro. Se estivermos tentando preencher um vazio do passado, vamos escolher o parceiro errado. E, de qualquer maneira, ele não tem como preencher todas as lacunas. Ele não pode lidar com a nossa bagagem emocional por nós. Depois de satisfazermos as nossas necessidades, estamos numa posição melhor para enxergar o que um relacionamento pode nos proporcionar.

Enquanto isso, e sempre, você pode dar a si mesmo o que deseja receber. Se quiser se mimar, pode fazer planos para viajar para algum lugar aonde nunca foi, organizar uma festa de aniversário para si mesmo ou se vestir maravilhosamente bem para um evento que se aproxima. Se quer se sentir respeitado no trabalho, pode decidir fazer uma lista de todas as contribuições que deu para algum projeto. Enxergamos a admiração, o respeito e o amor como necessidades essenciais em um relacionamento, mas, quando atendemos a essas necessidades nossas de pequenas formas todos os dias, não precisamos esperar que o nosso parceiro as atenda por meio de gestos grandiosos.

EXPERIMENTE ISTO: DÊ A SI MESMO O QUE VOCÊ QUER RECEBER

Preencha suas próprias lacunas buscando formas de tratar a si mesmo da maneira que espera que os outros o tratem.

Nunca me senti admirado pelos meus pais.
Se você quer ser admirado...
Pelo que quer ser admirado?
O que você pode fazer todos os dias para se sentir admirado?

Nunca tive a sensação de que os meus pais me achavam especial.
Se você quer se sentir especial...
Pelo que você quer se sentir especial?
O que você pode fazer todos os dias para se sentir especial?

**Meus pais não respeitavam meus sentimentos nem minhas opiniões.
Se você quer se sentir respeitado...
Pelo que você quer ser respeitado?
O que você pode fazer todos os dias para respeitar a si mesmo?**

Essas são perguntas difíceis, então gaste o tempo que for necessário. As respostas podem não vir rapidamente. Reflita sobre elas por um dia, uma semana. Você pode aos poucos começar a identificar pensamentos negativos recorrentes que traz do passado. Se continuar a dizer a si mesmo que não é ninguém até que alguém lhe diga que você é alguém, isso o deixará mais suscetível à insegurança, ao estresse e à pressão. Se você costuma dizer a si mesmo que não é bom o bastante, você se torna isso. Precisamos quebrar esses padrões negativos desenvolvendo novos padrões de pensamento. Pode parecer forçado ou falso, mas, quando você pratica esses novos padrões positivos de pensamento, começa a fazer jus a eles.

TENHA UM TEMPO CONSIGO MESMO

Reserve três minutos antes de começar o dia e três minutos antes de ir para a cama para garantir que está satisfazendo suas necessidades. Associar novos hábitos ao início ou ao fim das coisas é mais natural para nós, e essa é a melhor forma de adotar os comportamentos e as crenças que precisamos ter na nossa vida.

Nos três minutos que você reservou pela manhã, sente-se sozinho e escolha algo que pode fazer por si mesmo para melhorar seu dia. Pode ser decidir marcar um almoço com um amigo que você não vê há algum tempo. Pode ser ir a uma aula de yoga ou não atender nenhum telefonema durante a primeira hora da manhã. Acordar e esperar que tudo seja ótimo é terceirizar o seu dia. Em vez disso, escolha apenas uma atitude que você mesmo pode tomar e que possa mudar o seu dia para melhor.

Nos três minutos ao fim do dia, avalie como se sente em relação a essa única coisa que escolheu. Ela ajudou seu dia? Você acha que deve tentar de novo no dia seguinte ou optar por outra coisa?

EXPANDINDO O NOSSO AMOR

Nossa preparação para o amor começou com duas regras que nos orientam a passar um tempo a sós e a fazer uma autorreflexão. Demos início a práticas para transformar a solidão em um momento produtivo de solitude. Esvaziamos as bagagens do nosso passado e começamos a esmiuçar nossos *samskaras* para poder aprender com o nosso karma. Esteja você em um relacionamento, procurando ou saindo de um, essas regras vão ajudá-lo a desenvolver e manter as habilidades necessárias para o amor. A esta altura, você já está mais bem preparado do que a maioria das pessoas! E isso abre a porta para você compartilhar seu amor com outra pessoa. Um dos tradutores da *Bhagavad Gita*, Eknath Easwaran, disse: "O amor cresce pela prática, não há outro caminho." Agora, à medida que avançamos na prática do amor, vamos desenvolver nossa capacidade de identificar o amor, defini-lo, desenvolvê-lo, confiar nele e, se e quando estivermos prontos, abraçá-lo.

ESCREVA UMA CARTA DE AMOR PARA SI MESMO

Escrever uma carta para si mesmo pode ajudar você a estabelecer um diálogo interior e a tomar consciência do que está pensando e sentindo. Isso, por sua vez, o ajudará a fazer escolhas e dar os passos seguintes em sua vida.

Querido Eu,

Estamos juntos desde o princípio, e é graças a você que posso experimentar esta vida. Você é mais próximo de mim do que ninguém, o único que sabe tudo que vi e que fiz. O único que testemunhou o mundo pelos meus olhos. Que conhece meus pensamentos mais profundos. Meus medos mais obscuros. E meus maiores sonhos.

Passamos por muita coisa juntos — tudo, na verdade. Os altos mais altos e os baixos mais baixos. Você está comigo tanto nos meus melhores momentos quanto naqueles em que eu gostaria de poder voltar e fazer diferente. E, não importa o que aconteça, você sempre fica do meu lado. Somos parceiros de verdade — você é o único sobre quem posso dizer, sem dúvida, que vai estar comigo em todos os momentos.

Mas, apesar da sua lealdade e do seu carinho, às vezes eu o ignorei. Nem sempre dei ouvidos quando você me disse o que era melhor para mim ou quando me apontou a direção que eu deveria seguir. Em vez de olhar para você, olhei para fora, para o que os outros estavam fazendo ou dizendo. Eu me distraí, então não pude ouvir sua voz. Em vez de cuidar, às vezes exigi demais de você. E, apesar disso, você nunca me abandonou. Você sempre me perdoou. E sempre me deu boas-vindas quando voltei para casa, sem julgamentos nem críticas.

Por tudo isso, eu lhe agradeço. Obrigado por ser delicado comigo. Por ser forte. Por estar sempre disposto a aprender e a crescer comigo por meio dos meus erros e dos meus triunfos. E por sempre refletir o melhor do que está dentro de mim. Obrigado por me mostrar o que o amor incondicional realmente significa.

Com amor,

Eu mesmo

MEDITAÇÃO PARA A SOLITUDE

Esta meditação se concentra no amor-próprio. Quando praticamos amor e gratidão por nós mesmos, nutrimos o solo no qual o amor está arraigado e do qual ele vai crescer e florescer em suas muitas formas.

O melhor é praticar esta meditação na cama, à noite, antes de dormir, e pela manhã, ao acordar.

1. Encontre uma posição confortável.
2. Feche os olhos se isso for bom para você. Se não, simplesmente relaxe seu foco.
3. Quer seus olhos estejam abertos ou fechados, baixe ligeiramente o olhar.
4. Inspire profundamente. Expire.
5. Se perceber que sua mente está divagando, tudo bem. Conduza-a delicadamente de volta a um lugar de calma, equilíbrio e tranquilidade.

Meditação de gratidão a si próprio

1. Respire naturalmente. Dedique um momento a observar o padrão da sua respiração.
2. Permita que seu foco se volte para o seu corpo. Observe os pontos em que ele toca a cama e aqueles em que não toca. Se houver um lençol ou cobertor sobre você, observe a sensação do toque na sua pele.
3. Agora volte sua atenção para as solas dos pés. Observe a sensação nelas. Expresse gratidão aos seus pés pelo que eles lhe permitem fazer: "Sou grato pelo seu apoio. Sou grato pela maneira como você me aterra e me conecta ao chão." Expresse essa gratidão do jeito que parecer mais natural e pertinente para você.

4. Permita que sua atenção se mova para cima, para a parte inferior das pernas, os joelhos e as coxas. Observe a sensação neles. Expresse gratidão a eles: "Obrigado por sua firmeza. Obrigado por me ajudarem a me movimentar pelo mundo."
5. Leve sua atenção para os braços. Observe a parte superior dos braços, os cotovelos, os antebraços e as mãos. Agradeça: "Obrigado por tudo que vocês fazem para me ajudar a interagir com o mundo ao meu redor, permitindo que eu cuide de mim e me expresse."
6. Deixe que sua atenção chegue ao seu rosto. Observe o nariz, que lhe permite sentir cheiros, a boca, que lhe permite comer, os olhos, que lhe permitem ver, e os ouvidos, que lhe permitem ouvir. Expresse sua gratidão: "Sou grato pela riqueza que vocês trazem para a minha vida ao permitir que eu desfrute de alimentos nutritivos, escute música, sinta o aroma das flores e aprecie a beleza da natureza e do mundo ao meu redor."
7. Agora dedique um momento a ir para dentro, por baixo da sua pele. Faça uma varredura de cima para baixo, começando pelo seu cérebro. Expresse gratidão ao seu cérebro por todas as funções importantes que ele é capaz de executar: "Obrigado por tudo que você faz para coordenar e monitorar esse organismo milagroso que eu sou. Por me permitir processar informações, pensar, brincar, admirar, sentir compaixão e agir."
8. Desça o foco para o coração. Observe o ritmo dos batimentos dele dentro do seu peito. Expresse sua gratidão: "Obrigado por trabalhar dia e noite, quer eu reconheça você ou não. Quer eu tenha consciência disso ou não."
9. Volte sua atenção para os pulmões. Observe como sua caixa torácica se expande e se contrai suavemente a cada respiração. Agradeça: "Obrigado por me encher de vida."
10. Permita que sua atenção desça até a barriga. Observe a sensação ali. Agradeça ao seu estômago: "Sou grato pela forma como você digere os alimentos para criar a energia de que preciso a cada dia."
11. Lentamente, direcione o foco para o corpo inteiro. Tire um momento para expressar sua gratidão ao seu corpo ou à sua mente por tudo que é mais relevante para você neste momento.

PARTE DOIS

COMPATIBILIDADE: APRENDENDO A AMAR OS OUTROS

O segundo *ashram*, *Grhastha*, é o estágio da vida em que estendemos nosso amor aos outros sem deixar de amar a nós mesmos. Esse estágio apresenta os desafios de aprender a compreender, levar em conta e cooperar com outra mente, outros valores e outros gostos e aversões diariamente. Aqui exploramos os desafios de *kama/maitri* – amar os outros.

REGRA 3

DEFINA O AMOR ANTES DE PENSAR NELE, SENTI-LO OU EXPRESSÁ-LO

Meu namorado me disse que me amava e, uma semana depois, sumiu da face da Terra.

Eu disse à minha companheira que a amava. Ela respondeu: "Obrigada."

Eu estava saindo com uma garota havia várias semanas. Quando lhe contei que estava começando a me apaixonar, ela disse que precisava de mais espaço.

Estamos juntos há três anos e dizemos "Eu te amo" antes de dormir. À mesma hora, todas as noites. Não sei mais se isso ainda significa alguma coisa.

Dizemos "Eu te amo", esperamos o momento certo de dizer ou esperamos que alguém diga para nós, mas não existe um acordo universal sobre o que isso significa. Para alguns, significa "Quero passar o resto da vida com você". Para outros, "Quero passar a noite com você". Entre essas duas intenções existe uma infinidade de outras, e alguns dizem "Eu te amo" sem qualquer intenção em particular, porque, naquele momento, apenas estão sentindo algo que interpretam como amor. Isso dá bastante margem para confusão, mal-entendidos e falsas expectativas. A escritora Samantha Taylor conta: "A primeira vez que disse ao meu atual marido que o amava, estávamos passando uma daquelas longas noites ao telefone, no início do namoro. Na época em que as pessoas realmente falavam ao telefone. Tonta de sono, falei que queria dizer que o amava, mas não queria assustá-lo. 'Não se preocupe', ele me disse. 'Dizer *eu te amo* não é grande coisa para mim. Eu amo a minha mãe. Amo meus amigos. Também te amo.' Ótimo. Ele me amava como à MÃE dele. Que romântico." Ele estava dizendo a ela que a definição dele de "Eu te amo" era diferente da dela: ampla, com pouca pressão e não particularmente romântica. Ela acrescenta: "Felizmente, ele deve ter aprendido a me amar de um jeito romântico, porque estamos casados há quase dez anos."

Dizemos "Eu te amo" em tantos contextos distintos – a familiares, amigos e amantes – que isso não indica nada além da presença de algum tipo de afeto. E, no entanto, temos expectativas baseadas no que supomos que isso signifique para o outro. "Eu te amo" não inclui compromisso. Não promete que você quer ter filhos com aquela pessoa. Não garante que você vai fazer qualquer esforço para que o relacionamento dê certo. É um belo começo, mas não substitui inúmeras outras conversas significativas.

Uma pesquisa mostrou que os homens são mais rápidos em dizer "Eu te amo" do que as mulheres, levando em média 88 dias. A impressionante cifra de 39% deles declaram seu amor no primeiro mês. As mulheres demoram em média 134 dias, e 23% delas declaram seu amor no primeiro mês. É difícil imaginar que as pessoas que sentem amor em questão de semanas realmente correspondam às expectativas do que seus parceiros acham que essa afirmação significa.

Você pode sentir que conhece alguém porque passou algum tempo com essa pessoa e gosta da personalidade dela, mas não tem como conhecer seus sonhos, seus valores, suas prioridades, as coisas que são importantes para ela. Você acha que conhece o coração dela, mas conhece apenas a mente. Amor leva tempo.

Não estou dizendo que você precisa entender alguém por completo antes de se apaixonar. Estamos sempre aprendendo coisas novas sobre nosso parceiro. Mas muitas vezes mergulhamos de cabeça no amor com base em uma quantidade muito reduzida de dados. Em qualquer outra área da vida, é muito pouco provável que você tome uma decisão tão importante com base em informações tão escassas.

O amor não é preto no branco – do tipo que ou você ama alguém, ou não –, nem existe uma forma só de amar. Algumas pessoas renovam seus votos a cada dez anos, seja para reafirmar o compromisso ou para expressar como o amor delas evoluiu. Algumas vivem o amor a distância. Algumas têm amizades coloridas. Algumas se divorciam, mas encontram um modo de criar os filhos juntos, de forma pacífica e amigável. Recentemente um sujeito puxou conversa em um casamento e me disse que tinha acabado de sair de um relacionamento longo. Ele me disse: "Nós nos amamos, mas deixar um ao outro foi a melhor maneira de continuarmos nos amando." Isso é amor também. Não levar em conta as inúmeras formas de amor é deixar passar muitas belas possibilidades. Compreender as nuances permite definir e honrar o amor que você sente pela pessoa com quem está. Assim que dizemos "Eu te amo", temos que fazer jus a essas palavras, não pela nossa definição, mas pela definição da pessoa que amamos. Por outro lado, quando aceitamos o amor de outra pessoa, temos que perceber que ela não está usando a nossa definição de amor.

Antes de chegarmos à conclusão de que estamos apaixonados, de dizermos a outra pessoa que a amamos e de estabelecermos o que significa quando ela nos diz essas mesmas palavras, devemos pensar em como definimos o amor. Como esperamos que o amor seja? Como sabemos que amamos alguém? Como sabemos que o outro nos ama? A única forma de evitar mal-entendidos é falar sobre amor usando muito mais do que essas três palavras. Essa regra nos ajudará a determinar o que queremos dizer quando dizemos "Eu te amo", o que nosso parceiro pode querer dizer quando nos diz isso e como encontrar um significado comum que seja possível compartilharmos entre nós.

AS QUATRO FASES DO AMOR

Quando dizemos um ao outro que nos amamos, raramente elaboramos, a menos que seja para acrescentar algum floreio romântico como "demais" ou "mais que tudo". Os contornos são bastante claros – ou declaramos nosso amor, ou não. Não deixamos muito espaço para variações ou gradações de amor. Mas podemos pegar algumas dicas na prática do amor da tradição bhakti, um movimento do hinduísmo do século VIII. Essa doutrina divide em estágios a jornada do amor pelo divino: o primeiro estágio é *sraddha*, no qual temos a centelha da fé que nos leva a ter interesse no divino. Observe como, mesmo quando falamos em conexão com o divino, há um desejo preliminar. A curiosidade e a esperança nos empurram em direção ao envolvimento. Isso nos leva ao estágio seguinte, *sadhu-sanga*, o desejo de se relacionar com pessoas espiritualmente avançadas. Aqui encontramos um professor/guia/mentor espiritual que pode nos ajudar a desenvolver nossa prática. Depois disso vem *bhajana-kriya*, quando executamos atos devocionais, como assistir aos cultos e rezar. À medida que a nossa devoção se aprofunda, nos libertamos de todos os apegos materiais (*anartha-nivrtti*), alcançamos estabilidade (*nistha*) no autoconhecimento e encontramos entusiasmo (*ruci*) em servir ao divino. Esse gosto nos leva a mais apego, que é chamado de *bhava*. Essa é a fase preliminar do puro amor pelo divino, *prema*, que por fim alcançamos no estágio supremo da vida, no qual atingimos a forma mais sublime de relacionamento amoroso com o divino, livre de temor, reverência ou qualquer tipo de hierarquia.

Como os Estágios do Amor Bhakti descrevem um relacionamento íntimo e direto entre uma pessoa e seu deus, eles podem ser aplicados de várias maneiras ao modo como amamos uns aos outros. Por isso decidi trazer esse modelo para o âmbito terreno e reinterpretá-lo de forma a aplicá-lo na prática de compreender e amar outra pessoa.

Quando se trata de amor, acreditamos que vamos saber defini-lo intuitivamente. Mas nossa experiência de amor pode ser diferente em diferentes momentos. As quatro fases do amor que vou descrever parecem amor – e todas fazem parte da jornada do amor.

Como saber se você está apaixonado por alguém? O amor não é receber telefonemas todos os dias, ter sua cadeira puxada para você se sentar nem sentir um calor e uma vertigem toda vez que vê alguém. O amor não é um conto de fadas puramente romântico, mas também não é marcar pragmaticamente qualidades numa lista. Observar essas fases nos ajuda a entender o amor de outra forma, a defini-lo por conta própria e articular melhor nosso sentimento. Ao mesmo tempo, ver os níveis de amor nos ajuda a entender por que nosso parceiro pode ter uma concepção diferente da nossa. Saber em que ponto você está vai ajudá-lo a se orientar na hora de avançar para o seguinte. No entanto, quando não consegue se imaginar chegando à próxima fase, você pode até aproveitar a relação por um tempo, mas saiba que ela não é sustentável.

Podemos não progredir exatamente nessa ordem, e o restante do livro vai mostrar como retroceder de fase. Este é um ciclo que repetiremos não apenas com um parceiro, mas com praticamente todos que têm um papel importante em nossa vida. Esta é a prática do amor.

1. Atração
2. Sonhos
3. Dificuldades e crescimento
4. Confiança

Fase 1: Atração

Na Fase 1 sentimos uma centelha de curiosidade, interesse e atração. Isso nos faz querer descobrir se a pessoa vale nosso tempo e esforço.

Pesquisadores descrevem o que chamamos de amor como três impulsos distintos no cérebro – desejo, atração e apego. Quando passamos do desejo para a atração, abandonamos a vontade mais generalizada de nos conectar com *qualquer pessoa* e a concentramos em um indivíduo específico. As substâncias químicas cerebrais envolvidas no desejo diferem das que produzem a atração. O primeiro é governado mais por testosterona e estrogênio, enquanto a segunda inclui a dopamina (a substância química da recompensa) e a norepinefrina (a versão cerebral da adrenalina, que, quando combinada com a dopamina, pode gerar aquela sensação de euforia em torno do alvo da nossa atração). Além disso, os níveis de serotonina, o hormônio do bem-estar, efetivamente caem nessa fase, o que contribui para a ansiedade e a paixão nos estágios iniciais da atração. Temos uma onda empolgante de esperança de que determinada pessoa possa ser a pessoa certa para nós. Sentimos curiosidade e interesse. Arrastamos a tela para a direita. O amor geralmente começa com essa emocionante sugestão de possibilidade. Significa "Você me intriga". "Quero mais." Essa química é incrível, mas devemos ter cuidado para não achar que o amor só pode começar assim ou que se resuma a ela. O tempo o ajudará a entender se o que está sentindo é amor verdadeiro ou não. Pense em como é quando você compra uma poltrona em uma loja virtual. Na internet, é bonita. Ela se encaixa perfeitamente na sala retratada em seu site de decoração preferido. Mas, quando chega, não é confortável sentar nela. Na atração, observamos as pessoas pelo que aparentam, mas não temos a dimensão de como é ter um relacionamento com elas.

Eu conheci um cara que todo mês me dizia estar apaixonado por alguma garota nova – alguém com quem tinha esbarrado ou que havia conhecido no Instagram. Por uma semana, ele ficava completamente vidrado na moça. E então, algumas semanas mais tarde, passava para a paixonite seguinte. Na fase da atração temos lampejos de amor que nos mostram sua beleza.

Permanecer nessa fase é prazeroso. Diante de pessoas novas, expomos com cuidado o que queremos que elas vejam – nossas melhores características. Há poucas discussões, expectativas e decepções. Podemos sustentar a fantasia de ser o par perfeito. Mas é preciso uma conexão mais profunda para ir além da Fase 1.

A ciência confirma a tese de que ter conexões mais profundas é um bom prognóstico para os relacionamentos. O professor Matthias Mehl, da Universidade do Arizona em Tucson, e sua equipe estudaram se as conversas que temos afetam nosso bem-estar. Especificamente, eles estavam examinando a diferença entre bater papo e ter conversas profundas e significativas. Por quatro dias, 79 participantes usaram gravadores enquanto seguiam normalmente com a própria vida. Os aparelhos foram projetados para gravar trechos de som ambiente, rendendo cerca de trezentas gravações por participante ao longo do período. Os pesquisadores então ouviram as gravações e notaram quando os participantes estavam sozinhos ou conversando com outras pessoas, e quando a conversa era superficial ("O que você tem aí? Pipoca? Que delícia!") ou profunda ("Ela se apaixonou pelo seu pai? Então eles se divorciaram logo depois disso?"). Os pesquisadores também avaliaram o bem-estar dos participantes por meio de uma série de afirmações como "Eu me vejo como uma pessoa feliz, satisfeita com a vida". E descobriram que taxas mais elevadas de bem-estar estavam mais associadas a pessoas que tinham conversas profundas do que às que falavam mais sobre amenidades.

Ter conversas profundas não é uma técnica. Apenas uma experiência genuína pode levar a uma conexão verdadeira. Mas podemos examinar nossa própria disposição a nos abrir e tornar vulneráveis diante das pessoas à medida que construímos uma relação de confiança com elas. Os cientistas sociais dizem que a vulnerabilidade leva à *exposição recíproca e crescente de si*. Isso significa que, com o tempo, um casal começa a revelar vulnerabilidades um ao outro – é essa a exposição. Compartilhar partes de si não significa desnudar a alma por inteiro, de uma vez só. Às vezes, quando nos deixamos levar, ficamos tentados a fazer isso. Mas, ao revelar gradualmente nossa personalidade, nossos valores e objetivos, começamos a ver se há conexão ou não. Ser vulnerável com essa intenção nos mantém protegidos, pois não nos expomos rápido demais a uma pessoa em quem não confiamos. Se tudo correr bem, você vai revelando facetas cada vez mais íntimas de si mesmo no ritmo em que se sente confortável – é aí que entra o aspecto *crescente*. E a exposição é um presente que vocês dão um ao outro – é recíproca. Com a exposição recíproca e crescente de cada um, começamos a conhecer realmente uma pessoa.

A regra dos três encontros. Na minha experiência de trabalho com clientes, em geral três encontros proporcionam tempo suficiente para determinar se você e a outra pessoa são compatíveis. Esses três encontros não precisam ser os três primeiros e você não precisa marcar um seguido do outro. Você pode espaçá-los. Às vezes é bom apenas assistir a um filme!

Nesses encontros você vai se concentrar em três áreas: se gosta da personalidade da pessoa, se respeita os valores dela e se gostaria de ajudá-la a atingir seus objetivos. Para simplificar, sugiro focar nessas qualidades isoladamente, uma a cada encontro, mas você provavelmente vai descobrir algum aspecto de todas essas dimensões durante cada encontro. Primeiro começamos com a personalidade, porque é mais fácil identificá-la, entendê-la e estabelecer uma conexão com ela. Você vai ver como o passado moldou aquela pessoa. Depois vai explorar seus valores, que definem quem ela é hoje. E, em seguida, vai tentar identificar seus objetivos, que sintetizam o que ela quer para o futuro.

Primeiro encontro. Vocês se divertem juntos? Gostam da companhia um do outro? A conversa flui? O que o deixa confortável e o que o deixa desconfortável? O primeiro encontro serve para descobrir se vocês realmente gostam da personalidade um do outro. Para isso, é preciso alternar entre bater papo e ter conversas profundas. Os tópicos em torno dos quais costumamos gravitar, como filmes preferidos ou planos de férias, não nos ajudam a conhecer as pessoas a fundo. Em vez disso, você pode começar a fazer perguntas que inspirem vocês dois a revelar mais detalhes, inclusive idiossincrasias e defeitos. Lembre-se: compartilhamos vulnerabilidades gradualmente, à medida que vamos nos conhecendo e confiando mais um no outro. Portanto, nesse encontro, seu foco é ver se você gosta e admira a personalidade do outro. Tente aprender algo novo sobre aquela pessoa ou descubra um lado dela que você ainda não tinha visto.

Eis algumas perguntas leves que você pode fazer no primeiro encontro. Você vai reparar que, embora sejam perguntas sobre gostos e preferências e toquem em áreas sobre as quais a maioria das pessoas se sente confortável para conversar, elas abrem a possibilidade para que paixões verdadeiras sejam reveladas. Quando você pergunta a uma pessoa qual foi o melhor prato que ela já comeu, a pergunta não é só sobre comida. Isso gera uma conversa mais ampla sobre onde e quando ela comeu esse prato e o que o tornou tão especial. Se você perguntar sobre quais assuntos a pessoa gostaria de saber mais, vai descobrir curiosidades e interesses não concretizados. Se alcançar alguma área de interesse importante, como filmes ou livros preferidos, terá a oportunidade de se aprofundar nos motivos pelos quais ela gosta do que gosta e descobrir se e quão introspectiva ela é. Mesmo que ache que conhece bem a outra pessoa, as respostas dela podem surpreendê-lo.

> *Tem alguma coisa que você ame fazer?*
> *Você tem um lugar preferido?*
> *Existe algum livro ou filme que você leu ou viu mais de uma vez?*
> *O que mais tem ocupado sua cabeça ultimamente?*
> *Sobre que assunto você gostaria de saber mais?*
> *Qual o melhor prato que você já comeu?*

Isso não é uma entrevista. Toda conversa tem dois lados, e essas perguntas vão revelar o grau de curiosidade da pessoa em relação a você. Ela quer saber suas respostas a essas mesmas perguntas e se aprofunda quando o foco da conversa se volta para você?

> **EXPERIMENTE ISTO: PREPARATIVOS PARA O PRIMEIRO ENCONTRO**
>
> Pegue as perguntas que sugeri que você fizesse no primeiro encontro e escreva suas respostas para elas.
>
> **Tem alguma coisa que você ame fazer?**
> **Você tem um lugar preferido?**
> **Existe algum livro ou filme que você leu ou viu mais de uma vez?**
> **O que mais tem ocupado sua cabeça ultimamente?**
> **Sobre que assunto você gostaria de saber mais?**
> **Qual o melhor prato que você já comeu?**
>
> Depois de escrever suas respostas, pergunte-se o que elas podem contar ao outro sobre você. Essas perguntas trazem à tona alguns dos seus principais interesses? Elas lhe dão uma oportunidade de revelar aspectos importantes da sua personalidade? Em caso negativo, existem outras perguntas que dariam? Acrescente essas perguntas à lista que você levará para o próximo encontro.

Segundo encontro. Seu "segundo encontro" pode vir depois de vários encontros em que vocês saíram para dançar, para visitar algum museu ou em que conversaram casualmente durante o jantar. Mas saber que vocês gostam dos mesmos filmes ou do mesmo gênero culinário não mostra se os seus valores são compatíveis.

Com delicadeza, incentive o outro a compartilhar histórias e detalhes significativos da vida dele. Distribua essas perguntas ao longo da conversa e se certifique, mais uma vez, de não transformá-la em uma entrevista. Aliás, se ele hesitar diante de alguma pergunta, você pode dizer: "Sei que é uma pergunta difícil. Vou responder primeiro." Suas respostas podem revelar seus valores. Se a pergunta for sobre quem é a pessoa mais fascinante que você já conheceu, não dê apenas um nome. Diga o que o fascinou naquela pessoa, o que aprendeu com ela ou o que perguntaria se pudesse encontrá-la novamente. Se estiver contando uma história sobre algo que você fez mas não era do seu feitio, diga *o que é* do seu feitio, os motivos pelos quais você adotou esse valor e o que o levou a agir em desacordo com ele.

Se a outra pessoa não mostrar alguma abertura de imediato, tudo bem. Esse processo acontece aos poucos. Às vezes, quando estamos prontos para nos abrir, achamos que é o momento certo para o outro se abrir também. Mas cada um faz isso no próprio ritmo, no próprio tempo. Faça perguntas e escute atentamente as respostas para tentar perceber se ela está hesitando e dê espaço para que ela mude de assunto, perguntando "Esse é um tema muito pesado?" ou "Você prefere não falar sobre isso agora?".

Queremos não só evitar que o outro se sinta interrogado, mas também não queremos compartilhar demais. Sugar toda a energia do ambiente contando histórias extremamente pessoais e inconvenientes só faz com que a pessoa se sinta sobrecarregada. Portanto, sua capacidade de se mostrar vulnerável e aberto irá ajudá-la a ficar vulnerável e a compartilhar o que considerar confortável nesse momento.

Aqui estão algumas perguntas inusitadas que você pode experimentar no segundo encontro e que vão ajudá-lo a descobrir o que a outra pessoa considera interessante, como ela lida com desafios, o que mais preza, qual a sua tolerância ao risco e como toma decisões.

Quem é a pessoa mais fascinante que você já conheceu?
Qual é a coisa fora do seu feitio que você já fez ou gostaria de fazer?
Você já passou por uma grande reviravolta na vida?
Se você ganhasse na loteria, como gastaria o dinheiro?

Qual foi a coisa mais espontânea que você já fez?
Existe alguma coisa difícil com a qual você lidou no passado?
Do que você tem orgulho?
O que você faria se tivesse dinheiro suficiente para não precisar mais trabalhar?

Observe como todas essas perguntas tocam em questões mais profundas sem pressão ou intensidade. Você não está perguntando sobre o pior momento da vida da pessoa nem qual é seu segredo mais obscuro. Essas perguntas foram elaboradas para descobrirmos mais sobre o outro, mas de um jeito lúdico. Não trate suas opiniões como se fossem melhores que as dele. São apenas pontos de vista diferentes, fruto de origens diferentes, experiências diferentes, criações diferentes.

Terceiro encontro. O terceiro encontro deve ocorrer quando parecer natural expor algumas das suas ideias para o futuro. Assim como vocês não precisam compartilhar os mesmos valores, também não precisam ter os mesmos objetivos. Um pode ter toda a vida já planejada enquanto o outro pode estar explorando o que lhe proporciona sentido. No terceiro encontro você pode experimentar fazer algumas perguntas mais profundas, como as listadas abaixo.

Você tem algum sonho que gostaria de realizar um dia – algum emprego, viagem, conquista?
O que você gostaria de mudar na sua vida?
Se você pudesse conhecer qualquer pessoa, quem seria?
Existe um momento ou experiência singular que mudou a sua vida?
Existe alguém que você considera seu maior professor?

Usando as informações coletadas nesses três encontros, você é capaz de decidir se gosta da personalidade da pessoa, se respeita seus valores e se deseja ajudá-la a correr atrás dos objetivos dela. Observe os verbos que escolhi aqui. Vocês não precisam ter a mesma personalidade, desde que gostem um do outro. Não precisam compartilhar dos mesmos valores, desde que os respeitem. Os objetivos do outro não precisam nem mesmo ser coisas de que você goste ou que deseje. Mas você quer que esses aspectos da personalidade dele e de quem ele deseja ser façam parte do seu dia a dia e passem a acompanhá-lo de perto? Certos objetivos, como assaltar um banco, devem fazer você colocar um ponto final na relação. E pode ser que você goste tanto da outra pessoa que ficaria feliz em ajudá-la com qualquer coisa dentro do razoável. Ou então, se o objetivo do outro for algo nobre como resolver a questão dos sem-teto em Los Angeles, isso pode torná-lo mais atraente por si só.

A atração nos leva a sonhar. Quando ela persiste ao longo do tempo, começamos a fantasiar sobre o relacionamento que pode nascer daí. Que aventuras poderíamos ter com essa pessoa? Como seria uma vida juntos? Chegamos, então, à Fase 2.

Fase 2: Sonhos

Na segunda fase do amor, muitas pessoas acabam indo rápido demais. Nossa atração pela outra pessoa nos diz que ela talvez seja compatível com tudo que sonhamos. Mas nossos sonhos podem distorcer a imagem que temos da outra pessoa – e as nossas necessidades. Nessa fase nós nos esforçamos para desfazer falsas expectativas e nos concentramos em projetar, construir e cultivar um relacionamento forte e baseado em expectativas realistas, não em sonhos inebriantes.

Falsas expectativas. Nessa etapa do amor, muitas vezes temos em mente uma lista das qualidades que o nosso parceiro deve ter. Às vezes são coisas bastante específicas e/ou ligadas às opulências: ser bem-sucedido, ter casa própria, gostar de basquete, ter uma determinada idade ou certo grau de condicionamento físico, estar pronto para se casar no ano seguinte. A psicóloga Lisa Firestone diz que essas expectativas irreais são agravadas pela tecnologia. "Os sites de relacionamento podem promover a ideia opressora de que existem infinitas opções no mundo, deixando alguns de nós presos em um ciclo de busca perpétua, ou o que uma equipe de pesquisadores chamou de *relation-shopping*, que é abordar os relacionamentos como quem escolhe um produto. Sem perceber, podemos começar a buscar a perfeição ou uma pessoa capaz de cumprir todos os requisitos imagináveis que criamos em nossa cabeça (ou em nosso perfil)." Essa lista pode transformar sonhos em exigências. Qualquer parceiro em potencial tem um passado, desafios e, provavelmente, traumas, da mesma forma que você. Simplesmente não existe ninguém que cumpra absolutamente todos os requisitos da sua lista.

Não há problema algum se diferentes pessoas atenderem a diferentes necessidades da sua lista. Pesquisas mostram que as pessoas mais felizes têm *vários* relacionamentos próximos, portanto, quer sejamos casados ou solteiros, não devemos esperar que uma única pessoa atenda a todas as nossas necessidades. John Cacioppo, um neurocientista que pesquisou o amor e o afeto, disse ao *The New York Times*: "Um dos segredos para um bom relacionamento é ser atraído por alguém por escolha, não por necessidade."

Também podemos esperar que o nosso parceiro deseje as mesmas coisas que nós – o mesmo padrão de vida, a mesma estrutura familiar, os mesmo gostos e aversões, os mesmos amigos, as mesmas noções de como o dinheiro deve ser poupado e gasto, os mesmos planos para o futuro em termos de quanto trabalhar, quão bem-sucedido ser, onde morar, como lidar com desafios inesperados e com que frequência fazer mudanças. Mesmo que não digamos isso ou que nem sequer pensemos, acreditamos subconscientemente que precisamos compartilhar os mesmos valores e objetivos para estarmos apaixonados. Quando uma pessoa quer passar o domingo com a família e a outra quer jogar golfe, ou quando uma quer ser apresentada aos amigos da outra, mas esta não se sente pronta, isso pode ser tomado pelas duas como um sinal de incompatibilidade. Ou, em um momento mais avançado do relacionamento, se o outro não quiser se mudar quando nós queremos ou não quiser casar quando queremos, podemos achar que isso é um sinal de que não nos ama.

Também não é raro nessa fase esperar que nosso parceiro leia nossa mente, entenda tudo que falamos imediatamente e sempre concorde conosco. Esperamos que ele esteja em total sintonia com nossas emoções e nossos desejos, que escolha o presente em que já estamos de olho, que adivinhe como queremos comemorar nosso aniversário, o que queremos para o jantar, o volume de atenção que esperamos, de quanto espaço precisamos.

Mas criar algo juntos é melhor do que querer a mesma coisa. **A forma como vocês lidam com as diferenças é mais importante do que encontrar semelhanças.**

Na Fase 2 levamos nossos sonhos para a realidade ao estabelecer ritmos e rotinas que criam o espaço para cultivar o relacionamento de forma gradual e cuidadosa.

Ritmos e rotinas. Em vez de correr atrás do sonho de como seria viver feliz para sempre com aquela pessoa, tire um tempo para conhecê-la e para fortalecer a conexão entre vocês. **Sonhos são ilusões. A realidade é muito mais interessante.** Em ambientes corporativos, nos quais as estruturas são muito fortes, oriento os líderes a incorporar os sentimentos para suavizar a rigidez da empresa e dos processos. Nos relacionamentos íntimos, em que os sentimentos são mais fortes, incorporo estruturas para ajudar a levar forma e ordem à paisagem emocional.

Ritmos e rotinas nos ajudam a manter a constância necessária para nos conhecermos gradual e genuinamente. Assim reconhecemos que estamos ambos à procura de um relacionamento de longo prazo e que esperamos que seja este em questão. Quando estabelecemos ritmos e rotinas juntos em vez de tentar atender a falsas expectativas, nosso relacionamento se pauta em quanto tempo vamos passar na companhia um do outro e como vamos usar esse tempo. Não precisamos ficar imaginando quando a pessoa em quem estamos interessados vai nos ligar nem fazemos joguinhos, como esperar um determinado número de dias antes de ligar de volta.

Também começamos a estabelecer limites saudáveis ao mesmo tempo que observamos como nosso parceiro reage a eles. Os limites podem ser físicos – algumas pessoas optam por não apressar a intimidade sexual – e também podem estar ligados ao tempo e às emoções. Uma pequena pesquisa realizada pela High-Touch Communications Inc. descobriu que, após o fim do expediente, a maioria das pessoas esperava que amigos, familiares e parceiros românticos respondessem a uma mensagem de texto em cinco minutos. Já durante o expediente, elas davam uma hora aos amigos e familiares, mas *continuavam* esperando que um parceiro romântico respondesse em cinco minutos. (Aprendi a dar cerca de cinco dias à Radhi. Com um lembrete!)

O psicólogo Seth Meyers aconselha novos casais a terem cautela. Na *Psychology Today*, ele escreve que o alto grau de interação física estimula diretamente as emoções e pode influenciar a forma como você enxerga a outra pessoa. Olhar para o outro através de uma lente cor-de-rosa pode fazê-lo ignorar sinais de alerta que seriam mais evidentes ou preocupantes se você não estivesse sob a influência das substâncias químicas de conexão que liberamos como resultado do contato físico – principalmente do sexo. Além disso, você força uma intimidade emocional com alguém que mal conhece e, como Meyers aponta: "Se você não conhece de verdade a pessoa que provoca essas reações emocionais intensas, pode se colocar em risco. Se ela for gentil e boa e quiser as mesmas coisas que você, não há problema; mas, se ela não tiver os mesmos objetivos de relacionamento, você pode acabar se sentindo sozinho e traído." Ele recomenda que, pelo menos no primeiro mês, vocês não se vejam mais do que uma vez por semana e, se as coisas estiverem indo bem, podem aumentar lentamente a frequência dos encontros. "Quando você conhece um novo amigo em potencial, por exemplo, não se apressa para encontrá-lo várias vezes por semana após terem sido apresentados", escreve Meyers. "Por que as diretrizes para iniciar um relacionamento romântico deveriam ser diferentes?"

O tempo e o espaço que nos separam fortalecem o tempo que passamos juntos. Queremos encontrar um equilíbrio entre o tempo juntos, o tempo a sós, o tempo com nossos próprios amigos e o tempo com amigos em comum. Em uma semana, você pode decidir passar uma noite sozinho, três noites juntos, duas com amigos em comum e uma noite com os seus próprios amigos.

Isso proporciona a vocês tempo juntos, tempo para relaxar, tempo para entrar em contato com a energia de outras pessoas juntos e tempo para curtir de uma maneira diferente, com os próprios amigos. Ao fazer isso, você deve dizer ao seu parceiro por que considera importante estruturar seu tempo dessa forma. Simplesmente dizer "Preciso de um tempo sozinho" deixa o outro se perguntando o que ele fez de errado, enquanto dizer "Preciso de um tempo sozinho porque estou estressado" dá ao outro a oportunidade de ser solidário e compreensivo. O cronograma a seguir é apenas uma amostra, mas dá uma ideia de como montar o seu.

AGENDA SOCIAL SEMANAL

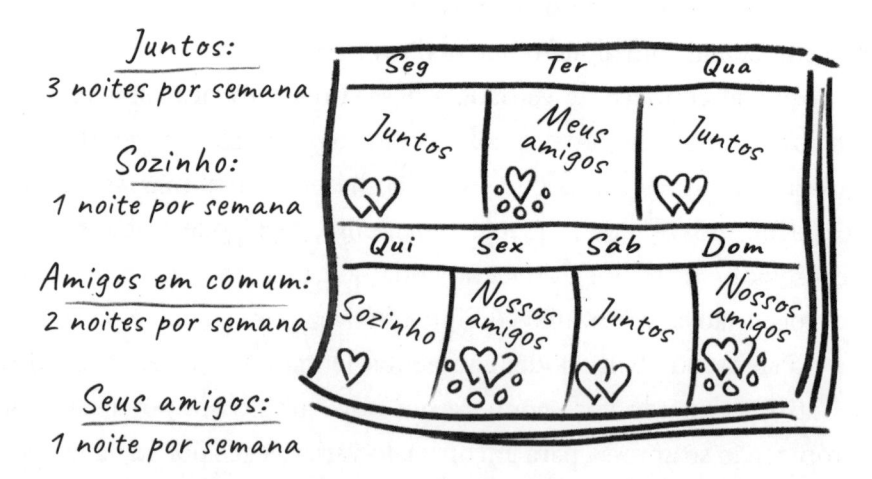

Juntos: 3 noites por semana

Sozinho: 1 noite por semana

Amigos em comum: 2 noites por semana

Seus amigos: 1 noite por semana

Seg	Ter	Qua
Juntos	Meus amigos	Juntos

Qui	Sex	Sáb	Dom
Sozinho	Nossos amigos	Juntos	Nossos amigos

> **EXPERIMENTE ISTO: DETERMINE UMA AGENDA**
> Juntos, analisem com que frequência vocês conversam, trocam mensagens e se veem. Encontrem um ritmo agradável e um equilíbrio saudável que funcione para os dois. Decida como você quer dividir seu tempo livre. Nem toda semana precisa ser igual, mas, quando você tem uma noção de como vai gastar seu tempo, não tem a sensação de estar competindo com outros interesses.
>
> **Noites sozinho**
> **Noites juntos**
> **Noites com amigos em comum ou familiares**
> **Noites com seus próprios amigos**

Em vez de estabelecer ritmos e rotinas, muitas vezes ficamos preocupados ou confusos, sem saber que rumo o relacionamento está tomando, ou reclamamos dele para os nossos amigos. Temos medo de conversar com nosso parceiro porque não queremos pressioná-lo nem ser vistos como carentes. Mas conversas sobre o que é melhor para os dois nesse momento são totalmente apropriadas. Nelas, a outra pessoa pode não responder da maneira que você esperava. O ritmo e a capacidade de compromisso dela podem ser diferentes dos seus. Isso não significa que o relacionamento está fadado ao fracasso. Significa, sim, que você pode seguir adiante com mais clareza. E, se esses tópicos assustarem alguém, você não cometeu um erro. Você só economizou semanas e meses que, de outra forma, poderia ter gastado com a esperança de que o relacionamento vingasse.

EM VEZ DE:	EXPERIMENTE:
Ficar se perguntando por que o outro nunca liga	Definir um horário para vocês se falarem, em vez de deixar isso à mercê das expectativas ou do acaso
Achar que o outro está ocupado demais para lhe dar atenção	Conversar sobre quão ocupados/disponíveis vocês estarão na semana seguinte
Achar que o outro está indo rápido demais	Dizer que gostaria de ir em um ritmo mais lento, mas que isso não significa que não esteja interessado
Achar que o outro está indo devagar demais	Dizer que quer ter certeza de que vocês têm as mesmas expectativas
Ficar preocupado porque o outro não o apresentou aos familiares ou amigos	Aprender sobre os relacionamentos mais próximos dele fazendo perguntas e descobrindo quem é importante e por quê
Tentar saber se o outro está saindo com outras pessoas	Perguntar se o outro quer exclusividade e escutar com atenção

Nessas conversas, você pode nem sempre gostar do que vai ouvir. Se a pessoa não reagir ou responder da forma que você desejava, isso não significa que o relacionamento não vai dar certo. Significa apenas que você pode escolher com mais clareza que direção tomar.

Fase 3: Dificuldades e crescimento

Somos programados para nos apaixonar, estar apaixonados e permanecer apaixonados. Mas não podemos fazer nada disso se esperarmos que todos os dias sejam um mar de rosas. Problemas são inevitáveis. Eles surgem quando, em algum momento, descobrimos os vários aspectos nos quais não estamos em sintonia. Na Fase 3 nos confrontamos com essas diferenças e decepções e descobrimos se queremos ou não dedicar a energia necessária para resolver – ou conviver com – tais questões.

Quando fui monge, como você pode imaginar, fazíamos muita autorreflexão e a certa altura meu professor pediu a alguns de nós que avaliássemos quanta dificuldade estávamos tendo com a nossa mente, em uma escala de um a dez. Nosso trabalho era intenso, e todos nós nos atribuímos um grau elevado de esforço. Então ele disse: "Bem, imaginem que há duas mentes tentando se entender." Duas pessoas diferentes, de famílias diferentes, com seus próprios valores, crenças, expectativas e sonhos – não há como esse experimento funcionar sem percalços. Amar significa valorizar seu parceiro o suficiente para confrontar áreas difíceis.

Os relacionamentos são rigorosamente projetados para nos irritar. É mais fácil fazer as coisas sozinho, quando não há ninguém por perto para questioná-lo ou testemunhar seus defeitos, mas não é por isso que você está em um relacionamento. Trazer consciência para o relacionamento é desconfortável. Muitos casais se deparam com uma oportunidade de enxergar coisas que não viam antes e a consideram um fardo. Temos a expectativa de que o amor vá fluir naturalmente, mas isso é extremamente raro e muitas vezes significa que não estamos abordando as questões mais complexas. Precisamos cometer erros, descobrir o que precisamos mudar e nos esforçar para melhorar. É aqui que crescemos juntos e como indivíduos.

Muitos desses desafios são simples e corriqueiros. Por exemplo, na minha casa, quando eu era criança, jantávamos, comíamos a sobremesa, relaxávamos e conversávamos um pouco, e então lavávamos a louça. Na casa de Radhi eles jantavam, lavavam a louça, comiam a sobremesa e, só quando tudo estava arrumado, se sentavam para conversar. Quando começamos a passar o tempo juntos, Radhi lavava a louça sozinha depois do jantar e eu ficava me sentindo culpado por não estar ajudando. Dizia sempre que ia arrumar as coisas mais tarde, e estava falando sério. Mas ela estava presa ao ritual de sua criação e eu estava preso ao meu. Uma pessoa pode dizer que vai lavar a louça mais tarde e seu parceiro achar que ela está só sendo preguiçosa, mas, na maioria das vezes, essas características se configuram a partir de origens, culturas e hábitos diferentes.

Pequenos contratempos são questões como: ela ronca; ele está sempre atrasado; ele prefere ver TV enquanto eu quero ir ao museu; não suporto a melhor amiga dela; ele sempre quer passar as férias na casa dos pais; ela tem três gatos e eu sou alérgico. E pode haver contratempos maiores, como: ele tem uma dívida enorme; ela tem um temperamento que me assusta; temos um relacionamento a distância e nenhum de nós quer se mudar; ela não quer ter filhos, eu quero.

Desentendimentos, grandes e pequenos, podem pôr à prova a confiança que temos no vínculo. Você pode acabar pensando: *Eu achava que o que sentia era amor, mas...*

Nessa situação, você pode seguir três caminhos. Dois deles conduzem a desfechos relevantes. Você pode terminar o relacionamento e, nesse caso, perceber que essa pessoa não é compatível com as suas prioridades. Vocês podem resolver o problema juntos e crescer; nesse caso, você percebe que está confiante o suficiente em relação ao vínculo que têm para evoluir juntos. Ou podem continuar juntos sem mudar nada, e nesse caso você não conquista nada. Eu o aconselho a não escolher essa terceira opção.

Essa fase é muito importante quando se trata de definir o amor. Porque ou você percebe que algo é um obstáculo intransponível para você, ou que está disposto a atravessar o processo de crescimento envolvido na resolução do problema. Se a sua opção for pela segunda hipótese, você vai sair dessa experiência com um amor mais forte e mais resiliente. Vamos discutir os desafios dos relacionamentos em maior profundidade nas Regras 5 e 6.

Fase 4: Confiança

Depois que superamos um desafio juntos, nós crescemos. Aprendemos a tolerar, a nos ajustar e nos adaptar. O crescimento que conquistamos juntos se transforma em confiança. Avaliar a amplitude e a profundidade da sua confiança em alguém é uma forma de compreender e definir seu amor na quarta e mais elevada fase. Às vezes presumimos que a confiança seja binária: ou confiamos em alguém, ou não confiamos. Mas ela aumenta aos poucos por meio de gestos, pensamentos e palavras. Não devemos confiar instantaneamente em uma pessoa só porque ela foi gentil conosco. Devemos confiar nela porque pouco a pouco, dia após dia, compartilhamos mais de nós mesmos e vimos o que ela faz com a nossa sinceridade. Todas as fases anteriores se agregam para nos trazer até aqui.

A confiança começa em nós mesmos. Precisamos ser dignos de confiança. Isso significa demonstrar coerência no que pensamos, dizemos e fazemos. Quando pensamos em uma coisa, a expressamos e concretizamos essa coisa. Isso significa que podemos confiar em nós mesmos. Portanto, se sinto que preciso de uma noite para mim, comunico isso ao meu parceiro. E então me dou esse tempo. Sinto o bem-estar do presente que dei a mim mesmo e confio que sei cuidar bem de mim. Meu parceiro me vê pondo minhas ideias em prática, observa os resultados e enxerga minha confiabilidade. Então eu faço o mesmo em relação a ele. Cumpro minhas promessas. Mostro que sou confiável e, ao fazer isso, inspiro a outra pessoa a responder com o mesmo grau de confiança.

Confiamos mais nas pessoas quando elas fazem com que nos sintamos seguros, quando tomam decisões saudáveis e quando temos a impressão de que levam a vida com base em valores com os quais concordamos. Para avaliar a profundidade e a amplitude da sua confiança em seu parceiro, analise os seguintes aspectos: confiança física, confiança mental e confiança emocional.

Confiança física é quando você se sente seguro e protegido na presença do outro. Ele quer estar com você, está presente e atento, e estar perto dele é gostoso.

Confiança mental é quando você confia na mente, nas ideias e no julgamento dele. Você pode não concordar com todas as escolhas dele, mas confia na forma como ele toma decisões.

Confiança emocional é quando você confia nos valores do outro e em quem ele é como ser humano. Ele o trata bem? É solidário? Você confia na forma como ele se comporta não apenas com você, mas com as outras pessoas na vida dele, desde os amigos mais próximos até um garçom?

Tudo bem se você não tiver confiança absoluta em seu parceiro em todo esse espectro, e pode ser que ele cometa deslizes que coloquem sua confiança em questão. Ao identificar um ponto fraco, avalie quão significativo ele é. Como isso o afeta? Se não confia no outro em áreas que são importantes, você pode tentar relevar e manter a confiança ao falar abertamente sobre essas questões. É impossível ter confiança se houver desonestidade, segredos ou *gaslighting*. A confiança se constrói muito lentamente e precisa ser cultivada e cuidada. Imagine esse processo como um crescimento em pontos percentuais. Cada vez que alguém pensa, diz e faz a mesma coisa, a confiança cresce um ponto percentual. No começo, você confia que o outro esteja falando a verdade – sobre com quem está, o que está fazendo e o que pensa. Cada vez que isso acontece, a confiança cresce mais um ponto. Então, quando pedimos à outra pessoa que entenda nossos sentimentos e ela nos escuta, mais pontos se somam. Quando expomos nossos defeitos, a confiança cresce ainda mais. Mas ela oscila. Se o outro não é capaz de nos entender, nos engana ou nos trai, nosso nível de confiança diminui e precisa ser reconstruído. Quando superamos um desafio juntos, ela volta a crescer. Começamos a confiar no outro para falar dos nossos planos e sonhos. E, por fim, confiamos o suficiente para compartilhar nossos traumas.

Quando a confiança é alta, sentimos um amor que é física e emocionalmente seguro e protegido. O nosso parceiro se torna a pessoa a quem recorremos com boas e más notícias, cientes de que ele estará ao nosso lado e *do nosso* lado, nos ajudando a enfrentar os desafios e a comemorar as vitórias.

> **EXPERIMENTE ISTO: CONFIANÇA DIÁRIA**
>
> Uma das minhas formas preferidas de demonstrar confiança todos os dias é perceber e reconhecer quando alguém cumpre uma promessa. Com frequência recompensamos as pessoas com a nossa gratidão quando elas nos surpreendem com uma gentileza. Seu parceiro prepara um delicioso jantar pelo qual você não esperava, e você agradece. O mesmo acontece quando ele faz algo que raramente faz. Mas a confiança tem a ver com poder contar silenciosamente com a outra pessoa. E quanto ao parceiro que prepara o jantar regularmente? Devemos mostrar nosso apreço por esses esforços diários. Quanto mais valorizá-los, mais frequentes eles serão. E construímos a confiança que o outro tem em nós da mesma forma, ao nos fazermos presentes.
>
> Esta semana faça um esforço para agradecer ao seu parceiro pela dedicação e energia que ele traz para o relacionamento com consistência. Seja específico. Em vez de dizer "Obrigado por ouvir", você pode dizer: "Sei que sempre chego em casa e despejo minhas emoções do trabalho em você. Eu valorizo de verdade a forma como me escuta e me dá conselhos."

O amor nos faz passar por todas essas fases repetidas vezes. Nunca paramos de aprofundar nossa confiança um no outro. Continuamente vemos a nossa atração ser renovada. Nos esforçamos para remover as impurezas. Amor significa que estamos felizes em passar por esse ciclo juntos.

Agora os sonhos que você teve na Fase 2 se tornaram realidade. Talvez sejam diferentes, mas provavelmente são melhores do que qualquer coisa com que você tenha ousado sonhar. Em vez de fantasiar na sua cabeça, vocês podem experimentar novos sonhos juntos.

> **EXPERIMENTE ISTO: CONSTRUIR SONHOS REALISTAS JUNTOS**
>
> Programe uma avaliação mensal. Dedique uma hora por mês para vocês conversarem sobre o relacionamento. Isso lhe dá a oportunidade de reafirmar o que está dando certo e redirecionar o que não está.
>
> **Identifique um ponto alto. Pelo que você é grato? Isso ajuda os dois a saberem o que está indo bem.**
> **Identifique um desafio. Com o que você está tendo dificuldades? Isso ajuda vocês a verem o que precisa ser trabalhado.**
>
> Encontre algo para planejarem juntos este mês. Pode ser uma saída noturna, uma festa de aniversário, uma viagem, uma reforma de um cômodo da casa. Vocês podem pesquisar na internet sobre as férias que querem tirar. Desse modo, estão construindo seus sonhos juntos. Estão trabalhando para o relacionamento de vocês ser como desejam.

Viver tudo que os relacionamentos têm a oferecer significa enfrentar os desafios e as recompensas de cada fase do amor. Às vezes as pessoas pulam de relacionamento em relacionamento porque estão tentando evitar os desafios que o amor exige. Você pode arrumar um novo namorado a cada três meses e se divertir muito. Mas não há crescimento no ciclo de simplesmente flertar, ficar e pular fora. São o crescimento e a compreensão contínuos que nos ajudam a manter a diversão do amor, a conexão do amor, a confiança do amor, a recompensa do amor. Se nunca nos comprometermos, nunca vamos conseguir amar.

Então, quando chegam a um ponto de confiança e compromisso, você e seu parceiro se revelam um ao outro e compartilham mais de si mesmos do que permitem que qualquer outra pessoa veja. Essa troca coloca vocês em uma posição singular. Normalmente não pensamos em relacionamentos em termos de aprendizado e ensino, mas é justamente isso que vamos explorar no capítulo seguinte: como aprender com o nosso parceiro e como ensinar a ele.

REGRA 4

O SEU PARCEIRO
É O SEU GURU

*O amor não consiste em olhar um para o outro, mas
em olhar juntos na mesma direção.*
– Antoine de Saint-Exupéry

Existe uma antiga história zen sobre um jovem que, em busca de um professor, decide visitar dois *ashrams*. No primeiro, ele se aproxima do guru, faz uma reverência diante dele e diz: "Estou à procura de um guru. O senhor acha que pode me ensinar?"

O guru sorri. "Claro. Acho que você seria um ótimo aluno e eu ficaria encantado em compartilhar minha sabedoria com você."

Então o jovem visita o segundo *ashram*, aproxima-se do guru e faz uma reverência. "Estou à procura de um guru. O senhor acha que pode me ensinar?"

O guru retribui a reverência, mas balança a cabeça. "Na verdade, eu sei muito pouco", responde, "mas, se você quiser voltar mais tarde, talvez possamos nos sentar juntos e assistir ao pôr do sol."

O jovem sorri, assente com a cabeça e então escolhe o segundo guru.

Quando apresentei os estágios da vida segundo a cultura védica, mencionei que cada um deles é chamado de *ashram*. Os *ashrams* são frequentemente associados a um professor venerado – um guru. Desde os tempos antigos, pessoas viajavam de todos os cantos do mundo para aprender com mestres espirituais como Ramakrishna ou Neem Karoli Baba, ou para Dharamsala para aprender com o Dalai Lama em seu templo. Um guru é mais que um professor, um guia ou um *coach*. Ele é como o capitão de um navio que o ajuda a cruzar o turbulento oceano da vida com profunda compaixão e amizade.

No *ashram*, os professores se sentavam no fundo da sala e ouviam os alunos. Eles pediam feedback depois de ministrar suas aulas. Nossos gurus não nos eram designados; nós é que os escolhíamos – um único professor que nos aceitasse como seu aluno e protegido –, e eles nos escolhiam. Na escola, antes de ir para o *ashram*, eu tinha problemas com a noção de autoridade. Talvez fosse culpa do meu ego, mas me sentia julgado e criticado pelos meus professores. Em contrapartida, os professores que conheci enquanto monge eram cheios de compaixão, empatia e humildade.

No início da minha vida monástica, fui a Londres com o meu guru, Radhanath Swami. Ficamos hospedados em um espaço perto do templo e eu cuidava de suas refeições e de outras necessidades. No entanto, todos os dias, a primeira coisa que ele fazia ao me ver era se ajoelhar diante de mim e tocar a cabeça no chão. Ele tinha quase 70 anos e eu, apenas 22, o garoto novo no pedaço, mas ele estava demonstrando respeito à alma, à força espiritual dentro de mim. Ele jamais dizia: "Você é meu discípulo, então faça isso e aquilo." Ele nunca se valia da posição de guru. E eu jamais dizia: "Você é meu guru, deveria resolver isso pra mim." Eu nunca me valia da posição de aprendiz. Cada um de nós interagia com o outro com admiração e reverência. Um relacionamento romântico sério valoriza essa admiração e esse respeito de uma forma diferente, porque não existem um guru e um aluno. Os dois são guru e aluno um do outro.

Normalmente não pensamos em nossos parceiros como professores ou mestres. Mas nenhum de nós consegue ver claramente nem a si mesmo nem o mundo por conta própria. Sabemos, graças às nossas reflexões na solitude, que cada um vê o mundo e o outro através de um telescópio diferente, com alcance limitado. O pesquisador em psicologia Jeremy Dean, da University College London, diz que normalmente formamos nosso conceito de como os outros nos veem com base em como vemos a nós mesmos, o que é inerentemente falho. Dentro da nossa cabeça, somos o centro do nosso mundo e tudo que vivenciamos está de alguma forma relacionado a nós; os psicólogos chamam isso de *viés egocêntrico*. Não é narcisismo; é simplesmente o resultado de enxergar o mundo através de um único ponto de vista. Os outros nos veem de maneira diferente, por meio das percepções *deles*. Os nossos parceiros têm os próprios vieses, claro, mas aprender a nos ver através dos olhos deles ao mesmo tempo expande e ajusta nossa percepção de nós mesmos. Seu parceiro é como um espelho colocado diante de você. Mas esse espelho não foi feito para fazer você se sentir mal nem deve ter esse efeito. É que, quando você não pode se esconder, isso o torna mais transparente e consciente em relação ao que precisa melhorar – sem julgamento ou pressão, mas sim com apoio e estímulo enquanto você se dedica a essa tarefa.

Seu parceiro deve ser alguém com quem você deseja aprender – com ele, junto dele, por meio dele e vice-versa. Aprendemos junto de alguém quando experimentamos algo novo em parceria e refletimos sobre a experiência depois. Aprendemos com alguém quando o outro tem um conhecimento específico que compartilha conosco ou que usa para nos orientar. Aprender por meio de alguém é o mais difícil. Ao conviver com a mente, o coração e a energia de outra pessoa, crescemos por observar seu comportamento em relação a nós. Precisamos ter atenção e paciência para processar suas atitudes e descobrir a lição que estão nos ensinando. Isso é particularmente difícil se o outro nos irrita. Presumimos que é culpa dele, em vez de perceber que suas ações – e as nossas reações – estão nos ensinando alguma coisa sobre nós mesmos. Ao mesmo tempo, oferecemos lições ao nosso parceiro por meio do nosso comportamento e das nossas ações em relação a ele. Essa jornada compartilhada está no âmago do *ashram* chamado *Grhastha*, o segundo estágio da vida.

No papel de guru, pensamos em como nossas ações afetam nosso parceiro. **Um guru oferece orientação sem julgamento, sabedoria sem ego, amor sem expectativa.** Ser um guru para o seu parceiro não significa transmitir sabedoria a ele (isso soa pedante, na melhor das hipóteses), mas exige paciência, compreensão, curiosidade, criatividade e autocontrole.

Não há como desenvolver essas qualidades no vácuo. Seu parceiro é a pessoa que melhor pode ajudá-lo a aprendê-las. Embora as relações entre os monges não sejam românticas, viver em um espaço comunitário significava que não podíamos esconder muita coisa uns dos outros. Todo mundo sabia se você era asseado. Todo mundo sabia a qualidade da sua meditação. Relacionamentos de longo prazo são semelhantes, mas cada indivíduo está ainda mais exposto do que nós, monges, estávamos. Seu parceiro sabe tudo sobre você, de bom e de ruim.

Qualquer um que você conheça pode ter algo a lhe ensinar, mas nem todo mundo é seu guru. Nossos melhores amigos, familiares mais próximos e companheiros monges (para aqueles que os têm) não podem nos ajudar a aprender essas lições porque não são capazes de nos ver tão completamente quanto as pessoas que amamos romanticamente. Um colega de trabalho próximo pode testemunhar mais dos meus sucessos do que a minha esposa, mas nunca conheceu a minha família. Um amigo pode ser uma companhia melhor em um jogo de futebol, mas não quero voltar para casa todas as noites e encontrá-lo lá. Alguém com quem eu divida o apartamento, como os monges, sem dúvida vai ver a maior parte do que há de bom e de ruim, mas pode não estar muito interessado em me ajudar a superar meus desafios. Meus amigos e familiares podem ter diferentes graus de respeito pela minha prática espiritual, mas a Radhi é a única que sabe se eu meditei mesmo hoje de manhã! Ela me vê com mais frequência e em mais contextos diferentes do que qualquer outra pessoa. Ninguém está em melhor posição para me ajudar a me tornar uma pessoa melhor.

Quando tive a sorte de dar um salto na minha carreira, cerca de um ano depois do nosso casamento, Radhi pareceu não se importar muito. Ela não comemorou. Concordara em se mudar comigo para Nova York porque acreditava em mim, mas lá estava eu, vivendo um grande momento, e, como ela não parecia impressionada, comecei a me perguntar: *Por que a minha esposa não me respeita?* Eu tinha certeza de que ela me amava. Havíamos nos conhecido quando eu não tinha nada. Ela tinha outras opções e me disse que me amava de muitas maneiras. Mas meu sucesso material não tinha o efeito que eu esperava. Então pensei em como, no início daquele mesmo ano, quando estávamos a quatro meses de ficar completamente sem dinheiro, eu disse a ela que ia dar um jeito. A resposta dela foi: "Confio em você." Percebi que não queria nem precisava que ela me amasse pelas minhas conquistas. Não precisava dela para me validar. É fácil respeitar o sucesso. Ela estava me oferecendo algo maior: seu apoio incondicional e sua fé em mim. Isso significava muito mais do que qualquer comemoração do meu sucesso exterior.

O descaso de Radhi pelo sucesso material me ajudou a desenvolver a qualidade de me amar pelos meus valores. Ela me ensinou isso sem querer. Ela nunca disse: "Eu te amo pelos seus valores." Eu lutei para assimilar tudo isso sozinho. É dessa forma que somos o guru um do outro sem treinamento, sem tentar ser, sem nem mesmo perceber que estamos fazendo isso. Radhi nem notou que eu havia aprendido aquela lição até eu contar a ela, anos depois. Tive muita sorte por ela ter se apaixonado por mim quando não tínhamos nada. Se eu já tivesse certo grau de reconhecimento, com certeza teria cometido o erro de querer uma esposa que admirasse mais o meu sucesso.

RELACIONAMENTOS NOS AJUDAM A CRESCER

Quando escolhemos um parceiro com quem podemos crescer, ele está sempre nos ensinando.

Os pesquisadores Arthur e Elaine Aron desenvolveram a "teoria da expansão do eu", que afirma que os relacionamentos – principalmente aquele com o nosso parceiro – nos permitem viver uma vida maior e mais rica, expandindo nosso senso de individualidade, nosso eu. Essa teoria diz que somos motivados a nos relacionar com alguém que nos traga coisas que ainda não temos, como habilidades diferentes (Você sabe desentupir um ralo!), traços de personalidade (Você é a alegria da festa!) e perspectivas (Você foi criado em outro país!). Nosso parceiro expande a *nossa* noção de quem somos porque expande os recursos aos quais temos acesso.

As reclamações mais comuns que ouço das pessoas sobre seus parceiros são, em essência, que eles não fazem o que elas querem ("Ela não faz a parte dela nas tarefas domésticas", "Ele é grosso com os meus pais", "Ela nunca me elogia", "Ele esquece meu aniversário"). Mas se você acha que seu parceiro deve fazer o que você quer, quando você quer, quero mudar a forma como você o vê. Isso não é um relacionamento, isso é posse. A posse nasce do controle. Definitivamente não queremos essa dinâmica em nossa relação. Uma parceria de qualidade é transacional. As transações fazem parte do relacionamento com outra pessoa. Definimos horários, coordenamos responsabilidades, equilibramos a vida de cada um. Mas um ótimo relacionamento precisa de mais do que transações. Precisa de crescimento. Amor não é apenas obediência ou troca comercial. Amor é trabalhar em conjunto. Tocamos brevemente nesse assunto na última regra, quando examinamos o terceiro estágio do amor – decepção e revelação. Neste capítulo vamos falar sobre como aprendemos um com o outro, na maior parte das vezes, ao superar desafios juntos.

A vida se torna mais agradável quando vocês dois se conhecem, testemunham o crescimento um do outro e crescem juntos. Dizemos que queremos envelhecer juntos, mas nos esquecemos de dar importância ao crescimento. A dinâmica guru/aprendiz é o que faz você se sentir conectado ao seu parceiro. Você tem que se dedicar a um relacionamento para obter algo dele, mas não é como uma máquina de venda automática. Você não pode se dedicar e esperar uma recompensa imediata e garantida. O que você investe precisa ser sincero e verdadeiro, e o que você recebe será revelador.

EXPERIMENTE ISTO: DESCUBRA SE O SEU PARCEIRO É ALGUÉM COM QUEM VOCÊ PODE APRENDER E CRESCER

Mesmo quando estamos apenas começando a conhecer alguém, podemos identificar sinais de que essa pessoa é mais do que uma companhia divertida – se ela seria ou não uma boa parceira com quem podemos crescer. Se você se fizer as perguntas a seguir, vai ficar surpreso ao descobrir quanto já sabe sobre a capacidade que o seu parceiro tem de aprender com você.

A cada pergunta, avalie se seu parceiro faz isso sempre, às vezes ou nunca.

1. *Ele gosta de aprender sobre si mesmo?* Se alguém não tem curiosidade de aprender sobre si mesmo, pode ter dificuldade em aprender sobre você. Se tem paixão por crescer, vai ajudar você a crescer. Ele gosta de experimentar coisas novas? Tem consciência de si? Está aberto a terapia, *coaching* ou outras formas de desenvolvimento pessoal? Gosta de conversar sobre como ele toma decisões ou faz escolhas?
☐ SEMPRE ☐ ÀS VEZES ☐ NUNCA

2. *Ele entende as próprias emoções?* Seu parceiro é bom em entender e expressar as emoções que sente? Ele só fala sobre o dia que teve de modo superficial ou compartilha emoções de um jeito real? Quando conta uma história, costuma descrever o próprio estado emocional?
☐ SEMPRE   ☐ ÀS VEZES   ☐ NUNCA

3. *Ele tenta entender você? Ele tem curiosidade em relação a você?* A consciência de si muitas vezes, mas nem sempre, leva à curiosidade sobre os outros. Ele usa as próprias habilidades emocionais para entender você melhor? Se ele não chegou ao ponto em que é capaz de expandir seu alcance de cuidado e amor, significa que ainda está na fase *Brahmacharya*. Ele ainda é aluno de si mesmo e não está pronto para aprender com você.
☐ SEMPRE   ☐ ÀS VEZES   ☐ NUNCA

4. *Ele consegue se divertir sozinho?* É mais fácil aprender com outra pessoa se ela ama estar sozinha. Isso significa que ela tem a própria jornada e o próprio caminho, o que permite que você percorra o seu caminho ao lado dela.
☐ SEMPRE   ☐ ÀS VEZES   ☐ NUNCA

5. *Ele está aberto a encontrar novas maneiras de resolver problemas?* Por exemplo, quando está tendo problemas com um colega, ele fala com você ou com um amigo sobre isso? Está disposto a conversar com o colega, propor um acordo ou mudar de abordagem convidando a pessoa para almoçar? Aprender e crescer significa ter determinação e flexibilidade para abordar questões de novos ângulos. Essa propensão pode ser aplicada ao relacionamento também.
☐ SEMPRE   ☐ ÀS VEZES   ☐ NUNCA

6. *Ele apoia o processo de crescimento dos outros?* Observe se ele se dedica a dar apoio a um amigo, irmão ou pupilo. Ajudar os outros faz parte da vida dele? Isso mostra se ele é capaz de estender seu alcance de amor e cuidado como é necessário na fase *Grhastha*.
   ☐ SEMPRE   ☐ ÀS VEZES   ☐ NUNCA

7. *Ele inspira você a melhorar continuamente?* Um parceiro pode fazer você se sentir motivado não para impressioná-lo, mas porque acredita nas suas capacidades e lhe proporciona confiança para correr atrás dos seus interesses e dos seus talentos.
   ☐ SEMPRE   ☐ ÀS VEZES   ☐ NUNCA

Suas respostas a esse questionário não são determinantes para o sucesso ou o fracasso do seu relacionamento. Analise as perguntas às quais respondeu "nunca" ou "às vezes". Elas indicam as áreas em que você precisa assumir a liderança. Se o seu parceiro nunca passa tempo em solitude, saiba que isso é algo que você terá que aceitar ou incentivá-lo a começar de maneiras que sejam prazerosas para ele. Você pode criar atividades que o ajudem a passar um tempo refletindo. (Consulte os exercícios EXPERIMENTE ISTO na Regra 1.) Ou ele pode ter baixa consciência de si, o que afetará o relacionamento de vocês. Se ele não tentar entender você, será necessário orientá-lo com delicadeza sobre como você funciona, dizendo coisas como: "Quando estou cansado depois do trabalho, fico um pouco mal-humorado. Vamos deixar para falar sobre as nossas finanças no fim de semana."

Quando nos matriculamos em algum curso ou alugamos um Airbnb, pesquisamos muito antes de nos comprometer. Exercícios como esse são pesquisas sobre o nosso relacionamento. Um parceiro que não cumpra todos os requisitos ainda assim pode se tornar alguém com quem você deseja aprender e crescer, desde que vocês estejam abertos para ensinar um ao outro.

SEJA UM GURU MELHOR

Em *The Guru and Disciple Book* (O livro do guru e do discípulo), Kripamoya Das fala sobre como os gurus espirituais tradicionais e seus alunos ajudam uns aos outros. Ele lista as catorze qualidades do guru que foram descritas pela primeira vez pelo filósofo medieval Vedanta Desika. Incluí a seguir as descrições em sânscrito e a tradução de Kripamoya Das de algumas dessas qualidades para mostrar como as características do professor e do aluno que descrevo são fundamentadas nas escrituras.

Não lidere, sirva

Uma das qualidades do guru listadas por Kripamoya Das é *dambha asuyadhi muktam*, que significa "não apresenta características pouco auspiciosas, como egoísmo ou inveja". Lembra como meu guru, Radhanath Swami, se curvava diante de mim? Um guru não se aproveita de sua posição em relação ao aluno nem tenta controlá-lo. O mestre zen Shunryu Suzuki tinha uma visita marcada à Cambridge Buddhist Association, em Massachusetts, e chegaria em uma quarta-feira à noite. No dia anterior, vários membros começaram a limpar a casa em preparação para sua visita. Eles estavam limpando a sala de meditação quando a campainha tocou – era Suzuki Roshi, chegando um dia antes. Quando viu o que estavam fazendo, sorriu, arregaçou as mangas da túnica e se juntou à limpeza. No dia seguinte, pegou uma escada e começou a esfregar as janelas.

Um guru não hesita em atuar em qualquer posição se isso ajudar seu aluno. Não há ego envolvido. O guru se sente grato e honrado por apoiar outra pessoa. Um verdadeiro guru não quer poder, mas sim empoderar seu parceiro.

Um guru não está tentando comandar, exigir ou forçar seu parceiro a fazer algo nem a agir de determinada forma. Em vez de dizer "Você deveria fazer isso", o guru diz "Adoraria compartilhar essa ideia com você" ou "Você já pensou nisso dessa maneira?".

No *ashram*, se um monge não acordasse na hora, seu guru não gritaria algo como "O que há de errado com você? Por que não apareceu na meditação matinal?". Em vez disso, ele poderia dizer: "Você dormiu bem? Posso ajudá-lo de alguma forma?" O guru se concentra nas causas do comportamento, não nas consequências.

No filme da Marvel *Doutor Estranho*, o cirurgião Stephen Strange é um narcisista pretensioso. Mas um acidente compromete gravemente as suas mãos, deixando-o incapaz de operar. Desesperado para recuperar suas habilidades, ele viaja para o Nepal em busca de um mestre. Quando chega, vê um homem mais velho com óculos e um longo cavanhaque sentado lendo um livro. "Obrigado por me receber", diz ele ao sujeito. Ao que a mulher que estava lhe servindo o chá retruca: "Você é muito bem-vindo." Sua primeira lição já havia começado.

A Anciã mostra a ele um diagrama dos *chakras* e Strange desdenha dele, dizendo que já viu aquilo em lojas de suvenires. Em seguida, depois de fazê-lo experimentar dimensões alternativas, a Anciã pergunta: "Você já viu *isso* em uma loja de suvenires?"

Strange, maravilhado, diz: "Ensine-me." A Anciã responde apenas que não.

Nossos poderes de guru não são tão vastos e nossas lições podem não ser tão sucintas, mas o ponto é que, quando seu parceiro vê que você não está tentando controlá-lo nem impor sua autoridade sobre ele, isso reforça a confiança dele em você.

Dê o exemplo

Outra qualidade do guru que Kripamoya Das lista é *sthira dhiyam*, que significa que a mente permanece firmemente estável mesmo em situações difíceis. Ou seja, o guru deve tentar se comportar de maneira exemplar. Radhi queria que eu fosse para a academia e me alimentasse melhor, mas ela não me importunava com isso. Em vez disso, ela mesma adotava um estilo de vida saudável e isso me orientava. Ela segue fielmente sua prática, e eu não teria mudado meus hábitos se ela não tivesse sido tão consistente em seu compromisso. O guru não inspira bons hábitos porque esteja tentando pregar, ensinar ou se gabar, mas porque isso o deixa alegre e feliz. Tenho um cliente que reclamava que a esposa gastava muito com bolsas e sapatos. Mas, quando lhe perguntei sobre os gastos dele, admitiu que tinha acabado de comprar um carro chique. Ela teria que comprar centenas de sapatos e bolsas para chegar perto do valor daquele carro. Portanto, ele estava querendo impor a ela padrões que ele mesmo não adotava. Se estivesse preocupado com as próprias finanças, poderia sugerir que ambos começassem a monitorar seus hábitos de consumo, mas não poderia impor seus princípios aos gastos dela sem controlar os seus. Um guru jamais pede ao aprendiz para fazer algo que ele próprio não se sinta confortável em fazer. Eles lideram pelo exemplo. São Francisco disse: "Não adianta caminhar para lugar algum para pregar se a nossa caminhada não for a nossa pregação." Quando lidera pelo exemplo, você entende como é difícil crescer, porque está fazendo o trabalho árduo do crescimento. Isso o leva a ter compaixão e empatia em relação ao seu parceiro, não julgamentos e expectativas.

Apoie os objetivos do outro, não os seus

Dayalum é a qualidade do guru de ter compaixão e bondade espontâneas em relação aos alunos. Gosto de expandir essa ideia e sugerir que o guru deve se certificar de apoiar o caminho do aluno.

Existe uma história nas escrituras védicas sobre a construção de uma ponte de pedra sobre o mar, entre a Índia e o Sri Lanka. Todos os animais ajudam a construir a ponte. O forte deus macaco, Hanuman, está lançando pedras e rochedos enormes na estrutura em construção quando percebe que o esquilo, ansioso por dar sua contribuição, está jogando pequenos seixos na mesma direção. Hanuman zomba do esquilo: "Que diferença isso vai fazer?"

Então Rama, o príncipe virtuoso que supervisiona o projeto, intervém. Ele diz: "Cada um de vocês está fazendo o máximo de acordo com sua capacidade. A rocha tem o mesmo valor do seixo." Ele mostra que os seixos ajudam as pedras maiores a se manterem no lugar e agradece o esforço do esquilo.

Sentimos orgulho em perceber o potencial do nosso parceiro e incentivá-lo a concretizar esse potencial, mas não queremos impor nossos objetivos a ele. Nosso objetivo é simplesmente ajudá-lo a dar o passo seguinte em sua jornada, não o passo seguinte no que achamos que a jornada dele deve ser. Se o nosso parceiro quiser aprender a meditar, podemos encontrar um aplicativo ou um centro de meditação onde ele possa dar início à prática, mas não dizemos com que frequência ele deve meditar nem o que deve esperar. Se o nosso parceiro tiver um conflito com um familiar, podemos sugerir soluções para ajudá-los a fazer as pazes ou reorganizar nossos planos para dar a ele tempo para fazer isso, mas não vamos planejar uma viagem de férias com esse mesmo parente para forçá-lo a lidar com a questão. O mesmo vale para a prática de exercícios, metas de trabalho ou para fazer amizades em um nova vizinhança. Queremos ajudá-lo a se tornar a melhor versão da pessoa que ele deseja ser. Apoiamos os sonhos dele. Queremos genuinamente vê-lo crescer. Entretanto, se estivermos tentando convencê-lo a fazer algo que *nós* achamos ser o melhor para ele, é provável que ele deixe de confiar nas nossas contribuições.

Quando Sokei-an Shigetsu Sasaki, um monge japonês que fundou a Buddhist Society of America, estava começando a estudar o zen-budismo, ele conheceu o lendário professor Soyen Shaku, o primeiro mestre zen-budista a ensinar nos Estados Unidos. Shaku tinha ouvido falar que Sokei-an fazia entalhes em madeira. "Esculpa um Buda para mim", pediu ele ao jovem monge. Algumas semanas depois, Sokei-an presenteou Shaku com uma estátua de madeira do Buda, mas o mestre a jogou pela janela. Como contou mais tarde, parecia uma ação cruel, mas não era. "Ele queria que eu esculpisse um Buda em mim mesmo." Shaku não queria um presente. Queria que Sokei-an fizesse algo por si mesmo. O guru não projeta seus objetivos, ambições e cronogramas no aluno, mas permite que o aluno lhe mostre como ser solidário da forma que precisa e deseja. (Mas também sugiro que você não jogue pela janela nada que seu parceiro lhe dê de presente.)

> **EXPERIMENTE ISTO: AJUDE SEU PARCEIRO A DESCOBRIR OS OBJETIVOS DELE**
>
> Em vez de dizer ao seu parceiro quais devem ser os objetivos dele e como alcançá-los, faça três perguntas:
>
> 1. O que é muito importante para você hoje?
> 2. Do que você precisa para chegar lá?
> 3. Existe alguma coisa que eu possa fazer para ajudá-lo?
>
> Dessa forma você permite que seu parceiro encontre as próprias respostas. Compreender os objetivos dele sem editá-los para ajustá-los aos seus é um dos maiores presentes que você pode dar a alguém. Quando ouvimos quais são as metas de outras pessoas, automaticamente as enxergamos pelos nossos filtros e lentes. O seu ponto de vista importa, mas não queremos fazer projeções nem previsões. Não queremos compartilhar nossas limitações ou aspirações. Certifique-se de ouvir as razões do outro, as motivações dele e o porquê. Você também vai aprender com isso.

Guie-o para que ele aprenda à própria maneira

Na lista de Kripamoya Das, o guru é um amigo e um guia, sempre em busca do bem-estar do aprendiz: *dirgha bandhum*. Para ser um bom guru, observe e analise como seu parceiro aprende, para então decidir a melhor forma de apresentar a ele o que você quer que ele aprenda. Se ele não gosta de ler, sugira podcasts. Se isso não encontrar eco nele, veja se há algum curso que gostaria de fazer. Tive clientes que me disseram: "Meu parceiro não pratica meditação nem atenção plena o suficiente. Estou tentando fazer com que ele leia o seu livro." Minha pergunta seria: "Do que ele gosta? De basquete? Tenho uma entrevista incrível com o Kobe Bryant. De música? Jennifer Lopez e Alicia Keys estiveram no meu podcast." Encontre um modo de conectar seu parceiro aos seus interesses por meio dos interesses dele.

EXPERIMENTE ISTO: DESCUBRA O ESTILO DE APRENDIZAGEM DO SEU PARCEIRO

Qual estilo de aprendizagem melhor descreve o seu parceiro?

- *Escuta.* Seu parceiro prefere receber novas informações pelos ouvidos. Ele gosta de ouvir podcasts, audiolivros ou TED Talks.
- *Visão.* Seu parceiro gosta de ver alguém demonstrar uma habilidade ou acompanhar um diagrama. Ele aprende melhor no YouTube ou com videoaulas.
- *Pensamento.* Seu parceiro gosta de assimilar informações dentro da cabeça dele, portanto pode preferir ler um livro sobre algum tema de interesse, fazendo anotações para colocar as ideias nas próprias palavras à medida que avança.
- *Movimento.* Seu parceiro aprende fazendo. Ele vai querer fazer um workshop no qual possa experimentar novas habilidades à medida que as adquire.

Associe seu parceiro a um estilo de aprendizagem. Para isso, primeiro pergunte se ele sabe como aprende melhor. Se não souber, pergunte quando foi a última vez que aprendeu algo novo e de que forma isso aconteceu. Se você ainda estiver no escuro, observe como ele usa seu tempo livre. Assiste a documentários? Escuta audiolivros? Você pode até mesmo ajudá-lo a encontrar uma forma de experimentar todas as abordagens e ver qual ele prefere. A seguir, oriente-o sobre como aprender usando os formatos sugeridos para cada estilo. Você pode dar um presente para inspirá-lo, fazer alguma pesquisa ou experimentar junto com ele. Gurus procuram maneiras criativas de compartilhar ideias com seus parceiros, em vez de forçá-los ou pressioná-los.

O desejo de ajudar o parceiro não deve ser confundido com o desejo de controlá-lo. Uma das formas mais comuns de tentar controlar nosso parceiro é impor nosso ritmo a ele. Pode ser que você faça determinada coisa em um dia, enquanto seu parceiro leva uma semana. Seu ritmo não é o mais certo. Um guru avança no tempo e no ritmo do aluno, sem prazos definidos.

Se eu dissesse a Radhi "Vamos falar sobre seus objetivos agora", ela se fecharia. Mas se eu lhe dissesse "No domingo, que tal irmos a um parque escrever em nosso diário sobre o que queremos para este ano e depois conversar sobre isso?", ela ficaria encantada. Procuro dar sugestões que correspondam ao ritmo dela. Deixe seu aluno definir o próprio ritmo e, se ele não atingir os próprios objetivos e ficar desanimado, não diga: "Eu avisei para você fazer isso antes." Seja paciente e atencioso à medida que ele avança, oferecendo seu tempo, seus recursos, seu apoio e a confiança necessária para ele agir por conta própria. Não faça nada por ele, mas ofereça estímulo e orientação de modo solidário. Ao fazer isso, você desenvolve paciência e compaixão. É assim que, como guru, você mesmo cresce enquanto ajuda o seu parceiro a crescer.

Não critique, não julgue nem ofenda

Kripamoya Das descreve o guru como alguém livre de palavras enganosas, que diz sempre a verdade: *satya vacam*. Eu levo isso numa direção um pouco diferente, pedindo a você que esteja sempre atento ao modo como fala com seu parceiro, para não enganá-lo nem fazê-lo se fechar. Não tem a ver com *o quê*, mas com *como* você fala. Dizer ao seu parceiro que ele é desleixado não vai fazê-lo mudar. "Pare de jogar videogame!" não vai adiantar. Pense em qual sala de aula você aprenderia melhor. Ela seria acolhedora, acessível e haveria um fluxo natural de conversas e atividades. Ninguém quer um professor que grita com a turma ou que põe os alunos de cara para a parede. Queremos alunos que respeitem os professores e professores que respeitem os alunos – uma troca pacífica e sustentável.

Pesquisadores identificaram a crítica como um dos gatilhos mais comuns que nos levam a um mindset fixo – algo que Carol Dweck, professora da Universidade Stanford, descreve em seu livro *Mindset* como o estado em que vemos nossas características como algo fixo, que não pode ser alterado. Quando estamos no mindset fixo, nos concentramos na percepção de que fomos considerados incompetentes e não vemos a oportunidade de crescimento que a crítica pode oferecer. Quando nosso parceiro diz "Quando você lava a roupa, fica tudo amassado!", ouvimos algo como "Você é desajeitado e incompetente". Enquanto gurus, devemos prestar atenção em nosso jeito de dar feedback, de modo a aumentar a probabilidade de que ele seja recebido com o espírito que pretendemos. Melhor seria algo mais próximo de: "Aprecio de verdade a sua ajuda com a roupa. Percebi que, quando eu deixo a roupa na secadora por algum tempo antes de dobrá-la, ela acaba ficando amassada. Então agora, se eu tiver que resolver alguma coisa fora de casa, não ligo a secadora até voltar. Você pode tentar outra solução, mas o principal é que nenhum de nós gosta de passar roupa. Você acha que essa é uma boa sugestão ou tem alguma outra ideia?" Sim, se comunicar dessa forma exige muito mais palavras. E, sim, elaborar seu feedback dessa forma requer mais esforço, mas vale a pena, porque é mais provável que isso mantenha a outra pessoa interessada e receptiva à sua crítica.

Gurus não se valem da raiva, de palavras ríspidas nem do medo para inspirar seus alunos. Eles sabem que o medo é um bom motivador a curto prazo, mas a longo prazo corrói a confiança. A repressão é uma forma de comunicação preguiçosa. Não é construtiva, compassiva nem colaborativa. Procure uma forma de falar que a outra pessoa possa assimilar e digerir de modo a levar sua opinião em conta. Ofereça um "sanduíche de amor", colocando uma crítica construtiva entre duas saborosas fatias de feedback positivo. Faça sugestões em vez de críticas. Por exemplo, o marido de uma cliente estava tendo problemas com as demandas sem sentido do chefe. Ela queria ter dito "Também, do jeito que você deixa eles pisarem em você...", mas isso feriria seu ego e o magoaria. Em vez disso, ela o lembrou de que ele era muito talentoso, mas humano, e sugeriu que ele falasse com o chefe não em termos do que não poderia fazer, mas do que poderia realizar dentro do prazo estipulado. Se, por um lado, o chefe era antipático e inflexível, minha cliente teve a gratidão do marido pelo apoio que lhe ofereceu e, em uma conversa mais séria, eles decidiram que depois que ele terminasse aquele projeto começaria a procurar outro emprego.

Imagine que você vai tirar aquelas tão esperadas férias e seu parceiro reservou o Airbnb para a data errada. Em vez de repreendê-lo por sua incompetência, lembre-se de tudo que ele fez para planejar aquela viagem. Não diga: "Você que causou essa confusão, então você que resolva!" Em vez disso, ofereça-se para reservar um hotel durante a noite enquanto ele soluciona o problema do Airbnb. Lembre-se: você está tentando cultivar a alegria do seu parceiro. Você destaca as coisas boas, ajuda a criar um caminho, amplifica o potencial dele. Em vez de criticá-lo em público, você o elogia tanto em público quanto a sós.

EM VEZ DE:	EXPERIMENTE:
"Você nunca faz x; você é muito ruim em y." (Criticar o que o outro faz de errado)	"Eu gosto quando você faz x" (Reconhecer o que ele faz certo)
"Se você fizer isso de novo, vou terminar com você."	"É assim que me sinto quando você faz isso."
"Você viu o que o parceiro de x fez por ela?"	"Eu realmente aprecio quando você faz x por mim"
"Isso é culpa sua, então você que conserte."	"Sei que você está tendo dificuldades com isso; posso ajudar?"
"Você mudou. Você não era assim."	"É normal mudar e ter que reajustar as expectativas."

SEJA UM ALUNO MELHOR

Alguns de nós acham mais fácil liderar do que ser liderados, especialmente quando nosso parceiro não é um guru habilidoso e paciente. Mas, mesmo nessas circunstâncias, temos a oportunidade de aprender com nosso parceiro. E se ele fica à toa o dia inteiro? Bem, talvez vê-lo relaxar lhe cause irritação porque você não se permite descansar um pouco. Inconscientemente, seu parceiro está ensinando que você precisa ter algum tempo livre.

E, caso o nosso parceiro nos critique ou não esteja inclinado a nos ajudar a crescer, devemos ser o tipo de aluno que, por meio das nossas atitudes e qualidades, traz à tona o que há de melhor no nosso guru.

Meu guru no *ashram* dizia que, se um professor é perfeito, então o aluno pode ser imperfeito, porque o professor vai elevá-lo constantemente. Mas, se o professor é imperfeito, então o aluno precisa buscar a perfeição a fim de aprender com o professor. Em outras palavras, se você lidar com os seus estudos com diligência suficiente, com a mente e o coração abertos, poderá aprender ainda mais com um professor medíocre do que com um excelente.

Tenha a mente aberta e seja curioso

Kripamoya Das também cita as quinze qualidades do bom discípulo. Uma delas é *tattva bodha abhilasi*, que significa "anseia por aprender". O termo budista *shoshin* significa "mente de principiante". Queremos entrar em nosso relacionamento com a mente aberta de um novo aluno, não importa há quanto tempo estejamos juntos. O mestre zen Shunryu Suzuki disse: "Na mente do principiante existem muitas possibilidades, na do especialista existem poucas."

Enquanto estudante, estar aberto ao novo significa que, quando seu parceiro faz sugestões, convidando você a explorar algo novo, você é receptivo. Se o seu guru lhe der um conselho ruim ou apresentá-lo de maneira ríspida, evite a compreensível tentação de rejeitá-lo ou reagir com raiva. Em vez disso, explore a possibilidade de que seu parceiro talvez tenha alguma sabedoria para compartilhar e faça as perguntas certas a ele. Perguntas que não são retóricas nem condescendentes, mas sim um esforço sincero para compreender a ideia. Você pode pedir "Você poderia me ajudar sendo um pouco mais específico?", "Para aceitar a sua sugestão, por onde devo começar?", "Você poderia me explicar isso passo a passo?" ou "Eu adoraria ouvir seu conselho – podemos conversar sobre isso quando estivermos mais descansados?". Há um velho ditado que diz: "Quando o aluno está pronto, o professor aparece." É uma relação simbiótica.

Pratique a humildade

Para fazer as perguntas certas, é preciso inteligência, mas também humildade. Humildade não significa ser medroso e retraído. Significa estar aberto a aprender e ser honesto consigo mesmo e com os outros sobre seus pontos fortes e fracos. Kripamoya Das descreveu o aluno como *tyakta mana* – humilde e livre de orgulho. A humildade é essencial para o amor em geral porque mantém afastado o ego – o inimigo do amor. O ego e o orgulho acabam com mais relacionamentos do que qualquer outra coisa, porque a maioria dos mal-entendidos nasce de algum deles. O ego nos deixa atolados na falsa crença de que estamos sempre com a razão, de que sabemos o que é melhor e de que o outro está errado. Essa crença faz com que seja impossível aprender com o nosso parceiro.

Quando vê Nathan Chen patinando na Olimpíada, você não pensa *Que péssimo patinador eu sou. Tão insignificante, tão inútil.* Você admira e aprecia sua elegância e habilidade e os anos de esforço que ele dedicou a sua arte. Humildade é enaltecer o talento, as habilidades e o crescimento dos outros, não depreciar os seus.

EXPERIMENTE ISTO: ADMIRE O CONHECIMENTO DO SEU PARCEIRO

A próxima vez que estiver conversando com seu parceiro, encontre algum conhecimento dele a que você não costuma dar muito valor. Como você pode reparar em algo extraordinário entre todas as coisas que já sabe sobre o seu parceiro? Talvez ele reflita bastante antes de tomar uma decisão. Talvez escreva ótimos bilhetes de agradecimento. Talvez sempre ofereça bons conselhos quando você não sabe exatamente como agir no trabalho. Procure habilidades que você nunca tenha reconhecido propriamente. Quando reparar em alguma, compartilhe com ele. Essa admiração é mais uma forma de cultivar os pontos fortes do seu parceiro.

Seja um bom tradutor

Kripamoya Das disse que o estudante controla a mente e a fala – *danta*. Stephen Covey, autor de *Os 7 hábitos das pessoas altamente eficazes*, provavelmente concordaria com esse conselho. Ele disse: "A maioria das pessoas não ouve com a intenção de entender; elas ouvem com a intenção de responder." Existem três passos para responder de forma eficaz quando seu parceiro compartilha um problema que ele tem com você. Primeiro repita o que ele disse, depois diga o que você entendeu, explicando o que ele disse com suas palavras. Por fim, quando tiver certeza de que ambos entenderam o problema em questão, diga como se sente. Temos a tendência de responder primeiro dizendo o que sentimos, usando o que o outro disse para justificar nossos sentimentos.

Vamos supor que o seu parceiro lhe diga: "Fiquei constrangido quando você não me apresentou aos seus amigos." Ele está dizendo a você como ele se sente.

Se você respondesse primeiro com como você se sente, talvez dissesse: "Bem, você nunca me inclui nas conversas com os *seus* amigos." Contudo, ao dizer "Percebi que você ficou chateado comigo. Por que isso fez você se sentir assim?", você dá ao seu parceiro a oportunidade de ter a certeza de que se explicou de maneira eficaz. Você está mostrando como ele soou e agora ele pode se concentrar mais em como falar e compartilhar o que quer comunicar. Ao mesmo tempo, você deixa claro o que está tentando fazer pelo relacionamento: estabelecer uma conexão e fazer a outra pessoa se sentir compreendida. O tom de voz que você adota já dá uma pista disso para o seu guru.

EXPERIMENTE ISTO: APRESENTE UMA NOVA IDEIA

Pratique suas habilidades de comunicação colocando um novo tema em pauta e prestando atenção no que o seu parceiro diz, ouvindo os argumentos que ele defende e o ajudando a descobrir e articular os sentimentos, as necessidades e os desejos por trás de suas palavras.

Escolha um tema em aberto, sobre o qual nunca tenham conversado e que seja capaz de inspirar os dois a imaginar algo novo que possam fazer juntos.

Sugestões de ideias:

> **E se nós dois pedíssemos demissão e mudássemos de cidade?**
> **E se a gente passasse um ano inteiro viajando?**
> **No dia em que a gente se aposentar, o que a gente vai fazer com o nosso tempo livre?**
> **Se tivéssemos um milhão de dólares para doar, para quem daríamos e por quê?**

Perguntas a serem discutidas (vocês dois podem responder a essas perguntas, mas o foco deve estar em ouvir as respostas do seu parceiro):

> **Qual a primeira coisa que vem à sua cabeça quando eu faço essas perguntas?**
> **O que o atrai nas respostas que você deu?**

Em seguida, mostre ao seu parceiro que você o escutou:

> **Explique a ele o que você entendeu quando ouviu as ideias dele.**
> **Discuta quais preferências e prioridades você acha que podem estar por trás das ideias dele.**
> **Compartilhe o que você aprendeu sobre ele nessa conversa.**

> **Conversem para refletir se existe alguma versão viável do que ele deseja que possam trazer para a vida de vocês neste momento.**
>
> Por exemplo:
> Se a questão for como passariam um ano inteiro viajando, talvez sua preferência seja se mudar para o sul da França para comer *pain au chocolat* todo dia, mas seu parceiro queira planejar uma viagem de bicicleta pelo país. Você pode reconhecer que ele anseia por alguma atividade física. Talvez ele também esteja expressando o desejo de experimentar a viagem em um ritmo mais lento ou de passar algum tempo acampando ao longo do caminho. Depois de entender mais sobre a fantasia dele, pense na possibilidade de comprar uma bicicleta para ele de presente de aniversário ou planejar uma pedalada longa juntos num fim de semana.
>
> Essa prática ajuda a escutar de verdade o seu parceiro em vez de ouvir só pensando no que vai responder. Isso será muito útil quando vocês depararem com tópicos mais desafiadores e emocionalmente carregados.

Demonstre gratidão ao guru

Kripamoya Das disse que o aluno é *krita-vid-sisya* – grato pelo conhecimento. Observe e demonstre sua gratidão quando seu parceiro estiver oferecendo ajuda sem esperar recompensa ou qualquer coisa em troca. Não costumamos parar e agradecer pela sua presença constante, por sua disposição em ajudar e pelas pequenas coisas simples que ele faz. Tire um tempo para agradecer e mencione o que ele faz bem e os pontos em que ele acerta, mesmo que pareça simples e fácil. Demonstrar gratidão dessa forma cria um ciclo que se retroalimenta, no qual ele se sente grato por sua gratidão e se sente inspirado a continuar agindo como um guru.

EXPERIMENTE ISTO: RECONHEÇA AS HABILIDADES DE GURU

Pense nas habilidades de seu parceiro como guru. Quais são os pontos fortes dele? Você já tirou um tempo para reconhecê-los? E, caso enxergue algumas dessas áreas como pontos fracos, existe algo que você possa aprender sobre si mesmo a partir dessa sua reação? Encontre as áreas em que o seu parceiro é o seu guru e agradeça. Você pode agradecer do nada ou da próxima vez que ele exibir essas qualidades.

1. Lidera pelo serviço

Seu parceiro está disposto a desempenhar qualquer papel para ajudar você, mesmo que não seja a área de especialização dele. Talvez ele aja como administrador, contador, técnico de informática, entregador de comida. Ele ajuda você por compaixão, em vez de lhe dizer o que fazer?

2. Lidera pelo exemplo

O que ele se compromete a fazer e faz, sem falhar? Se você não conseguir pensar em nada, provavelmente não está procurando o suficiente.

3. Ajuda você a alcançar os seus objetivos, não os dele

Seu parceiro lhe permite ser você mesmo. Ele não o força nem o incita a ser diferente. Ele pode não estar servindo nem ajudando diretamente, mas, quando não o força a ser alguém que você não é, isso é uma forma de apoio.

4. Oferece orientação sem criticar, julgar nem tratar você mal

Quando você não alcança os seus objetivos ou comete algum erro, seu parceiro o apoia e o estimula sem exercer pressão.

Alunos também precisam de reconhecimento. Você pode fazer o mesmo exercício para as qualidades de seu parceiro como aluno.

Seu guru não é seu deus

Lado a lado com a humildade de ser aprendiz está a qualidade que talvez seja a mais importante do relacionamento com o seu guru: a manutenção da sua individualidade. O fato de aprender com ele não significa que você deva se moldar aos ideais dele nem parar de aprender com os outros. Tampouco que deva parar de recorrer a outras pessoas para diferentes atividades e reflexões. Seu parceiro é o seu guru, não seu deus. Ele ajuda você a se tornar uma pessoa melhor, mas não é melhor do que você.

É normal adotarmos algumas características dos nossos parceiros. Estudos descobriram que casais começam a adotar os mesmos maneirismos, a falar da mesma forma e até a comer a mesma quantidade de comida. Algum grau de fusão de hábitos é inevitável, mas queremos manter nossa individualidade dentro do relacionamento. Queremos adotar as qualidades positivas do nosso parceiro sem nos tornarmos a mesma pessoa (nem seus assistentes). Você está sempre escrevendo sua história. Quando conhece alguém, começa a coescrevê-la com o outro e as histórias de cada um se entrelaçam. Nas escrituras védicas, isso é descrito como o entrelaçamento do seu karma, mas não da sua alma. No meu ponto de vista, isso equivale a coescrever o karma de cada um juntos. Karma é a atividade na sua vida, mas sua alma é sua identidade. Vocês podem mudar e crescer juntos, misturando seus karmas, misturando a energia de duas famílias e duas comunidades, mas não perca sua identidade. **Lembre-se de sua própria personalidade, seus valores e objetivos. Não perca o fio da meada da sua história.** Passe algum tempo em solitude. Não deixe de lado os planos com amigos e familiares. Cultive seus interesses, não apenas os de seu parceiro. Isso não é menosprezá-lo, ignorá-lo nem traí-lo. Isso estimula seu crescimento de uma forma que o outro não tem como estimular, o que significa que depois você terá ainda mais a oferecer à relação. E, caso vocês não tenham mais nenhum crescimento para fazer lado a lado, podem passar algum tempo longe um do outro. Não há problema algum.

Mas devemos terminar o relacionamento se o nosso parceiro se tornar abusivo. Um guru jamais ensina por meio de maus-tratos. O abuso só ensina você a temer seu parceiro, a reprimir seus instintos, a ignorar sua dor e a alimentar o ego de outra pessoa. Maus-tratos emocionais, mentais e físicos devem ser um fator determinante para o fim de qualquer relação, e isso fica claro quando você pensa no seu parceiro como seu guru. Por que o seu guru o machucaria? Como você pode crescer se está machucado e assustado? Se você estiver sofrendo de alguma dessas formas e se culpar por isso, tente se perguntar: estou aprendendo com essa pessoa? Ela está aprendendo comigo? É assim que eu quero aprender? Se alguma das respostas for "não", a decisão de terminar é o maior presente que você pode dar a si mesmo – e há muitas organizações que podem nos ajudar a fazer isso com segurança, principalmente se você for mulher.

O MAIOR PRESENTE DO GURU

Ouvimos pessoas falando sobre casais, "Eles cresceram e se distanciaram", mas nunca dizemos "Eles cresceram juntos". No entanto, se vocês não estão se distanciando, é muito provável que estejam crescendo juntos – silenciosa mas seguramente ajudando um ao outro a observar, aprender e evoluir em todas as direções. O desconforto da mudança é compensado pelo prazer da compreensão mútua. O crescimento que um guru e um aluno desenvolvem mantém o relacionamento como algo emocionante e novo, mesmo quando ele amadurece e vocês se tornam mais familiarizados um com o outro. No capítulo a seguir, vamos falar sobre a forma mais importante pela qual um guru pode ajudar um aluno a crescer: indo atrás de seu propósito.

REGRA 5

O PROPÓSITO EM PRIMEIRO LUGAR

O sentido da vida é encontrar o seu dom.
O propósito da vida é oferecê-lo.
– David Viscott

DHARMA: A BÚSSOLA

Muitos anos atrás, pedi a um cliente e sua parceira que escrevessem suas prioridades em ordem. A lista dele dizia: 1. Filhos. 2. Você (ou seja, a esposa). 3. Trabalho. A lista dela dizia: 1. Eu. 2. Filhos. 3. Você (ou seja, o marido). Ele ficou magoado e consternado por ela se colocar acima de tudo. Mas então ela explicou: "Eu me coloco em primeiro lugar porque quero oferecer a melhor versão de mim a você e à nossa família." Colocar-se em primeiro lugar soa egoísta, e pode ser mesmo, se isso significar que você come todos os biscoitos ou pega sempre o melhor lugar à mesa. Mas, para que qualquer um de nós possa apresentar a melhor versão de nós mesmos em um relacionamento, temos que buscar nosso propósito ou chamado espiritual. No hinduísmo, isso é chamado de *dharma*.

O dharma é a interseção entre paixão, conhecimento e serviço. Vivê-lo significa que você conectou seus talentos e interesses naturais com alguma necessidade que existe no universo. Seu dharma não precisa ser seu trabalho. Você tem sorte se consegue ganhar a vida seguindo sua vocação, mas isso nem sempre é possível. Além disso, seu propósito não precisa dominar sua vida. Pode ser um hobby, seu envolvimento na igreja, criar um filho, abrir uma empresa. Pode ser se voluntariar para resgatar cães em seu tempo livre, organizar um grupo para ajudar as pessoas da comunidade a quitar dívidas ou escrever um blog sobre viagens baratas. Dharma não tem a ver com uma atividade em particular – mas sim com os *motivos* pelos quais você faz essa atividade, seja para criar algo, para conectar pessoas, para compartilhar o que aprendeu, para servir aos outros ou ao mundo. Seja o que for, não se trata de um interesse casual. É uma paixão. Ele define você. Quando o pratica, você pensa: *Este é quem eu sou.* **Seu dharma é uma jornada, não um destino.** Pode levar muito tempo para encontrar a melhor forma de extrair significado, alegria e realização de suas empreitadas. E, se a pessoa estiver correndo atrás de seu propósito, ela já o estará vivendo.

Os Vedas descrevem o dharma como uma das quatro buscas fundamentais que nos impulsionam na vida, moldando nossas escolhas e nossas ações:

dharma – *propósito*

artha – *trabalho e finanças*

kama – *prazer e conexão, seus relacionamentos com os outros*

moksha – *libertação do mundo material quando você se conecta com o espírito*

AS QUATRO BUSCAS

Dharma
O propósito deixa seus valores e prioridades mais claros para você e seu parceiro

Artha
A busca pela estabilidade em termos de finanças, saúde, desenvolvimento e crescimento pessoal

Kama
Prazer e conexão. Os seus relacionamentos com os outros

Moksha
Libertação do mundo material quando você se conecta com o espírito

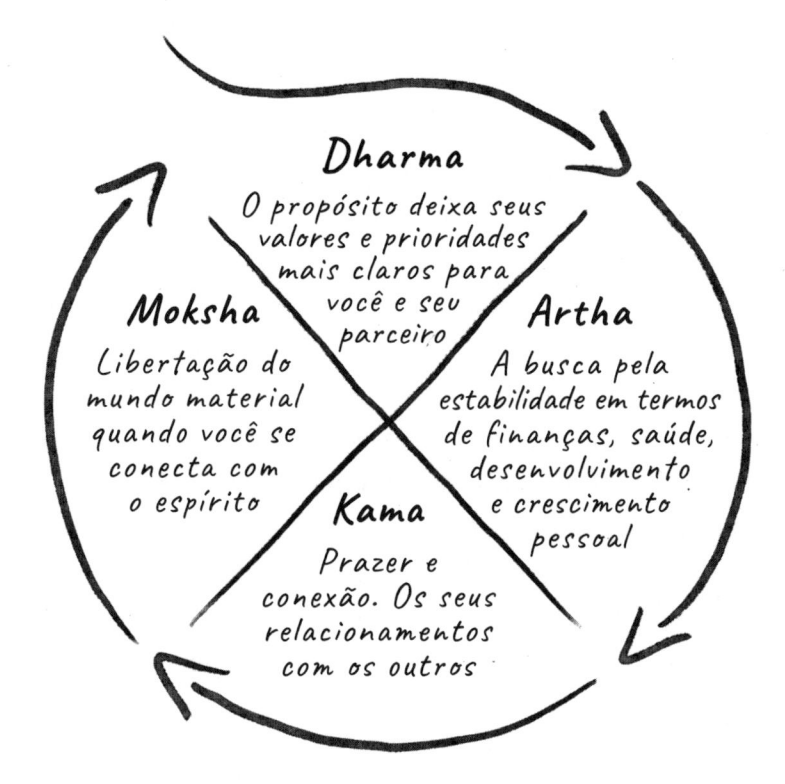

Observe que o dharma vem em primeiro lugar nessa lista, o que não é por acaso. Os Vedas estabeleceram essa ordem de maneira deliberada, embora essas buscas se sobreponham e se entrecruzem ao longo da vida. Podemos não pensar considerar o propósito uma necessidade básica, como segurança financeira e conexão social, mas na verdade ele é ainda mais essencial.

Dharma vem antes de *artha* porque orienta a forma como você emprega seu tempo, seu dinheiro e sua energia. Ele dá sentido ao dinheiro. O mesmo se aplica aos relacionamentos – se você não tem um senso de propósito, não traz a reflexão e a compaixão para a sua busca pelo prazer. Quando você prioriza essas quatro atividades na ordem sugerida pelos Vedas, o dharma deixa seus valores e suas prioridades mais claros para você e para o seu parceiro. Você busca o dinheiro com uma noção mais clara de como ele deve ser gasto e busca o amor com o desejo de criar uma vida significativa com seu parceiro. Por fim, essas três buscas levam a *moksha*, em que tudo que fazemos é dedicado a uma jornada espiritual.

Os Vedas não são os únicos a priorizar o propósito. Pesquisadores da Universidade da Califórnia em Los Angeles e da Universidade da Carolina do Norte queriam ver se o deleite hedônico – o tipo de satisfação que vem de opulências, como fama ou riqueza, juntamente com ganho pessoal e prazer – tem uma expressão corporal diferente da eudaimonia – a satisfação que vem de ter um profundo senso de propósito e significado na vida. Eles aplicaram aos participantes um questionário perguntando com que frequência eles se sentiam felizes (deleite hedônico) e com que frequência tinham a sensação de que a vida deles tinha uma direção e um significado (eudaimonia). Os pesquisadores descobriram que, embora aqueles com níveis mais altos de deleite hedônico geralmente experimentassem sentimentos mais positivos, eles também tinham perfis imunológicos mais debilitados, inclusive um maior grau de inflamações e outros marcadores que os tornavam mais suscetíveis a doenças.

Anthony Burrow, professor de desenvolvimento humano na Universidade Cornell, liderou outro estudo que mostrou que um forte senso de propósito pode até mesmo nos tornar imunes às curtidas que recebemos (ou deixamos de receber) nas redes sociais. Primeiro ele e seu companheiro de pesquisa pediram aos participantes que respondessem a uma série de questionários que mediam em que grau eles se sentiam conectados a um senso de propósito na vida. Em seguida, os participantes foram informados de que ajudariam a testar uma suposta nova rede social. Eles tinham que começar a montar o próprio perfil postando uma selfie. Os pesquisadores lhes deram uma câmera e fingiram enviar a imagem para o site fictício. Então, passados cinco minutos, contaram aos participantes quantas curtidas suas selfies haviam recebido em comparação com as fotos de outras pessoas – acima da média, na média ou abaixo da média. Por fim, os participantes preencheram outro questionário que media sua autoestima. Esse estudo descobriu que as pessoas com menos senso de propósito na vida experimentaram picos ou quedas em sua autoestima com base em quantas curtidas sua selfie recebeu ou deixou de receber, enquanto aquelas com um senso de propósito mais forte não foram afetadas. A autoestima delas se manteve estável.

O propósito protege nossa autoestima, e pesquisas relacionam uma autoestima elevada com relacionamentos mais plenos. Como diz Burrow: "Somos confrontados com os altos e baixos da vida, mas o propósito é um ingrediente ativo que nos ajuda a permanecer estáveis." Trazemos essa estabilidade um para o outro. Ela é uma base sobre a qual podemos construir nossa vida com nosso parceiro.

Há uma história atribuída ao Buda sobre dois acrobatas – um mestre e sua assistente. O mestre subiu no topo de uma vara de bambu e disse à sua assistente que subisse também e ficasse de pé sobre os ombros dele. "Vamos exibir nossa habilidade para a plateia, e eles vão nos dar algum dinheiro. Você cuidará de mim e eu cuidarei de você, e assim estaremos seguros." A assistente avaliou a situação e balançou a cabeça. "Não, mestre", disse ela. "Você vai cuidar de si mesmo e eu vou cuidar de mim, e então vamos exibir nossa habilidade. *Desse jeito* nós vamos ganhar algum dinheiro e ficar seguros." É por isso que a esposa do meu cliente estava no caminho certo quando colocou seu propósito em primeiro lugar em sua lista de prioridades. A forma como um casal encara o dharma de cada um deve ser a mesma do acrobata e sua assistente: "Você vai fazer o que você precisa fazer, enquanto eu vou fazer o que eu preciso fazer."

As pessoas acham que colocar o outro em primeiro lugar é um sinal de amor. Romantizamos a ideia de fazer sacrifícios e nos dedicarmos a outra pessoa, e existem belíssimas formas de fazer isso. Mas já vi pessoas que colocaram seu propósito de lado e, anos depois, se sentiram perdidas ou enganadas. Elas se arrependeram de suas escolhas e se ressentiram do fato de seus parceiros não as terem ajudado a priorizar seu propósito. E com razão – não quero justificar o ressentimento, mas, se o seu parceiro aguenta ver você abrir mão do seu propósito, isso não é amor. **Seu propósito deve vir em primeiro lugar para você e o propósito do seu parceiro deve vir em primeiro lugar para ele.** Aí então vocês se unem, com a energia positiva e a estabilidade que resultam de ir atrás do propósito de cada um.

Você pode estar se perguntando por que estou falando sobre encontrar seu propósito em um livro sobre relacionamentos. Isso é algo que você faz por conta própria, mesmo dentro de um relacionamento. Mas, assim como ficar em solitude nos ajuda a entrar em um relacionamento com autoconhecimento, identificar nosso propósito nos ajuda a manter e desenvolver um relacionamento sem perder nosso propósito de vista – enquanto apoiamos nosso parceiro para que faça o mesmo.

Na verdade, sempre existem três relacionamentos: o relacionamento entre as duas pessoas, o seu com o seu propósito e o do seu parceiro com o propósito dele. Precisamos prestar atenção em todos os três. Parece difícil, mas na verdade isso torna a vida mais fácil. Se você quer amar alguém de verdade e dar o melhor de si, então precisa ser a melhor versão de si. Assim como um pai ou mãe esgotado tem mais dificuldade em cuidar dos filhos, uma pessoa que não cuide do próprio propósito terá dificuldade em dar apoio ao parceiro no que diz respeito ao propósito dele. Ao cuidarmos de nós mesmos, nos preparamos para cuidar dos outros. Como disse ao *HuffPost* a terapeuta familiar e matrimonial Kathleen Dahlen deVos, os casais mais felizes são aqueles que conseguem superar a obsessão inicial um pelo outro e priorizar os próprios objetivos e empreitadas. "Quando os casais dependem apenas um do outro para satisfazer todas as suas necessidades sociais e de intimidade emocional, essa 'fusão' pode sufocar o desenvolvimento pessoal saudável ou fazê-los recair na codependência." DeVos acrescenta que os casais precisam manter a identidade individual dentro do relacionamento, em vez de deixar que a relação a defina.

Quando vocês dois estão ativamente correndo atrás do propósito de cada um, o relacionamento se beneficia de várias maneiras. O dharma o ajuda a viver uma vida apaixonada, inspirada e motivada, uma vida que você quer compartilhar com alguém. Você também tem o prazer de conviver com alguém que se sente realizado. Há uma grande alegria em ver a pessoa que você ama fazendo o que ela ama. Além disso, assim você tem maior consciência das dificuldades que ela pode encontrar ao longo do caminho e tem mais empatia em relação a elas.

Quando não estamos correndo atrás do propósito de cada um, os problemas aparecem. Às vezes, quando você acha que existe um problema entre você e o seu parceiro, a raiz da insatisfação está em que um ou ambos não estão seguindo seu propósito. Minha cliente Aimee estava chateada porque seu parceiro, Marco, guitarrista de uma banda promissora, estava sempre viajando em turnê. Mas, quando ele encurtou uma dessas turnês para passar mais tempo com ela, Aimee se sentiu culpada demais para aproveitar. Então percebeu que, se ela mesma tivesse um objetivo ao qual se dedicar, isso resolveria melhor a questão. Quando ela, que era pintora, começou a dar aulas na garagem de uma amiga, ficou animada para fazer uma exposição coletiva com seus melhores trabalhos. Marco se programou para poder deixar a turnê e estar presente no vernissage e, embora Aimee estivesse ocupada durante a visita dele, ela ficou orgulhosa por sua conquista e feliz por compartilhá-la com ele.

Mesmo em um lar que parece ideal – em que todos os requisitos referentes à vida profissional e doméstica são cumpridos –, se um dos parceiros não conhece seu propósito ou não está ativamente envolvido com ele, esse vazio individual afeta o relacionamento. O parceiro sem propósito pode ficar com inveja do progresso do outro, caso em que ambos deixam de vivenciar a alegria, a energia e a satisfação que duas pessoas alimentadas por seu propósito proporcionam uma para a outra.

Se uma das pessoas do casal se sentir perdida, ela pode começar a achar que seu parceiro, que vive mais ocupado e se sente mais realizado, não se importa com ela. O parceiro ativo pode se preocupar com o fato de o outro não ter uma vida além do relacionamento. Ele pode se sentir responsável por entreter seu parceiro e mantê-lo distraído. Em última análise, ambos podem acabar se ressentindo um do outro pela forma como gastam seu tempo.

Em um relacionamento, devemos ter cuidado para que nenhum dos dois perca suas prioridades de vista nem deixe de lado o que valoriza e o que faz com que se sinta verdadeiro em relação a si mesmo. Agora vamos ver como você pode priorizar seu dharma dentro de um relacionamento e como pode ajudar seu parceiro a priorizar o dele.

COMO PRIORIZAR SEU DHARMA

Sal Khan entrou para a faculdade de administração, mas não achava que tivesse a coragem necessária para empreender. Em vez disso, ele começou uma carreira lucrativa em um fundo *hedge* de start-ups. Então, durante uma visita à família, Sal descobriu que sua prima de 12 anos estava tendo dificuldades em matemática e se ofereceu para estudar com ela remotamente. Era 2004, então a dupla usou uma combinação de ligações telefônicas e de uma incipiente tecnologia de troca de mensagens. Depois de alguns meses sob sua tutela, a prima de Sal refez a prova de nivelamento de matemática e passou da turma de reforço para uma turma avançada. Logo outros membros da família, depois amigos em todo o país, começaram a procurar Sal para ter aulas particulares. Ele começou a gravar suas aulas e publicá-las no YouTube, além de criar um software personalizado para as pessoas fazerem exercícios. Nascia a Khan Academy. Sal ainda gostava de seu trabalho no fundo *hedge*, mas se sentia mais envolvido e empolgado com a oportunidade de compartilhar suas aulas, na esperança de que elas ajudassem outras pessoas. Ele havia encontrado seu propósito.

Se você não sabe por onde começar, recomendo seguir esta sequência:

A pirâmide do propósito

Aprender – Dedique tempo a aprender sobre a área do seu propósito

Experimentar – Pegue o que você aprendeu e experimente por si mesmo para descobrir o que funciona e o que não funciona para você

Agir – Coloque o seu propósito em prática, desenvolvendo consistência e estabilidade no que você faz

Batalhar – Encare os desafios que inevitavelmente vão surgir e use-os para crescer

Vencer – Comemore os sucessos, grandes ou pequenos

Aprender

O propósito começa com a curiosidade. Achamos que começar significa *fazer*, mas na verdade começa com aprender. Não pule nem se desvie da fase de aprendizado. Dizemos que conhecimento é poder porque ele pode ajudá-lo a superar o medo do inesperado.

EXPERIMENTE ISTO: APRENDA MAIS SOBRE O SEU PROPÓSITO

Aprendemos sobre o nosso propósito ao refletir sobre os nossos interesses e habilidades e explorá-los.

PAIXÕES

Faça algumas perguntas a si mesmo para identificar suas paixões.

> Se você pudesse ser pago para fazer qualquer coisa, o que seria?
> Existe algum hobby que você amava quando criança, mas não faz mais parte da sua vida?
> Você tem algum talento oculto?
> Já conheceu alguém cujo emprego você considera o trabalho dos sonhos?
> Você estaria fazendo alguma outra coisa se não estivesse limitado pelo local onde mora e pelo seu estilo de vida?
> Existe alguma coisa que você fazia bem e de que sente falta?
> Existe algum talento que você não tem conseguido desenvolver recentemente?

PONTOS FORTES

Identifique quais papéis você desempenha em casa ou no trabalho para identificar seus pontos fortes.

> *O organizador:* Planeja aniversários e viagens e mantém as coisas dentro do cronograma. O organizador está focado em prazos, resultados e no panorama geral. Você é bom em orientar pessoas.
> *O energizador:* Extrovertido, entusiasmado e otimista, o energizador deixa as pessoas animadas para fazer o que o organizador planejou.

> *O empático:* Dotado de inteligência emocional, paciente, bom ouvinte e solidário, o empático tem uma boa intuição sobre como as pessoas se sentem.
>
> *O analista:* Detalhista, sistemático, cuidadoso e cauteloso, o analista detecta questões que podem se tornar problemas.
>
> **SEU PROPÓSITO ESTÁ NA INTERSEÇÃO ENTRE SUAS PAIXÕES E SUAS HABILIDADES.**
>
> Depois de identificar paixões e habilidades, descubra formas de aprender sobre elas.
>
> 1. Assista a aulas, leia um livro ou escute um podcast na sua área de interesse. Você tem como obter um certificado que o ajudará a desenvolver seu talento?
> 2. Procure grupos de pessoas que possam inspirá-lo com o que estão fazendo ou com a maneira como estão fazendo.
> 3. Experimente fazer algo na área do seu propósito durante o fim de semana. Observe o que o deixa entusiasmado e faz com que você se aprofunde nos seus interesses.

Minha forma preferida de aprender é falando com pessoas que já estejam fazendo o que eu quero fazer. Quando um médico vai a uma conferência sobre uma doença específica, ele conhece outros médicos que estudam essa doença. Ele aprende sobre os avanços científicos. Ouve falar sobre novos tratamentos ou pesquisas. O mesmo vale para qualquer área que seja a sua paixão. Um mentor o ajudará a descobrir como você pode começar a correr atrás do seu propósito e como sua vida deve ser quando você estiver vivendo o seu propósito. O mentor também poderá oferecer conselhos concretos, como, por exemplo, os primeiros passos que você pode dar, como fazer *networking* e a que outras fontes recorrer para aprender mais.

Mesmo que você não consiga encontrar pessoas de sua área, o simples fato de estar perto de outros indivíduos que estão buscando ativamente seu propósito pode ser extremamente inspirador. Faça perguntas; seja curioso. Encontre pessoas que gostam de falar sobre como descobriram seu caminho. Se elas não fizerem parte da sua comunidade, procure outras de destaque que contem suas histórias em livros, no YouTube, em TED Talks e em podcasts.

EXPERIMENTE ISTO: ENCONTRE UM MENTOR

1. PROCURE POTENCIAIS MENTORES.

Use seus contatos para se conectar com pessoas que sejam especialistas na sua área.

Faça contato com elas nas redes sociais.

Revise os recursos que você usou para aprender (livros, TED Talks, podcasts, etc.) e veja se as pessoas que podem orientá-lo estão dispostas a lhe dar dez minutos para responder às suas perguntas.

2. FAÇA PERGUNTAS. TOME NOTAS SOBRE AS RESPOSTAS.

Comece com perguntas logísticas, táticas e práticas:

> Como você começou?
> O que você fez para melhorar?
> Que técnicas você usa?
> Você tem parceiros?
> E quaisquer outras dúvidas sobre como todo o processo funciona.

Não tenha medo de ser específico em suas perguntas. Quem não faz perguntas específicas não obtém respostas específicas.

Você também pode fazer perguntas sentimentais e intelectuais que talvez ajudem a dar uma ideia do que você pode amar no processo e com o que pode ter dificuldade.

> **De que parte do processo você mais gosta?**
> **O que você odeia no processo?**
> **O que você gostaria de já saber quando começou?**

3. PROCESSO
Depois de conversar com um mentor, dê uma olhada nas suas anotações. Existem pessoas para quem você deve ligar? Habilidades que você deve desenvolver? Oportunidades das quais deve correr atrás? Traduza as informações que recebeu em tarefas menores e acrescente-as à sua agenda quando forem relevantes.

Para aprender, você precisa dedicar tempo e, para dedicar tempo, seu parceiro precisa apoiar você. Ele precisa entender os valores que o fazem querer gastar seu tempo aprendendo, e você quer ter a certeza de que ele não fique com a sensação de que você deveria dedicar esse tempo a ele ou à família (se você tiver uma). Isso é conseguido por meio de um esforço conjunto para vocês dois decidirem de onde sairá o tempo necessário para o seu aprendizado.

A jornalista Brigid Schulte, vencedora do Pulitzer, estava passando dificuldades com as demandas conflitantes do trabalho e da maternidade. Ela não tinha tempo para si mesma nem para os projetos pelos quais tinha paixão e aos quais esperava poder se dedicar. A certa altura, desesperada para conseguir algum tempo de sobra em sua agenda, ela fez uma pesquisa de uso do tempo em que registrou o que fazia o dia inteiro, todos os dias. Os resultados a deixaram chocada, mostrando que ela tinha *27 horas sobrando* na semana. Esse tempo era praticamente invisível para Schulte porque era composto por fragmentos de dez minutos aqui, vinte minutos ali – ou "confete do tempo", como ela chama. Ao pular de uma tarefa para outra ao longo do dia, alternando o foco entre os vários itens de sua lista de tarefas, o celular e outras distrações, Schulte estava despedaçando sua agenda. Depois que ela começou a agrupar suas tarefas e eliminar distrações desnecessárias, encontrou blocos de tempo mais longos, que ela diz serem essenciais para aprender, ter novas ideias e ver coisas que, de outra forma, não seriam percebidas. Por fim, ela encontrou tempo suficiente para pesquisar e escrever um livro, *Sobrecarregados*, que se tornou best-seller do *The New York Times*.

> **EXPERIMENTE ISTO: PLANILHA DE TEMPO LIVRE**
>
> Você pode recuperar o tempo perdido documentando cada minuto do seu dia e agrupando tarefas como Schulte fez, mas este exercício é uma abordagem ainda mais simples, em que conferimos se o tempo que estamos gastando está alinhado com os nossos valores.
>
> Mostre a si mesmo a que você dá real valor, dedicando uma parte consistente de seu tempo livre ao aprendizado na área de seu propósito. Com a ajuda do seu parceiro, veja como gastam o tempo livre de vocês atualmente, tanto juntos quanto separados (essa também é uma ótima forma de vocês terem uma visão panorâmica dos seus valores e analisar se querem fazer outras alterações na forma como gastam o tempo livre).
>
> Primeiro, conforme foi feito na tabela de exemplo a seguir, calcule o total de horas que você gasta por semana nas atividades que listei e em quaisquer outras que queira incluir. Depois, na segunda coluna, calcule quanto

tempo você está disposto a **subtrair** dessas atividades e **realocar** para aprender sobre o seu propósito.

Atividades que aprecio	Tempo que eu dedico a elas hoje	Tempo que eu me comprometo a dedicar a partir de agora
Recarregar as baterias/lazer	4 horas/semana	3 horas/semana
Praticar exercícios	4 horas/semana	4 horas/semana (sem mudança)
Socializar	8 horas/semana	7 horas/semana
Entretenimento	15 horas/semana	10 horas/semana
Tempo total gasto em atividades que não são o meu propósito	31 horas totais	24 horas totais (consegui liberar sete horas por semana)
Aprender sobre o meu propósito	0 hora	7 horas

Inclua o seu parceiro nesse processo. Se você não se comunicar com ele sobre o que está animado para fazer, ele pode se perguntar por que você não quer passar mais tempo com ele. E, se ele passar a apoiar você, entenderá e respeitará os motivos que o fazem gastar seu tempo dessa maneira.

Experimentar

Experimentar é colocar seu aprendizado em prática para descobrir o que funciona para você e o que não funciona. São minitestes daquilo que você está buscando. Se fez um curso de comunicação que lhe dizia para olhar as pessoas nos olhos ao falar, a partir de agora você se esforça para seguir esse conselho. Se quer dar aulas, pode tentar oferecer um seminário, auxiliar outro professor ou começar um blog. Se quer vender artesanato, pode começar a postar seus produtos na internet. Se deseja oferecer um serviço, pode fazer um teste oferecendo-o gratuitamente para seus amigos. Ser aprendiz, fazer acompanhamento, estágio e voluntariado são formas de molhar o dedinho do pé nas águas do que você acredita poder ser o seu propósito. Esse período de experimentação se destina a aliviar a pressão – sem julgamento, sem crítica e sem culpa. Você não precisa ser perfeito. Erros podem fornecer informações valiosas sobre seu grau de proficiência e sobre a sua área de interesse.

Nessa fase você pode convidar seu parceiro a acompanhá-lo. Muitos casais podem experimentar fazer um curso juntos, ler o mesmo livro ou assistir a um documentário. Isso é ótimo se vocês compartilham dos mesmos interesses, mas, caso ele não possa se juntar ou não tenha interesse, não desanime. Esse é o seu propósito, não o dele.

Com frequência pressionamos nossos parceiros a ficarem tão entusiasmados quanto nós em relação à nossa paixão. Ou então nos questionamos se eles são a pessoa certa para nós, porque, quando falamos sobre nossa paixão, eles não têm muito a acrescentar à conversa. Nosso parceiro não precisa compartilhar das mesmas paixões que nós. E, mesmo que compartilhe, isso não garante o sucesso do relacionamento. Lembre-se do motivo pelo qual você está com ele e não esqueça que não é necessário ser parecido com seu parceiro para ter um relacionamento feliz.

Além disso, muitas vezes é melhor que cada um de vocês faça o próprio aprendizado. Dessa forma você pode avançar no seu ritmo e apresentar suas descobertas para o seu parceiro. Assim ele não deixa de fazer parte do processo nem se sente confuso ou deixado de lado à medida que você progride. Você quer que ele se sinta amado e conectado enquanto você descobre formas de aprender e desenvolver seu propósito. Apenas certifique-se de avisá-lo quando estiver no processo de experimentação, para que ele possa decidir como empregar o tempo dele – talvez ele também esteja experimentando.

Aprender e experimentar pode ser uma jornada de cinco meses ou de cinco anos. Lembre-se: não importa em que ponto esteja na pirâmide do propósito, você já está correndo atrás dele. Não há linha de chegada a ser alcançada antes de você começar a viver o seu propósito.

Agir

Aprenda e experimente até atingir um grau de especialização em que você saiba o que ama e o que não ama em seu propósito, o que funciona e o que não funciona. Depois mergulhe de cabeça. Aprender não produz resultados, e os resultados da experimentação são aleatórios. Agora você vai fazer esses esforços darem retorno. Você vai tomar medidas para concretizar seu propósito, desenvolvendo consistência e estabilidade. Isso pode significar aceitar um novo emprego. Pode significar a abertura de um pequeno negócio. Ou ainda resgatar um cachorro ou ser voluntário como professor-assistente. Esse novo esforço leva tempo, mas você cria uma rotina e estabelece metas verificáveis. Você queria começar a *fazer* desde o início, mas seu desempenho sempre dependerá do seu processo prévio de aprendizado e experimentação. Se os resultados não forem bons, você volta a aprender e experimentar. Se ninguém estiver visitando seus produtos na internet, você atua para aprender a divulgá-los melhor. Se acha que poderia ser um professor-assistente melhor, peça ao professor titular que o oriente. Quando você consegue produzir resultados mensuráveis e replicáveis e começa a ser notado, isso aumenta a confiança e o motiva a continuar.

Para poder agir você precisa aumentar seus esforços, e correr atrás do seu propósito pode começar a consumir mais tempo e energia. É vital que você compartilhe o que está fazendo e o que precisa do seu parceiro nessa fase. Lembre-se: você está cuidando de suas próprias necessidades para poder se doar às pessoas que ama.

Batalhar

Eu sei o que você está pensando. *As dificuldades são mesmo necessárias?* Odeio ter que dizer isso, mas certamente haverá algum desafio em cada um dos degraus da pirâmide. Você pode descobrir que seguir determinado caminho é proibitivamente caro, que ninguém está respondendo ao modo que você escolheu para compartilhar sua paixão ou que você precisa trabalhar por muito mais tempo para desenvolver suas habilidades e mais do que esperava. Você pode encontrar obstáculos inesperados. Pode fracassar e ter que começar tudo de novo. Não podemos evitar a batalha, mas quanto mais profundamente a entendermos, mais poderemos usá-la para crescer. Nesse momento, explique ao seu parceiro o que você está passando. Se a outra pessoa souber por que você está cansado, distraído ou chateado, poderá lhe dar apoio da melhor forma, como falamos na Regra 4.

Tenha cuidado para não achar que todo desafio é uma dificuldade. Sempre há algo pelo qual batalhar, mas não deixe que isso determine sua forma de ver as coisas. Quando você mantém uma visão equilibrada da batalha, pode aprender e crescer por meio dela sem deixar que ela roube o melhor de você.

Quando você passa por uma fase desafiadora, também é importante lembrar ao seu parceiro que a culpa não é dele. Você pode falar com franqueza sobre aquilo de que precisa, mas deixe claro que esse fardo é seu, não do outro. Aliás, se estiver preso e sem inspiração em relação ao seu propósito, essa pode ser a oportunidade ideal para direcionar seu tempo livre e sua energia para as atividades do seu parceiro (mais diante, ainda nesta regra, eu explico como). Essa abordagem lúcida permite que você descubra novas maneiras de cultivar seu propósito. Você pode ajudar seu parceiro a desenvolver a presença dele na internet e perceber que sua vocação é o marketing digital. Ou pode se envolver no design do trabalho de um parceiro e decidir estudar desenho industrial. Apenas lembre-se: ninguém pode se sentir realizado através do dharma de outra pessoa. Se alguém fingir compartilhar o dharma do outro, não será capaz de usar seus verdadeiros talentos. Os sonhos não precisam ser grandes; eles só precisam ser seus.

Vencer

Lewis Hamilton é o piloto mais vitorioso da Fórmula 1, com 103 vitórias e 182 pódios entre 2007 e 2021.

Cada corrida de Fórmula 1 dura mais ou menos duas horas e há 23 corridas por temporada. Isso significa que, ao longo de quinze anos, ele passou cerca de 683 horas correndo; isso sem contar os treinos de classificação ou a prática. Para ser um piloto de ponta, Hamilton também dedica de cinco a seis horas diárias ao treinamento físico durante a temporada. Ao longo de quinze anos, são cerca de 13.300 horas dedicadas aos exercícios. Agora, digamos que, quando Hamilton vence uma corrida, ele passe cerca de dez minutos no pódio. Isso significa que, ao longo de quinze anos, por todas as horas gastas com exercícios físicos e competindo – sem incluir os treinos –, Hamilton passou cerca de 0,1% de seu tempo sob os holofotes da vitória. (Não confia nas minhas contas? Para que você fique ciente, minha base foi *41 mil minutos de corrida + 800 mil minutos de exercícios físicos + 1.030 minutos no pódio.*)

FOCO NO PROCESSO

Prática
Experimentação
Batalha
Desempenho
Treino
Aprendizado
Trabalho duro

PROCESSO 99,9%

VITÓRIAS 0,1%

Estar no topo do pódio é um prazer raro. Você está no auge e recebe o reconhecimento por isso. É nesse patamar que todos nós queremos viver. Queremos sentar no topo da montanha depois de fazer todo o trabalho duro e ser reconhecidos por aquilo que conquistamos. Queremos simplesmente ficar lá.

A coisa mais importante a lembrar sobre a vitória é que ela é um subproduto dos primeiros quatro níveis. Você só vence se tiver primeiro passado por todos os outros quatro níveis. Portanto, se você vive para a cerimônia de premiação, os seguidores e a fama, vai ficar decepcionado ao descobrir que vencer é raro e representa apenas uma pequena fração do tempo que você dedica ao seu propósito. Você tem que amar as outras partes. A vida não acontece no topo. Acontecimentos assim são apenas um décimo de 1% da experiência. Os vencedores estão sempre aprendendo, experimentando, realizando e batalhando. Tudo faz parte da jornada, e tudo tem seu valor.

EXPERIMENTE ISTO: DEFINAM METAS JUNTOS*

Uma vez por ano, tire um tempo para conversar com seu parceiro sobre seu propósito e suas metas. Você tem que cuidar dos seus objetivos da mesma forma que cuida de uma casa. Todos os anos você limpa as calhas, troca as baterias dos alarmes de incêndio e faz os reparos necessários. Em um relacionamento, vocês avaliam seus propósitos e a forma como acham que o estão vivendo. Vocês podem ter um sonho juntos e um sonho individual. Seu objetivo pode ser aprender a pintar, enquanto o objetivo do seu parceiro pode ser aprender webdesign. E o objetivo de vocês dois, juntos, pode ser aprender a dançar.

O que você está tentando conquistar? Está se dedicando a adquirir uma habilidade que serve ao seu propósito? Está procurando um emprego mais próximo do seu propósito? Está tentando encontrar mais tempo para o seu propósito?

O que você quer do seu parceiro? Como ele pode ajudá-lo a cumprir o seu propósito? Você precisa de apoio emocional? Quer que ele o ajude a dar conta de outras responsabilidades, para que você tenha mais tempo para o seu propósito?

O que o seu parceiro quer de você? Você acredita no propósito dele? Em quantas formas de ajudá-lo a correr atrás do propósito dele você consegue pensar?

Quando você cuida da manutenção da sua casa, também há problemas que precisa resolver com frequência maior do que uma vez por ano. Você paga as contas todo mês, troca lâmpadas queimadas ou conserta um vazamento. Se surgir um desafio para você ou seu parceiro, não deixe de debatê-lo.

---

*Antes de se sentar com seu parceiro para fazer este exercício, pense em como você planeja apresentá-lo. Se você disser "O Jay Shetty disse que a gente devia responder a essas perguntas sobre o nosso propósito todos os anos. Vamos fazer isso agora", provavelmente não vai obter grandes resultados. O mesmo vale se despejar isso sobre a outra pessoa como se fosse uma religião. Não tenha pressa para que o seu parceiro adote uma nova frequência ou forma de comunicação. Primeiro processe essas ideias por conta própria. Comece a dar apoio discretamente ao propósito de seu parceiro em vez de anunciar seus planos para fazê-lo. Repare no efeito que isso tem sobre você, sobre o seu parceiro e sobre o relacionamento. Compartilhe o que você perceber em um estilo de comunicação que você saiba que funciona para ele.

AJUDE SEU PARCEIRO A PRIORIZAR O PROPÓSITO DELE

Ajudar um ao outro a conquistar seus propósitos é tão fundamental para o sucesso de um relacionamento que, na tradicional cerimônia de casamento védica, o voto final é: "*Juntos perseveraremos no caminho do dharma (retidão), por meio deste veículo da vida conjugal.*" Isso não significa que você adota o dharma do outro. Significa que você abre espaço para ele.

Muitas vezes, em um lar, parece que só há espaço para o propósito de um dos parceiros. Estudos mostram que o salário dos homens aumenta depois que eles têm filhos, enquanto o das mulheres diminui. Uma reportagem do *The New York Times* diz que mesmo depois de descontar fatores como horas de trabalho, salários e outros, "a disparidade não se dá porque as mães se tornam funcionárias menos produtivas e os pais trabalham mais depois de terem filhos, mas porque os empregadores já esperam que isso aconteça". Na realidade, como relata o jornal, "71% das mães de crianças pequenas trabalham, de acordo com o Bureau of Labor Statistics, e as mulheres são o único ou principal responsável pelo sustento em 40% dos lares com filhos, de acordo com dados do Pew Research Center". O viés do empregador é a única explicação para a discrepância. É um problema e uma razão a mais para que você assegure, caso alguém em seu relacionamento seja mulher, que ela não deixe o propósito dela de lado.

O processo de escalar a pirâmide do propósito lança luz sobre como podemos ajudar nosso parceiro. Nós o vemos em uma subida paralela e usamos as lições que estamos aprendendo para nos dar paciência e oferecer ideias para ele.

Ajude seu parceiro a aprender

Muitas vezes as pessoas não sabem por onde começar. Preste atenção quando os olhos delas brilham, quando ganham vida em uma conversa. Observe o que lhes proporciona alegria e quais são seus pontos fortes, então use o que você vê para incentivá-las e lhes dar validação. Essas contribuições ajudam seu parceiro a acelerar o aprendizado e a experimentação. Lembre-se de ser um bom guru. Não seja agressivo nem fique irritado se ele não seguir seus conselhos. O outro tem que chegar a essa descoberta no tempo e no ritmo dele. Você não pode forçá-lo. Pode apenas ficar ao lado dele enquanto ele entende melhor o próprio propósito. Você não deve tentar guiá-lo em direção ao passo seguinte na sua jornada, mas ao passo seguinte na jornada *dele*.

Se o seu parceiro tem interesses, mas não os transformou em um propósito ainda, incentive-o a explorar sem julgar a trajetória dele. Não nascemos conhecendo nosso propósito nem prontos para correr atrás dele. Ajude seu parceiro a investigar algum assunto sobre o qual ele tenha curiosidade. Você pode agendar uma ida a um museu ou encontrar livros ou TED Talks para ajudá-lo a explorar seus interesses específicos. Dê uma olhada em seus compromissos e prioridades e certifique-se de que o seu parceiro tenha liberdade para explorar a própria curiosidade em vez de, por exemplo, esperar que ele passe todo o tempo livre com você.

Quando conheci Radhi, ficou claro que ela adorava comida, e a incentivei a explorar esse interesse aonde quer que ele a levasse. As pessoas sempre diziam a ela "Você deveria abrir um restaurante", mas não impus meus objetivos a ela. Tentei dar apoio ao seu crescimento simplesmente dando força para que ela dedicasse algum tempo a aprender e a experimentar. Ficava feliz, por nós, enquanto casal, e por ela, sozinha, em fazer quaisquer sacrifícios necessários para que ela corresse atrás dos interesses dela. Quando nos mudamos para Nova York, ela começou como aprendiz de um chef ayurvédico. De lá, ela passou a dar aulas de yoga, depois obteve sua qualificação ayurvédica e então ajudou a elaborar o cardápio de um restaurante. Não a pressionei para escolher um objetivo de carreira nem perguntei quando sua busca terminaria. Quando nosso parceiro está investindo no propósito dele, devemos apoiar pelas beiradas. Damos conselhos quando ele pede, mas deixamos que tome as próprias decisões. E, em vez de o acusarmos de ser improdutivo, o elogiamos quando ele faz progressos.

Não diga:	Diga:
"Por que está demorando tanto?"	"Como posso ajudar?"
"Você precisa se decidir logo!"	"Vamos definir juntos um prazo que seja realista para o nosso lar e para a nossa vida."
"Olha só o Fulano. Ele está se saindo tão bem!"	"Já pensou em alguém que o inspire e que poderia ser um bom mentor pra você?"

Enquanto seu parceiro estiver aprendendo, não tente ser seu mentor. Um mentor é hábil na área em que se quer aprender e tem experiência e conhecimento aplicáveis para orientá-lo, assim como disposição para ajudar. Seu parceiro é seu parceiro no amor. Vocês são os gurus um do outro – aprendendo sobre si mesmos e sobre o outro. Mas você não precisa ser seu mentor nem parceiro de negócios. Em vez disso, ajude-o a pensar em modos de se conectar com mentores e a fazer perguntas quando tiver a oportunidade.

Ajude seu parceiro a experimentar

Um amigo estava interessado em fazer comédia stand-up. Ele estava apenas começando, e não havia a menor chance de um clube contratá-lo naquela etapa de sua carreira, então, uma noite, a esposa dele transformou o pequeno jardim urbano deles em um clube de stand-up. Ela colocou cadeiras dobráveis para os convidados, pendurou luzes entre as árvores e serviu pipoca. Ele apareceu e fez uma apresentação para dez amigos. Foi uma forma divertida e inspirada que a esposa do meu amigo encontrou para dar apoio à experimentação de seu parceiro. Você pode ajudar seu parceiro criando oportunidades para que ele exercite suas paixões e seus pontos fortes. Talvez você tenha um amigo em alguma área de atuação a quem ele possa acompanhar. Talvez tenha um contato que possa ajudá-lo a desenvolver suas habilidades. Seja a plateia, ajude a reunir outros espectadores ou colabore com aspectos que não estão entre as habilidades dele.

Dê tempo e espaço ao seu parceiro

Apesar de toda a inspiração de Sal Khan ao lançar a Khan Academy, havia contas a pagar. Sua esposa estava terminando a faculdade de medicina, o aluguel subia cada vez mais e a família estava crescendo. Parecia ridícula a ideia de largar seu emprego seguro no fundo *hedge* para apostar tudo em uma organização sem fins lucrativos. Mas um amigo ligava sempre para dizer que o propósito dele não era ser um investidor, e sim ajudar o mundo da mesma forma que ele havia ajudado a prima.

Quando Sal apresentou a ideia à esposa, ela o apoiou, mas ficou preocupada com a situação financeira deles. Por fim, percebeu que Sal estava com dificuldades de se concentrar em qualquer coisa que não fosse a Academy. Eles decidiram então usar o dinheiro que estavam economizando para dar de entrada em uma casa e Sal largou o emprego. "Foi incrivelmente estressante", conta ele. "Eu acordava no meio da noite suando frio." Finalmente um investidor apareceu. Foi um grande ponto de virada, e hoje a Khan Academy é uma das maiores plataformas de aprendizado on-line do mundo. Esse é um exemplo extremo, e não recomendo que ninguém abandone o emprego. Essa ainda seria uma história de sucesso se Sal tivesse permanecido no fundo *hedge* enquanto dava aulas particulares ou saído do emprego para fundar uma empresa de sucesso moderado. A questão aqui é que a esposa o apoiou quando ele assumiu um risco calculado.

Às vezes é difícil ver seu parceiro direcionar seu tempo e sua paixão para outro objeto. Você pode ter a sensação de que ele se sente realizado com o propósito dele, não com você. "Acho que eu deveria ser mais importante do que o propósito do meu parceiro" é a reclamação que ouço com mais frequência sobre esse assunto. Queremos que nosso parceiro nos dê mais atenção do que a que dedica ao propósito dele. Mas, se nos der seu tempo porque estamos exigindo, ele não estará presente de corpo e alma. Em vez de afastar seu parceiro do propósito dele, você pode acompanhá-lo em sua jornada, esteja ele ainda aprendendo e experimentando ou colocando-o em ação. Além disso, lembre-se que você não tentará competir com o tempo que ele dedica ao propósito dele nem sentirá inveja se estiver satisfeito com o seu. Como disse Albert Einstein: "Se você quer viver uma vida feliz, associe-a a um objetivo, não a pessoas ou coisas." Não o atrapalhe, não o limite nem faça com que o outro se sinta mal por correr atrás de seu propósito.

Seja paciente quando seu parceiro atravessar dificuldades

Podemos nos sentir frustrados quando nosso parceiro está enfrentando dificuldades com o dharma dele, principalmente se discordamos de suas escolhas e estratégias ao longo do caminho. Se ele estiver pensando em pedir demissão, se muda constantemente de estratégia ou se joga de cabeça de forma imprudente, temos que ser um bom guru. Quando ele compartilha conosco uma ideia da qual não gostamos, nós o ouvimos. Reservamos um tempo para nos sentirmos gratos pela sinceridade dele. Não precisamos gostar, aceitar nem achar que isso o torna o melhor estrategista do mundo. Mas permitimos que compartilhe. Prestamos atenção. Observamos cuidadosamente. Procuramos entender, em vez de projetar no outro nossos próprios desejos e limitações. Se o nosso parceiro achar que não vamos entendê-lo, ele não vai se abrir nem falar a verdade. Às vezes somos mais bruscos e críticos com a pessoa que está ao nosso lado do que com qualquer outra. Trate seu parceiro com pelo menos o mesmo respeito com que trataria um amigo ou colega e dê respostas atenciosas que o ajudem a expandir o propósito dele. Ajudar seu parceiro a encontrar o caminho nem sempre é fácil. Às vezes esse processo gera novas tensões no relacionamento. Ele pode se sentir pressionado ou achar que você está com pena dele. Mas essas novas tensões são melhores do que as antigas – porque ficar deprimido e confuso, sem conhecer seu dharma, é pior do que conhecê-lo e ter que batalhar para fazê-lo dar certo.

Quando nosso parceiro não faz o progresso que achamos que deveria, podemos acabar tentando gerenciá-lo ou controlá-lo. Ficamos frustrados quando ele não vai àquela reunião que conseguimos para ele ou não comparece a um evento onde possa fazer *networking*. Às vezes temos alguma reação porque o comportamento dele nos faz lembrar de algo com o qual nos preocupamos em nossa vida. Podemos ter medo de não alcançar sucesso em nossa carreira ou propósito e projetamos esse medo no outro. O primeiro passo para lidar com isso é analisar o que estamos fazendo em relação ao nosso propósito. Estamos totalmente envolvidos nele? Estamos trabalhando com constância e progredindo? Olhar para isso pode aliviar as preocupações que você tem em relação ao seu parceiro.

Mas outras preocupações entram em cena. Podemos dar espaço ao parceiro só porque consideramos o certo a fazer, mas na verdade pensar que ele não vai chegar a lugar algum. Ou podemos nos preocupar por compará-lo com outras pessoas. Todos esses gatilhos nos levam a criticar e a julgar, o que interfere na capacidade de crescimento do outro. Você não precisa esconder sua preocupação. Aliás, deve compartilhá-la. Mas com apoio e amor, sem impor seus padrões ou expectativas. Ele pode não estar interessado ou motivado o suficiente para agir naquele momento, e tudo bem.

Duas das formas pelas quais tendemos a compartilhar nossa preocupação são problemáticas por diferentes razões. Às vezes tentamos forçar nosso parceiro a progredir. Se seu parceiro está infeliz e quer largar o emprego, você pode surtar e dizer: "Você não pode fazer isso! Você sabe muito bem que não temos dinheiro!" Quando fazemos algo assim, estamos usando o medo e a culpa para motivar o outro. Ou podemos ir na direção oposta, dizendo o que achamos ser a coisa certa a dizer, mas sem acreditar naquilo de fato. Nesse caso, às vezes usamos uma linguagem hipermotivacional: "Você é uma supercraque! Pode fazer o que quiser! Pode colocar qualquer coisa em prática num piscar de olhos." Mas, se você não acreditar nisso, vai soar falso.

A pressão ocupa o espaço que o seu parceiro poderia usar para dizer que quer seguir em frente mas não sabe como. Ele não consegue se mostrar vulnerável e falar honestamente com você. Já a motivação forçada expande o espaço artificialmente. Seu parceiro pode pedir demissão e ficar um ano sem trabalhar e, quando você o questionar, dizer: "Bem, você disse que eu poderia fazer o que quisesse." Ambos os métodos – a pressão e a motivação falsa – interferem na capacidade do outro de lidar com a situação de forma realista. Uma cutucada gentil e positiva é muito mais potente do que um argumento baseado no medo ou um empurrão motivacional. A cutucada diz: "Estou vendo que você está dando o seu melhor – aqui está outra coisa que você poderia experimentar."

Essa cutucada sai com mais naturalidade quando você retira o julgamento e a crítica do diálogo, porque agora há espaço para uma conversa aberta, honesta e vulnerável. Nesse espaço, certifique-se de que o seu parceiro saiba que você está ciente do que ele está vivenciando. Seja paciente. Mostre reconhecimento pelos valiosos esforços dele, não importa quais tenham sido os resultados. O tom dessa conversa deve ser de apoio. Lembre-o de que ele é capaz de lidar com desafios e que você está ali para ajudá-lo a solucionar problemas. Vocês estão nessa juntos.

No exemplo do parceiro que quer largar o emprego, você pode debater em termos práticos como a vida de ambos seria afetada por essa decisão. Em que aspectos vocês vão precisar da ajuda um do outro? Quanto tempo você vai dedicar a esse experimento? Como as responsabilidades vão mudar? Como você pode ajudá-lo a carregar o fardo dele para lhe dar tempo e espaço para descobrir o que virá a seguir? Vocês podem fazer um *brainstorm* sobre como apoiar um ao outro. Se o seu parceiro vai passar mais tempo em casa agora, talvez possa preparar o jantar, dando a você mais tempo para fazer seu trabalho.

O resultado dessa conversa deve ser um conjunto de compromissos e acordos. Vocês avaliaram como as responsabilidades domésticas e financeiras vão mudar. Delinearam as mudanças que terão que fazer na forma como gastam seu tempo e seu dinheiro.

Depois de cuidar dos detalhes, elabore um cronograma relacionado a essa decisão. Se o seu parceiro está deixando o emprego para reavaliar o próprio propósito, quanto tempo ele deve levar até começar a procurar trabalho de novo? Se vocês decidirem dar três meses a ele, isso não significa que ele precise ter tudo resolvido até lá, mas é quando vocês vão revisar o plano e decidir o que fazer a partir dali.

Comemore as pequenas vitórias

Se seu parceiro fosse à academia todos os dias durante três meses, você talvez não dissesse nada, mas, se ele passasse o mesmo tempo sem ir à academia, você faria algum comentário. Geralmente, é assim que funcionamos. Reclamamos quando as pessoas estão atrasadas, mas nunca lhes agradecemos por chegarem na hora. Quando alguém consegue um emprego, todo mundo lhe dá os parabéns, mas, quando faz seu trabalho, ninguém fala nada. Quando alguém sai de um emprego, poucas pessoas veem isso como um passo em direção a viver um propósito, mas geralmente é. Em vez de comemorar as vitórias óbvias, observe seu parceiro de perto em busca de esforços e sucessos que ninguém mais tem condições de notar. Dar reconhecimento a eles ajuda a alimentar a motivação e a satisfação do seu parceiro.

DEMONSTRE AMOR E ATENÇÃO

Quando o parceiro:	Você:
Compartilha uma ideia de que você não gosta	Sugere que ele a teste em um grupo focal, a apresente a um mentor ou peça feedback de outras pessoas.
Reclama sobre estar distraído	Pergunta se ele quer que você cobre algo dele. Você pode alertá-lo quando ele parecer distraído, ou se recusar a assistir TV em sua companhia até que ele risque algum item da lista de tarefas. Repare que eu não disse que você deve acusá-lo de estar distraído. Isso precisa partir dele.
Desiste	Dá tempo e espaço para que ele lamente o contratempo e continue a compartilhar coisas que você acha que podem inspirá-lo. Você o ajuda a perceber quão longe já chegou para que ele possa decidir se quer voltar aos seus esforços.
Quer assumir um risco financeiro	Marca uma reunião com seu contador ou com um amigo com conhecimentos financeiros para que vocês tenham uma conversa realista sobre as consequências desse risco e sobre como isso pode afetar vocês dois.

Descuida de outras responsabilidades	Revisa e redefine os compromissos da casa para que ambos saibam como as coisas vão funcionar nesta fase, e repete isso regularmente. As coisas mudam quando as pessoas se concentram em seu propósito.

DOIS PROPÓSITOS EM CHOQUE

Quando os filhos entram em cena ou, se por qualquer motivo, você está tentando sustentar e administrar uma casa em que ambos os parceiros estão buscando correr atrás de seu propósito, pode ser difícil negociar o tempo. Não há opção certa nem equilíbrio perfeito entre o tempo gasto no propósito, com a família e no cuidado da casa, mas quanto mais deliberados e comunicativos formos sobre nossa estratégia, mais satisfeitos vamos ficar. A seguir estão quatro estratégias diferentes para administrar dois propósitos: vocês podem deixar seus propósitos de lado temporariamente para priorizar as finanças e o tempo com a família enquanto os filhos são pequenos e a casa tem gastos mais altos; vocês podem priorizar o propósito de uma das pessoas; podem se revezar valorizando o propósito de cada um; ou então podem mergulhar de cabeça no propósito de ambos.

1. Correr atrás do seu propósito após o expediente

Muitas vezes nosso propósito não dá dinheiro nem sustenta a família. Um casal precisa de estabilidade financeira e, se você não conseguir seguir o seu propósito por meio do trabalho, não poderá dedicar muito tempo a ele. Aliás, a maioria das pessoas começa nesse ponto, e é um lugar saudável para se estar. Não coloque o fardo das contas financeiras sobre a sua paixão ainda em desenvolvimento. Ela não precisa carregar esse peso. Use as manhãs e as noites para se dedicar a ela. Lembre-se de que algo que começa como um passatempo pode se tornar um trabalho de meio período. E um trabalho de meio período pode se tornar um em tempo integral. Começar devagar e com cuidado lhe dá tempo para analisar o grau de seriedade em relação à sua paixão, explorando suas opções e adquirindo habilidades. Sem sacrificar a estabilidade, você pode dedicar cuidado e esforço para tornar seu propósito central em sua vida e alcançar a realização por meio dele.

2. Dar prioridade ao propósito de uma das pessoas

É fácil dizer que ambos os parceiros devem dar prioridade ao seu propósito, mas propósitos de pessoas diferentes geralmente exigem diferentes cronogramas. Opte por esse cenário quando o propósito de uma pessoa gerar demandas urgentes e esmagadoras em relação ao tempo e à energia dela, mas certifique-se de decidir em conjunto que a busca dela terá prioridade enquanto o outro parceiro cuida da casa. Com frequência, isso acontece quando o objetivo de uma pessoa também sustenta a família financeiramente. Mesmo assim, não se concentrem no propósito de apenas uma das pessoas sem discutir esse plano abertamente.

Às vezes um dos parceiros vai exigir que o outro sacrifique seu dharma. Se o parceiro que fizer a exigência ganha mais, isso pode até parecer uma postura razoável. Ele está sustentando a casa, então acha que o propósito dele é mais importante. Ele pode esperar que o outro se dedique mais às tarefas de casa. Mas, mesmo que seja mais bem-sucedido financeiramente ou esteja mais avançado em sua carreira, o propósito dele não é mais importante. Ponto final. Só porque decidiu passar as férias com a família de um parceiro não significa que você ama mais a família dele. O tempo é limitado, e concessões precisam ser feitas. Enquanto damos prioridade ao propósito de uma pessoa em termos de tempo, devemos reconhecer o sacrifício de colocar o propósito do outro em suspenso.

Se vocês optarem por priorizar o dharma de uma das pessoas, devem debater todos os prós e contras e concordar que isso é o melhor para a família. Defina termos com os quais o parceiro que está fazendo um sacrifício se sinta confortável, como por quanto tempo isso vai durar e com que frequência vocês vão conversar sobre esse assunto, para garantir que ninguém fique frustrado nem ressentido.

Se o seu propósito for prioritário e o seu parceiro assumir um papel que não é o propósito dele, trate esse papel com o mesmo respeito que você teria pelo propósito dele e a mesma disposição a encontrar um meio-termo. Quando você está vivendo seu propósito, pode se pegar mais ocupado e menos capaz de dar apoio ao seu parceiro, mas lembre-se: é você quem está obtendo satisfação do próprio propósito. O propósito vem em primeiro lugar, mas isso não significa que você deva esquecer o que vem em seguida. Você precisa descobrir como correr atrás do seu propósito sem negligenciar outras partes da sua vida. Além disso, você deve ter prazer em dar apoio ao seu parceiro, perceber que ele pode não estar tão satisfeito quanto você e recompensá-lo por isso. Analise a questão com regularidade. Revise o acordo de vocês. Dê ao outro a chance de mudar de ideia e o apoie quando chegar a hora de ele se dedicar ao próprio propósito.

Se o seu propósito estiver em primeiro lugar, você pode querer que o seu parceiro fique tão entusiasmado em relação a ele quanto você. Esse desejo por entusiasmo pode ser uma insegurança disfarçada – quando estamos inseguros, queremos que todos validem nossas escolhas e preferências.

Entretanto, se foi você quem deixou o propósito de lado, é normal que diferentes emoções aflorem. Você pode ficar competitivo ou com inveja do seu parceiro, pode se sentir frustrado em relação ao seu propósito, pode hesitar. Esses sentimentos são normais e são moderados pelo conhecimento que você tem do seu propósito. Se não tem tempo para ele agora, procure formas de continuar conectado e de manter sua paixão viva. Você pode recorrer a tudo de que falamos neste capítulo: livros, cursos, o apoio ao seu parceiro ou o trabalho que precisa desempenhar agora.

Se você ficar impaciente e achar que pode haver uma maneira de reestruturar o arranjo doméstico, reinicie o diálogo com seu parceiro.

Caso se sinta negligenciado, primeiro faça um diagnóstico para entender por que seu parceiro parece estar focado no propósito dele em detrimento da família. Ele está mergulhado no trabalho? Se o compreender e valorizar o propósito dele, você verá esse comprometimento como uma característica positiva, com uma sensação de segurança por saber que ele está focado em algo profundamente significativo para ele. É um traço de personalidade ou uma escolha, e não uma necessidade? Em vez de exigir que ele passe mais tempo com você, pergunte: "Você está bem? Está passando por alguma dificuldade?" Precisamos abordar o outro com compaixão, não críticas ou reclamações. Se o seu parceiro não consegue passar tempo com a família porque está totalmente focado em ganhar dinheiro para sustentar a casa, então vocês podem discutir juntos se a família realmente quer ou precisa desse nível de ganho financeiro, ou se a família prefere a presença dele em vez disso.

É tudo uma questão de energia ou tempo. Se o parceiro mais ocupado puder reservar um tempo na agenda dele, trabalhem em conjunto para criar experiências significativas para toda a família. Se ele não tiver tempo, ainda assim pode trazer energia estando presente, sendo amoroso e gentil quando vocês estão juntos. Correr atrás de um propósito pode ser exaustivo. Se ele não tem energia para atividades demais, você pode fazer com que seja bom ficar em casa juntos. Tire um tempo para arrumar a mesa com cuidado e acender velas no jantar, mesmo que tenham pedido comida para viagem. Organize um dia de spa em que a família troque massagens e outros tratamentos. Crie um novo feriado ou tradição que vocês celebrem todos os anos no mesmo dia, escolhido aleatoriamente. Experimentem um novo jogo de tabuleiro. Pesquise no Google uma lista de temas de conversa (também existem cartões que sugerem discussões interessantes), e ponha a família inteira para participar. Se o seu parceiro não estiver disposto a fazer nem isso, vocês precisam se comunicar sobre essa questão.

Se, por outro lado, seu parceiro estiver excessivamente ocupado com o propósito dele devido a um desejo oculto de escapar da família, é impossível fazer com que as coisas melhorem obrigando-o a ficar com a família. Se vocês não conseguirem chegar a um acordo, use algumas das técnicas do capítulo seguinte para resolver o conflito.

Às vezes os parceiros adotam essa opção como padrão porque o propósito de cada um segue um cronograma diferente. Quando um parceiro ainda não descobriu seu propósito, muitas vezes ele tende a construir sua vida em torno daquele que já descobriu.

Meus clientes Graham e Susanna estão juntos há vinte anos. Quando ele lançou um negócio imobiliário, ela desistiu do sonho de ter seu próprio estúdio de yoga e o ajudou a desenvolver a empresa. Ele alcançou seu objetivo, o negócio é extremamente bem-sucedido e ela continuou a trabalhar lá mesmo depois que ele já podia contratar alguém para substituí-la. Visto de fora, o casamento e o trabalho pareciam uma parceria brilhante. Mas, por dentro, Susanna passou quinze anos em um luto silencioso por seu sonho não realizado de ter um estúdio de yoga, embora jamais tenha tomado medidas para correr atrás dele.

Servir Graham não era o propósito de Susanna, tampouco fazer a empresa do marido crescer. Muitas vezes trabalhamos pelo propósito de outra pessoa porque não sabemos qual é o nosso ou não fazemos ideia de por onde começar. Mas nunca é tarde. Susanna não jogou seu tempo fora. A qualquer momento poderia aproveitar as habilidades que adquiriu para seguir sua vocação, fosse o estúdio de yoga ou algo novo.

Quando Graham finalmente descobriu quão frustrada Susanna estava, ele a incentivou a abrir o estúdio de yoga que ela sempre quis e até se ofereceu para tirar um ano de folga do trabalho a fim de ajudá-la. Mas, quando ela se permitiu refletir sobre o que de fato queria fazer, percebeu que havia se apaixonado por uma parte do negócio imobiliário. Então decidiu usar os contatos e habilidades que adquiriu para decorar casas, preparando-as para colocá-las à venda. Susanna trabalhou com os corretores que já conhecia e seu negócio logo deslanchou.

> **EXPERIMENTE ISTO: AJUSTAR UM DESEQUILÍBRIO NO DHARMA**
>
> Se o dharma de seu parceiro estiver ocupando todo o espaço no relacionamento, você deve seguir um processo parecido com o que descrevi para quando seu parceiro estiver atravessando dificuldades – cuide do seu próprio propósito, inicie uma conversa sem julgamento ou crítica, assuma compromissos e acordos e estabeleça uma data para revisar o plano.
>
> 1. Concentre-se no seu propósito. Quando você está frustrado com o propósito do seu parceiro, essa é sempre a primeira providência que deve tomar. Assim você se assegura de não estar transformando o seu parceiro no seu propósito.
> 2. Comunique-se. Conversem sobre por que vocês não estão encontrando tempo um para o outro. Não tente competir com o propósito do seu parceiro pelo tempo dele. Você quer abrir espaço para o propósito dele, mas pode pedir que ele esteja presente.
> 3. Faça compromissos e acordos. Juntos, decidam quanto tempo cada um vai dedicar ao próprio propósito e quando será o tempo da família. Estabeleça limites e os respeite.

4. Defina atividades de casal ou família que tornem esse tempo mais valioso. Por exemplo, em vez de ver TV juntos, procure atividades mais interativas. Nos fins de semana, pode ser algo fisicamente ativo, como uma caminhada ou outro esporte de que ambos gostem. Pode ser encontrar amigos, parentes ou fazer trabalho voluntário. Nas noites de semana, quando o tempo é escasso, vocês podem jogar, cozinhar, ouvir ou assistir a algo que se enquadre na categoria "aprendizado" em relação ao propósito de algum de vocês e conversar depois. Se tiver energia, podem planejar mais atividades, como ouvir música, assistir a uma aula juntos ou descobrir uma atividade nova que nunca tenham experimentado.
5. Elabore um cronograma para o novo plano que vocês colocaram em prática. Quando você gostaria de conversar de novo para garantir que estejam honrando seus compromissos ou ver se precisam fazer ajustes?

3. Revezar-se priorizando os propósitos de cada um

Se nenhum de vocês estiver disposto a sacrificar seu propósito, mas o casal não dispuser de tempo nem dinheiro para correr atrás de ambos os propósitos em tempo integral, uma pessoa pode dedicar um determinado tempo a se concentrar no propósito dela, enquanto a outra paga as contas e/ou administra a casa. Então, após esse período, os parceiros trocam de papéis. Nesse cenário, se o propósito de um ou de ambos for a carreira, o âmbito profissional pode sofrer. Vocês podem ter que viver de forma mais modesta, mas provavelmente valerá a pena abrir mão de certo conforto. Apenas certifique-se de elaborar cronogramas, estabelecer limites e assumir compromissos claros.

Tanto Keith quanto Andrea tinham uma paixão. Andrea queria se tornar naturopata e Keith queria ser triatleta de competição, e eles apoiavam o sonho um do outro. No entanto, quando tentaram correr atrás de suas paixões simultaneamente, descobriram que não conseguiam conciliar o tempo e o compromisso necessários para serem bem-sucedidos nas carreiras escolhidas com as exigências da criação dos filhos – ao mesmo tempo que dormiam o suficiente e ganhavam dinheiro para manter a casa funcionando. Então chegaram a um acordo – eles se revezariam. Primeiro Andrea passou três anos fazendo toda a formação intensiva necessária para concluir seu treinamento. Durante esse tempo, Keith trabalhou como professor no subúrbio onde moravam no estado de Ohio. Embora o salário não fosse tão bom, ele pôde se livrar da enorme despesa mensal com plano de saúde e ficar em casa com as crianças depois da escola e nos fins de semana. Andrea ainda trabalhava em horário reduzido, então ele não precisava pagar as contas sozinho; ela conseguia estudar sobretudo à noite e nos fins de semana.

Depois que Andrea montou seu negócio e conquistou uma clientela estável, foi a vez de Keith. Ele manteve seu emprego, mas Andrea assumiu o cuidado das crianças e ele dedicou seu tempo livre majoritariamente aos treinos. Agora que ambos estão bem estabelecidos em suas carreiras, eles fazem um revezamento. Por exemplo, durante um ano Keith reduziu seus treinos nos meses de inverno para que Andrea pudesse concluir um curso complementar. Depois que a temporada de competições voltou, Keith pôde dedicar tempo e recursos financeiros extras aos treinos e às viagens relacionadas às provas.

4. Mergulhar de cabeça no propósito de ambos

Se ambas as pessoas forem minimamente experientes e bem-estabelecidas, vocês podem aproveitar a oportunidade para correr atrás do propósito de cada um simultaneamente, em tempo integral. A renda é um elemento importante aqui. Precisamos de estabilidade para ter um bom relacionamento. Jennifer Petriglieri, que estuda casais em que ambos têm rendimentos, diz que "na maior parte das reportagens que vemos sobre casais em que ambos têm rendimentos, isso é apresentado como um jogo em que, para um ganhar, o outro tem que perder. E, ainda que alguns casais tenham essa mentalidade de 'toma lá, dá cá', casais bem-sucedidos acreditam que, em vez de olhar para a situação como 'um contra o outro' [...], preferem se firmar em uma ideia de 'nós' como a peça mais importante do quebra-cabeça".

De acordo com Petriglieri, os casais que investem um no outro passam então a investir nos sucessos e fracassos um do outro. O desejo de ver o sucesso um do outro surge com maior naturalidade e as concessões não geram ressentimentos.

Mergulhar de cabeça nos propósitos de ambas as pessoas é fácil em certo sentido – os dois estão colocando seu propósito em primeiro lugar. Os dois estão satisfeitos e, portanto, na melhor posição para dar ao outro o melhor de si – com satisfação e energia. Mas, tanto nesse plano como nos outros, serão necessários sacrifícios. Vocês terão menos tempo juntos, então é preciso que esse tempo seja mais significativo. É importante manter sempre a comunicação em aberto – não para falar o tempo todo sobre quão ocupados estão, mas sobre quanto se importam com o que estão fazendo. Ao verem o parceiro tão investido no seu propósito, vocês vão respeitar ainda mais um ao outro.

> **EXPERIMENTE ISTO: FAÇA UMA PERMUTA DE TEMPO**
> Você e seu parceiro podem aliviar o estresse de duas vidas agitadas concedendo seu tempo um ao outro. Eis algumas formas de negociar concessões de tempo com o parceiro.
>
> Assuma uma responsabilidade que geralmente é do seu parceiro por um determinado período ou permanentemente.

> Crie uma atividade que tire você (e todos os demais) do caminho do seu parceiro.
>
> Cancele os planos noturnos para um fim de semana inteiro e se concentrem ambos no parceiro cujo propósito precisa de mais tempo.
>
> Escolha um feriado e dedique-se inteiramente ao parceiro que precisa de tempo.

É profundamente gratificante e emocionante observar seu parceiro crescer e fazer parte dessa jornada, assim como ver o próprio crescimento. Nem sempre esse é um processo tranquilo, mas é uma linda jornada. **Quando fazem parte do crescimento um do outro, vocês não se distanciam.** Você pode comemorar os sucessos ao lado dele e estar presente na hora da decepção. Claro, com duas pessoas dando prioridade às próprias necessidades, o conflito é inevitável. Nossa próxima regra nos ajuda a encontrar o valor presente na discordância e ensina a trazer o propósito para os nossos conflitos.

ESCREVA UMA CARTA DE AMOR PARA O SEU PARCEIRO

Se você deseja criar um relacionamento duradouro, é preciso se esforçar. Separe um momento para ser aberto, sincero e se mostrar vulnerável com seu parceiro, para expressar aquilo que costuma ter medo de expressar. Compartilhe os erros que cometeu sem se autoflagelar. Aceite a responsabilidade sem sentir culpa nem vergonha. Expresse amor sem se sentir vulnerável e fraco.

Querido parceiro,

Antes eu achava que o amor era simples. Que um dia conheceria alguém que iria roubar meu coração, e pronto. Próxima parada: felizes para sempre. Mas, ao compartilhar minha vida e meu coração com você, aprendi que o amor não é o destino, mas a jornada. E não apenas a nossa jornada, não apenas a nossa história de amor, mas a história do amor em si.

Nosso relacionamento não é apenas um romance, é um eterno devir. Ao seu lado cresci muito, e adoro perceber todas as formas pelas quais você continua a crescer também. Essa é uma das coisas que mais amo em estar com você — ver você florescer nesta vida. Naquela definição simplista de amor em que eu antes acreditava, as pessoas se apaixonavam apenas uma vez e depois continuavam assim para sempre. Mas, à medida que nós dois continuamos a evoluir e explorar, eu me apaixono por você repetidamente, cada vez de uma forma um pouco diferente. Cada vez mais profundamente.

Sei que nem sempre sou um parceiro perfeito. Nem sempre escuto você ou lhe dou a atenção que merece. Às vezes estou perdido em pensamentos, no meu próprio mundo. Às vezes tenho medo de ser vulnerável – de me permitir abrir o coração e ser amado plenamente. Em vez disso, arrumo uma briga ou me afasto. Obrigado por me amar na minha totalidade, inclusive a minha imperfeição. E obrigado por me deixar aprender a amar você na sua totalidade, inclusive a sua imperfeição. Você é um dos meus maiores professores, e sou muito grato a você.

Vou continuar cometendo erros. Vou continuar a entender as coisas de maneira errada. Mas também vou continuar amando você. Estou empenhado em sermos uma equipe – em estar sempre do seu lado, não importa o que estejamos enfrentando. E a abraçar tudo que a vida nos trouxer, os desafios e as vitórias, junto com você.

Com amor,
Eu

MEDITAÇÃO PARA A COMPATIBILIDADE

Com frequência lembramos das pessoas que amamos, raramente parando para dar a elas toda a nossa atenção. Às vezes não damos o devido valor ao amor que temos por aqueles que estão regularmente na nossa vida ou que vemos todos os dias. Esta meditação traz clareza e foco aos nossos sentimentos e nos faz lembrar exatamente o que amamos neles.

Você pode fazer esta meditação sozinho ou junto com um ente querido e, no fim, compartilhar o que sentiu.

Prepare-se para meditar

1. Encontre uma posição confortável, seja sentado em uma cadeira, no chão, em uma almofada ou deitado.
2. Feche os olhos se achar boa ideia. Se não, simplesmente relaxe seu foco.
3. Quer seus olhos estejam abertos ou fechados, baixe a cabeça ligeiramente.
4. Inspire profundamente. Expire.
5. Se perceber que sua mente está divagando, tudo bem. Conduza-a delicadamente de volta a um lugar de calma, equilíbrio e tranquilidade.

Meditação do foco amoroso

1. Tire um momento para pensar em alguém que seja importante para você.
2. Visualize essa pessoa, seu rosto e sua forma à sua frente.
3. Veja essa pessoa sorrindo. Rindo.

4. Pare um momento para reparar nas qualidades físicas dela que você mais gosta.
5. Agora vá mais fundo. Observe e reconheça as qualidades da mente, do intelecto e da personalidade dela de que você mais gosta. Reflita sobre os valores dela.
6. Na sua cabeça ou em voz alta, expresse gratidão por todas essas coisas que fazem com que ela seja quem é.
7. Tente pensar em dez coisas que ama nessa pessoa.

PARTE TRÊS

CURA: APRENDENDO A AMAR EM MEIO ÀS DIFICULDADES

Vanaprastha é o estágio em que refletimos sobre a experiência de amar os outros, descobrimos o que bloqueia nossa capacidade de amar e trabalhamos o perdão e a cura. Em *Vanaprastha* aprendemos a resolver conflitos para que possamos proteger nosso amor, mas também descobrimos quando é o momento de abrir mão do amor. Ao superar as dificuldades nos relacionamentos ou nos encontrarmos novamente sozinhos, descobrimos a possibilidade de *bhakti*, um aprofundamento do amor.

REGRA 6

GANHAR OU PERDER JUNTOS

O conflito é o começo da consciência.
– M. Esther Harding

Eu estava em um restaurante jantando com um amigo quando a voz alterada de uma mulher na mesa ao lado chamou nossa atenção.

"Larga isso", disse ela. O acompanhante dela estava digitando rapidamente no celular. "Eu disse para largar isso!", insistiu ela.

Ele a ignorou por mais um momento, então finalmente pousou o celular na mesa. "Você precisa me dar um tempo", retrucou ele. "Essa reclamação o tempo todo está me deixando maluco."

A voz dos dois retornou ao volume normal e meu amigo se virou de volta para mim. Eu sabia que ele estava em um novo relacionamento havia alguns meses. Ele me dissera que queria um relacionamento "de verdade", com uma pessoa sincera que se desse ao trabalho de compreendê-lo. Ali, à mesa, ele disse com orgulho: "Eli e eu nos damos muito bem. Nós literalmente nunca brigamos."

O conflito tem má reputação. Ele causa má impressão – em nós mesmos e nos outros. Queremos acreditar que podemos ser o casal que se entende profundamente *e* que jamais briga. Somos especiais. Somos diferentes. Mas não importa quão compatível seja um casal, viver em felicidade sem conflitos não é amor, é evitação. É fácil ignorar as controvérsias nos primeiros meses, porque a atração recente ofusca as fissuras nos alicerces. Mas manter uma existência livre de conflitos significa pairar na superfície, onde tudo é bonito, sem nunca alcançar um conhecimento profundo um do outro.

Aqueles que evitam brigar podem parecer tranquilos por fora, mas muitas vezes estão aborrecidos por dentro. Têm medo de falar sobre sentimentos difíceis porque eles ou seus parceiros podem ficar com raiva. Escondem o que sentem para evitar problemas. Manter a paz muitas vezes vem à custa da sinceridade e da compreensão. E o inverso também é verdadeiro: o amor construído com base na sinceridade e na compreensão é profundo e gratificante, mas não necessariamente pacífico. Parceiros que evitam o conflito não compreendem as prioridades, os valores ou as dificuldades um do outro. **Todo casal briga – ou, pelo menos, deveria.**

Sejam quais forem os motivos pelos quais você e o seu parceiro briguem, vocês provavelmente não estão sozinhos. De acordo com terapeutas de casais, as três principais áreas de conflito são dinheiro, sexo e criação dos filhos. Em meio a esses tópicos principais, estão as brigas cotidianas – sobre o que comer no jantar, como colocar os pratos na máquina de lavar louça, algo que os amigos do seu parceiro disseram ou fizeram, ou se você estava ou não flertando com aquele atendente no café. Minha abordagem para brigas de curto prazo e questões de longo prazo é a mesma, porque acredito que muitas vezes os problemas maiores estão na raiz dos conflitos diários. Por isso minha abordagem é chegar ao cerne da questão.

A *Bhagavad Gita* pode ser considerada o guia definitivo para a resolução de conflitos. O cenário é um campo de batalha. Dois exércitos – um bom, um mau – estão prestes a entrar em guerra. Nesse campo de batalha, Arjuna, o líder do exército bom, conversa com Krishna, o divino que vai orientá-lo. Ao abordar as questões de Arjuna, Krishna responde a muitas das perguntas com que nós mesmos nos deparamos nos campos de batalha menores dos nossos relacionamentos.

Primeiro vemos que Arjuna reluta em começar a batalha. Isso condiz com a nossa ideia do que é ser uma boa pessoa. Nós achamos que, se fizermos tudo direito, não haverá brigas. É um desejo compreensível. Evitar a guerra é sempre a coisa certa a fazer. Mas na *Bhagavad Gita* descobrimos que, àquela altura, Arjuna já tentou inúmeras negociações, sugestões e ponderações. Essa guerra é o último recurso. Haverá danos e haverá vítimas. Coisas dolorosas e irreversíveis serão ditas e feitas. Por isso devemos aprender a lutar.

Podemos evitar as discordâncias sérias, de forma um tanto contraintuitiva, se brigarmos com mais frequência. Se lidarmos com as divergências à medida que elas surgem, teremos maiores chances de resolver os problemas antes de dizer o que não queremos e acabar nos sentindo pior, sem ter resolvido nada. A primeira vez que seu parceiro deixa as meias sujas no chão, você pode ficar um pouco irritado, mas as coloca na máquina de lavar. A segunda vez, você o lembra de não deixar as meias pelo chão, mas aquilo já se tornou um problema. A terceira vez, pode perguntar o que ele poderia fazer para mudar aquele hábito. A quarta vez, pode dizer: "Tudo bem, precisamos ter uma conversa sobre o seu problema com as meias." Uma pequena questão como meias sujas se transforma em um ponto de conflito, porque quanto mais tempo as meias passam jogadas no chão, mais discórdia elas geram.

Quando Krishna, representando a onisciência e a bondade, recomenda que Arjuna vá para a batalha, o divino afirma que mesmo as pessoas boas às vezes devem lutar. O lado inimigo – os primos de Arjuna – tem sido cada vez mais agressivo. Eles envenenaram a comida de Arjuna e dos irmãos dele. Em outra ocasião, construíram para eles uma casa de laca que parecia linda, mas a incendiaram quando Arjuna e seus irmãos estavam lá dentro. Seus primos vêm tentando destruí-los.

A gota d'água foi quando tentaram despir a esposa de Arjuna na frente de todo mundo. No fim das contas, ele percebe que deixar líderes como aqueles assumirem o comando vai causar mal ao mundo inteiro e que precisa tomar providências. Arjuna não está lutando apenas por causa da violação de sua esposa. Não está lutando para defender seu ego nem provar sua força. Ele está lutando para salvar as gerações futuras. Da mesma forma, devemos brigar com nosso parceiro não por vaidade, mas porque queremos construir um futuro bonito e preservá-lo.

Na *Bhagavad Gita*, o inimigo (e, em última instância, o perdedor) não é uma pessoa, mas uma ideologia. É a escuridão, a vaidade, a ganância e a arrogância. O mesmo vale para os conflitos dos nossos relacionamentos. O perdedor não deve ser uma das partes do casal, mas a ideologia ou questão equivocada e a negatividade que provocam.

E se encarássemos as brigas com espírito de equipe? O espectro da discordância cresce como uma onda no oceano. À medida que se aproxima, vai ficando mais alta e mais assustadora. Mas, em vez de dar as costas à onda para fingir que não a estão vendo, vocês dois a encaram, pairando sobre vocês. É possível manterem a cabeça acima da água ou ela vai quebrar sobre vocês? O segredo é entender que o seu parceiro não é a onda. A onda é a questão sobre a qual vocês discordam. Se vocês dois a encararem em conjunto, nadando na mesma direção, dando força um ao outro, poderão seguir lado a lado com uma sensação de vitória compartilhada.

Essa nova perspectiva mudou minha vida e pode mudar a sua. Quando eu e minha esposa nos enxergamos como uma equipe lutando contra um problema, arrasamos com ele. O desejo de vencer vem do ego, e queremos controlar nosso ego. Por que eu iria querer arrasar com a minha esposa? Por que iria querer derrotar a pessoa com quem escolhi passar minha vida? Minha esposa não é minha adversária – eu a amo. Não quero que ela saia derrotada. Também não quero perder. **Sempre que um de vocês perde, os dois perdem. Sempre que o problema perde, vocês dois ganham.**

EXPERIMENTE ISTO: **TRANSFORME A DISCUSSÃO EM UMA META COMUM**

Em vez de encarar a questão como se vocês estivessem em lados opostos, adote a perspectiva de que vocês dois estão enfrentando o problema juntos. Quanto mais nos virmos como adversários, maior a probabilidade de brigarmos. Então, em vez disso, aborde a questão como uma equipe que está enfrentando um problema lado a lado.

Eis alguns exemplos de como transformar uma discussão em uma meta comum. Na seção a seguir explico como vocês podem se planejar com antecedência para tornar suas brigas o mais produtivas possível.

Briga	Nova perspectiva/Meta comum
"Você não limpa as coisas."	"Precisamos estabelecer uma rotina para as tarefas diárias."
"Você sempre se atrasa."	"Será que podemos nos sentar e conversar sobre como queremos passar nosso tempo à noite e nos fins de semana?"
"Você não se importa em gastar dinheiro com seus interesses, mas reclama quando eu gasto com os meus."	"Vamos estabelecer um orçamento mensal razoável."
"Você não dá às crianças toda a atenção que elas precisam."	"Vamos conversar sobre o que achamos que as crianças necessitam [talvez com elas, dependendo da idade] e como podemos garantir isso."

AMA BRIGAR E BRIGA PARA AMAR

A briga, se bem-feita, é benéfica para os relacionamentos. Relacionamentos de longo prazo não sobrevivem graças a ótimas saídas à noite nem a fins de semana espetaculares. Eles não perduram porque as pessoas têm amigos bacanas (embora a comunidade certamente contribua para a estabilidade do relacionamento). Um dos principais fatores para um relacionamento longevo é saber brigar.

De acordo com um artigo publicado pela Society for Personality and Social Psychology, quando conseguem expressar raiva um ao outro de maneira saudável, os parceiros desenvolvem determinadas qualidades e habilidades. As qualidades – como compaixão, empatia e paciência – os ajudam a entender o desafio. As habilidades – como comunicação, escuta e compreensão – os ajudam a superar desafios iguais ou maiores no futuro.

Embora expressar a raiva tenha valor, devo acrescentar que há uma diferença entre conflito e abuso. O abuso é estressante, mas não é o tipo positivo de estresse que nos torna mais fortes. Maus-tratos físicos, ameaças, uso da força, controle e manipulação não são amor. Nada de produtivo ou positivo surge do ato de diminuir outra pessoa. Se seu parceiro o machuca fisicamente de alguma forma, isso não é aceitável. Além disso, em algumas ocasiões você pode ter problemas para distinguir conflito de abuso. Espero que a tabela a seguir seja útil para ajudá-lo nesse aspecto, mas, se você estiver em um relacionamento abusivo ou não tiver certeza, recomendo que procure ajuda profissional. Além disso, você pode ligar para 180 para denunciar casos de violência doméstica.

COMO SABER SE É CONFLITO OU ABUSO?

Assunto	Como o seu parceiro se comporta sobre este assunto em conflitos	Como seu parceiro comete abusos contra você neste assunto
Dinheiro	Discute com você sobre seus gastos habituais	Diz como você tem que gastar o seu dinheiro
Família	Critica ou reclama de algum parente seu	Ridiculariza, humilha ou isola seu parente
Filhos	Discute sobre o que é certo para as crianças	Ameaça você ou as crianças, ou usa você ou as crianças para fazer ameaças
Tempo de qualidade	Reclama que o tempo de qualidade que vocês passam juntos não é suficiente	Sente-se dono do seu tempo e controla se você passa tempo com mais alguém
Tarefas	Acha que você não faz o suficiente para ajudar	Diz o que você tem que fazer
Ciúmes	Fica chateado em relação a quem você dedica a sua atenção	Sem motivos, acusa você de mentir
Pequenas coisas	Experimenta pequenas frustrações que vão crescendo com o tempo	Pode explodir por qualquer coisa com uma reação desproporcional
Respeito	Usa palavras para aumentar a própria importância	Usa palavras para diminuir a sua importância

Sexo	Queixa-se da frequência ou do estilo da vida sexual do casal	Pressiona ou obriga você a fazer sexo ou a participar de atos sexuais quando não está confortável ou seguro

A RAIZ DA DISCUSSÃO

A forma como encaramos um discussão, seja ela grande ou pequena, define o tom para sua resolução (ou falta dela). Na *Bhagavad Gita*, Arjuna encara a batalha com humildade. Ele quer fazer o que é bom e correto, servir e melhorar a vida das gerações futuras. Enquanto isso, seu inimigo, Duryodhana, parte de uma posição de ganância, arrogância e sede de poder. Recusa a sabedoria e os insights de Krishna. O desfecho da batalha reflete as intenções dos guerreiros. Arjuna sai vitorioso e Duryodhana, que tinha apenas motivações egoístas, perde tudo.

Existem três tipos de discussão, que são moldados pelas três "energias do ser" descritas na *Gita*. Eu os apresentei em *Pense como um monge* (e os mencionei brevemente na Regra 2): ignorância (*tamas*), paixão e impulsividade (*rajas*) e bondade (*sattva*). Eu uso essas energias para analisar o estado de espírito com que encaramos um determinado momento e elas podem nos ajudar a entender a energia que trazemos para qualquer conflito.

Discussões sem sentido. Uma discussão sem sentido surge na energia da ignorância. É uma explosão irracional. Você literalmente não sabe qual é seu objetivo. Não tem a menor intenção de entender o outro nem de encontrar uma solução. Brigas sem sentido acontecem na hora e no lugar errados. Não resolvem nada. São apenas desabafos. Na melhor das hipóteses, nós percebemos seu grau de estupidez e as superamos rapidamente. Na pior, outros ressentimentos emergem e se transformam em um acesso de raiva.

Discussões de poder. Discussões de poder surgem na energia da paixão. Queremos ganhar só por ganhar. Esse é o objetivo da discussão, mais do que abordar a questão real em pauta. Estamos focados no nosso lado da história e tentamos pegar o adversário nos seus erros. Podemos fingir que ouvimos o outro lado, mas na verdade só queremos ouvir que estamos certos e que nos peçam desculpas. Na *Bhagavad Gita*, essa é a energia que Duryodhana leva para a guerra. O ego conduz essa briga, e nossa postura é: "Eu tenho razão. O único jeito certo é o meu." Como estamos focados no poder, as mudanças nas quais insistimos têm a ver com convencer a pessoa com quem estamos discutindo, não com resolver o problema.

Discussões produtivas. Nas discussões produtivas, que acontecem na energia da bondade, vemos o conflito como um obstáculo que queremos superar juntos e estamos abertos a reconhecer o outro lado da história. Queremos entender. Sabemos por que estamos discutindo e olhamos para a resolução como um passo saudável no relacionamento. Essa é a energia que Arjuna tem na *Bhagavad Gita*. As ferramentas mais importantes em discussões produtivas são a razão, a intenção, a perspectiva e o amor. Não são técnicas, mas ferramentas espirituais. Devem ser praticadas com um alinhamento entre o coração e a mente. Se você agir no automático e não estiver agindo a partir do coração, não fará progresso. Em discussões produtivas, concordamos sobre como ambos devem mudar seu comportamento dali em diante. Os dois parceiros ficam satisfeitos com a resolução.

COMO TER DISCUSSÕES PRODUTIVAS

Todos nós preferimos ter discussões produtivas, e não brigas sem sentido ou de poder, mas isso exige prática. (É mais fácil recair em discussões sem sentido e de poder do que em discussões produtivas.) As pessoas costumam ser instruídas a respirar fundo e contar até dez quando estão com raiva, mas nunca nos dizem exatamente como aproveitar essa respiração. Na *Bhagavad Gita*, vemos Arjuna fazer uma pausa e pedir a sabedoria de Krishna no meio de um conflito. Olhe só isso! Ele para no meio do campo de batalha para falar com Deus. Se Arjuna conseguiu desviar sua atenção da batalha naquele momento tão tenso – o mais difícil dos conflitos –, então nós também podemos aprender a fazer uma pausa e trazer consciência para os desentendimentos cotidianos e as guerras profundas que enfrentamos em nossos relacionamentos.

Para que um casal vença junto, é preciso agir por amor e pelo desejo de estar na mesma equipe que o parceiro. Lembre-se: se você age por medo e ignorância, não há objetivo algum. Se você age por paixão, então seu ego está no comando da discussão. Começamos a mudar a energia que colocamos nas discussões quando purificamos o ego.

Purificar o ego

Só podemos formar uma equipe para combater o problema se tirarmos o ego da equação. Sabemos que estamos em uma discussão de poder quando entramos nela com convicções equivocadas e egocêntricas como: Eu quero ganhar. Eu tenho razão. O único jeito certo é o meu.

Achar que você tem razão não resolve nada. No entanto, queremos que nosso parceiro perca, nos declare vencedor e se submeta às nossas exigências. Se você entra em uma discussão convencido de que está certo e de que o seu parceiro está errado, seu tom e suas palavras deixarão essa inflexibilidade óbvia para o outro. Você precisa aceitar que existe alguma verdade no que ele vai compartilhar e estar aberto a ouvi-lo. Sua convicção de que tem razão geralmente não muda a opinião do outro. Em vez disso, ela comunica a ele que você não se importa com o que ele sente ou pensa. O único desfecho que você vai aceitar é que seu parceiro mude a si mesmo e/ou de opinião.

É natural entrar em uma discussão querendo convencer seu parceiro de que você tem razão. Ter razão nos dá validação e nos proporciona outra pessoa a quem culpar. Nos faz sentir mais seguros de nossas crenças e suposições. E não precisamos mudar nem assumir qualquer responsabilidade. Nas competições, o ambiente de poder por excelência, alguém perde e alguém ganha. O vencedor é o "certo" ou o "melhor". Na política, as diretrizes do candidato vencedor dominam. Na guerra, os vencedores ditam os termos da paz. Mas, em um relacionamento, estar certo não resolve o problema. Seu ego pode se sentir bem por um tempo, mas não será capaz de impedir que o problema ressurja, e o seu relacionamento não vai tirar benefício algum desse desfecho. O ego faz você perder mesmo se ganhar.

Em vez disso, nosso objetivo é a compreensão. Queremos nos conectar. Nosso objetivo não é apenas resolver nossos conflitos, mas usar as resoluções para crescer juntos. Repito: em conflitos nos relacionamentos, se um ganha e o outro perde, os dois perdem. A única discussão bem-sucedida é aquela em que ambos vencem. É preciso não apenas compreender essa ideia, mas internalizá-la profundamente.

> *Eu estou certo e você está certo.*
> *Você está errado e eu estou errado.*
> *Esses dois são cenários em que os dois saem ganhando.*

Deixar o ego de lado para encarar e superar obstáculos com o parceiro purifica o ego – isso significa abrir mão do desejo de ser o centro das atenções. Com a purificação, começamos a demonstrar mais compreensão, empatia, compaixão, confiança e amor, e o mesmo vale para a outra pessoa.

EXPERIMENTE ISTO: IDENTIFIQUE SEU EGO E SUA PAIXÃO NO CONFLITO

Identifique sua discussão.

1. Escreva por que a questão é importante para você. O que o deixou com raiva?
2. Identifique o motivo da briga:

> **Estou brigando porque acredito que o meu jeito é o melhor? (ego)**
> **Estou brigando porque acho que devemos fazer algo da maneira "certa"? (ego)**
>
> **Estou brigando porque quero que o outro mude? (paixão)**
> **Estou brigando porque essa situação me ofende profundamente? (paixão)**
> **Estou brigando porque quero me sentir diferente? (paixão)**
>
> **Estou brigando porque quero melhorar a situação? (bondade)**
> **Estou brigando porque quero que nos tornemos mais próximos? (bondade)**

O primeiro passo para tirar o ego e a paixão do conflito é reconhecê-los, mas depois se dar conta de que ter razão, ser o melhor, estar ofendido ou querer que a realidade seja diferente não resolve os problemas. Para alcançar soluções em conjunto, você deve se concentrar na intenção de melhorar a situação e chegar a um lugar mais amoroso. É mais fácil falar do que fazer. Para esse fim, você deve se elevar à neutralidade.

O objetivo de tirar o ego da equação é alcançar a neutralidade. Quando você para de ceder ao seu ego, torna-se um observador mais neutro do conflito. A neutralidade é a capacidade de separar o problema do seu parceiro. Você vê que tanto você quanto o outro têm algum papel na questão que gerou o conflito. Consegue ver que ambos estão passando por dificuldades. A partir dessa perspectiva, você pode definir uma meta comum sob uma perspectiva de equipe, como: "Nossa intenção deve ser nos darmos melhor e estarmos mais felizes juntos. Você concorda?"

No início da *Bhagavad Gita*, falando do campo de batalha, Arjuna conta a Krishna o que vê e sente. "Arjuna disse: Ó infalível, por favor, coloque minha carruagem entre os dois exércitos para que eu possa ver os presentes aqui, que desejam lutar e com quem devo lutar nesta grande disputa de armas. Deixe-me ver aqueles que vieram aqui para lutar." Um verso subsequente diz: "Arjuna disse: Meu querido Krishna, vendo meus amigos e parentes diante de mim em tal espírito de luta, sinto os membros do meu corpo tremer e minha boca secar. Meu corpo inteiro treme, meu cabelo está arrepiado, meu arco Gāṇḍīvā escorrega de minha mão e minha pele arde. Agora não aguento mais ficar aqui. Estou me esquecendo de mim mesmo e minha cabeça gira. Vejo apenas motivos para o sofrimento." Arjuna expressa sua ansiedade e sua desorientação para Krishna, que escuta os sentimentos dele e responde com compaixão. Seus olhos estão cheios de lágrimas. Ele pergunta: "Como essas impurezas o atingiram? Você conhece o valor da vida – o que o faz se sentir fraco?" Krishna não está julgando Arjuna nem mesmo instruindo-o nesse ponto. Ele tem a vantagem de ser um observador neutro e está primeiro tentando entendê-lo.

Nós não temos a vantagem de contar com Krishna nos nossos campos de batalha. Um terapeuta tem neutralidade suficiente para ser um moderador ideal, mas a realidade é que a maioria dos casais lida com seus problemas por conta própria. Todo mundo quer que o *outro* recue e assuma a responsabilidade, mas, se nenhum dos dois der um passo à frente, ambos podem acabar esperando para sempre. Para resolver um conflito, pelo menos um dos dois terá que se elevar à neutralidade de modo a orientar e moldar a conversa de forma equilibrada.

Você pode começar uma conversa neutra com um pedido de desculpas – se for genuíno. Isso significa que você refletiu sobre a situação e aceitou sua cota de responsabilidade. Se as coisas estiverem acaloradas, seu parceiro pode responder ao pedido de desculpas dizendo algo como "Você tem *mesmo* do que se desculpar". Assumir a responsabilidade significa dizer: "Sim, eu tenho mesmo, e estou me desculpando." Sem ficar na defensiva. Se você não for capaz de pedir desculpas genuínas no começo, deixe para mais tarde. Um mediador neutro não se apressa para resolver o problema, mas tenta aprender sobre os adversários e começa a oferecer observações e insights. Não temos a perspectiva e a sabedoria de Krishna ou mesmo de um terapeuta, é claro, então precisamos lutar com nosso próprio estado de espírito enquanto tentamos fazer a mediação. Se estamos envolvidos em uma discussão sem sentido, estamos aborrecidos, impacientes e não ouvimos de verdade. Nós nos contagiamos com as emoções do outro – ficamos com raiva se nosso parceiro está com raiva, deprimidos se nosso parceiro está deprimido. Isso piora a briga, aumentando o medo e a insegurança de ambas as partes. Em uma discussão de poder, não podemos mediar porque achamos que nosso jeito é o único possível. Estamos interessados em resultados imediatos, não no processo. Somente em uma discussão produtiva os mediadores podem se concentrar em ouvir a verdade de cada lado do conflito e permanecer neutros à medida que os detalhes e os sentimentos são expressos.

Quando assumimos um papel neutro, lembramos a nós mesmos que o problema não é o nosso parceiro, mas algo que não entendemos sobre ele e algo que ele não entende sobre nós. Resolver esse quebra-cabeça traz benefícios aos dois. Se você está cuidando de si mesmo e do seu parceiro na mesma medida, pode ter confiança nas suas ações. Se você não se elevar à neutralidade, a ausência de resolução vai deixar os dois irritados e vocês vão voltar a esse mesmo lugar de novo e de novo.

Diagnosticar o problema central

Não é porque estamos decididos a ter discussões produtivas que todas elas serão assim desde o início. Às vezes simplesmente explodimos, mas, quando isso acontecer, em vez de insistirmos na briga ou deixá-la para lá, se diagnosticarmos o que deu errado, teremos a oportunidade de entender melhor nosso parceiro e reduzir as probabilidades de passar pelo mesmo conflito outra vez. Depois de praticar a discussão produtiva, você será capaz de entrar nesse modo em tempo real, mas, em outras circunstâncias, pode se afastar da discussão, examinar seu papel na questão e se preparar para levar isso ao seu parceiro.

Meu cliente Dean teve uma briga com a namorada. Eles estavam em um casamento e ela foi buscar uma bebida para eles. Dean reparou quando um sujeito no bar flertou descaradamente com ela. Ela sorriu para ele, disse algo enquanto apontava para Dean, então voltou com as bebidas. Dean ficou aborrecido por ela ter gostado da atenção que recebeu do sujeito.

"Eu disse a ela que, se queria flertar daquele jeito e me desrespeitar, então era melhor que a gente terminasse. Ela disse que eu estava irritado sem motivo e que ela ficara chateada comigo por ter estragado a nossa noite." Quando Dean e eu conversamos mais sobre aquilo, ficou claro que a verdadeira razão pela qual ele se sentia ameaçado quando alguém dava atenção à sua namorada era o fato de se sentir inseguro em relação ao relacionamento. Era esse o cerne do problema. Não o que havia acontecido no bar, mas uma questão sobre o relacionamento que o episódio revelou. Ciente disso, Dean foi capaz de trabalhar em sua insegurança em vez de acusar a namorada sem motivo e causar ainda mais problemas entre os dois.

É difícil diagnosticar o cerne do problema em tempo real. Achamos sempre que é uma questão de divergência de opiniões ou que a outra pessoa fez algo errado. Swami Krishnananda, um dos grandes mestres dos Vedas, explica que existem quatro tipos de conflito. Inspirado em seu modelo, desenvolvi uma forma parecida porém mais simples de se aprofundar nas camadas de um problema em um relacionamento. Primeiro, há os *conflitos sociais*. Eles são desencadeados por fatores externos que atingem vocês e provocam discordância. Depois, há os *conflitos interpessoais*, nos quais sua queixa está relacionada ao outro. E, por fim, existem os *conflitos internos*, cuja raiz é uma insegurança, uma expectativa, uma decepção ou outro problema dentro de você. Vamos ver como essas camadas funcionam.

Um casal está prestes a se casar. Eles só podem convidar um número limitado de pessoas, e a mãe de cada um deles pediu para reservar os dois últimos lugares disponíveis no jantar para uns amigos. Um dos noivos quer dar os lugares para os amigos de sua mãe, enquanto o outro quer atender ao pedido da própria mãe. Cada um apresenta seus argumentos – dizendo quão importantes e próximos são aqueles amigos e por que eles merecem os convites para a festa. Trata-se de um conflito social, provocado pelo fato de ambos quererem corresponder às expectativas da mãe.

Então a discussão muda. Um deles diz que a própria família investiu mais dinheiro no casamento e que, portanto, a palavra final lhe cabe. O outro diz que se dedicou muito mais ao planejamento, então a palavra final deve ser dele. As acusações e as discussões agora não têm nada a ver com a mãe de cada um – aquilo se tornou uma luta de poder entre o casal. Um conflito interpessoal.

Entretanto, o casal faz uma pausa. Os ânimos se acalmam e eles se preparam para atacar o problema, e não um ao outro. Quando retomam o assunto, percebem que nenhum dos dois queria decepcionar a mãe. Aquilo era, para cada um deles, um conflito interno. O conflito interno é aquele que eles precisavam de fato resolver. Pelo menos uma das mães seria contrariada. Eles estavam discutindo entre si, em vez de cada um confrontar sua mãe. Mas então eles se perguntaram: "Eu contrario minha mãe com frequência ou essa é uma circunstância especial?" "Existe alguma outra forma de deixar minha mãe feliz?" "Vou me casar – será que não está na hora de parar de atender a tudo que minha mãe pede?" Assim que chegaram à raiz do problema, decidiram convidar mais dois amigos e fizeram um brinde às mães no casamento.

Podemos usar essas camadas para analisar o problema em conjunto, chegar ao seu cerne e abordar o verdadeiro problema. Nossa raiva muitas vezes está fora de lugar: começamos a discutir sobre a roupa suja, quando na verdade estamos chateados com a forma como nosso parceiro usa o tempo dele. Discutimos sobre como as crianças devem fazer o dever de casa, quando na verdade o que nos incomoda é que nosso parceiro não nos dá atenção suficiente. Discutimos sobre como ninguém ajuda nas tarefas de casa, quando na verdade o que nos incomoda é não nos sentirmos compreendidos ou ouvidos. O conflito só desaparece quando identificamos e tratamos sua verdadeira fonte. Podemos conseguir que alguém mude um comportamento – a namorada de Dean pode concordar em nunca mais sorrir para outro homem –, mas, até que o problema real seja resolvido – a insegurança *dele* –, aquilo vai continuar pairando sobre os dois.

Não perca tempo com discussões sobre questões que não o interessam. Em vez disso, encontre o verdadeiro problema.

Identifique o estilo de briga de vocês

Assim como existem diferentes linguagens de amor, existem diferentes jeitos de brigar. Saber como cada um de vocês processa os conflitos faz com que seja mais fácil lidar com as discussões e ajuda vocês a permanecerem neutros. Radhi e eu temos estilos completamente diferentes na hora de discutir. Eu quero mergulhar fundo e resolver a questão conversando na hora, enquanto ela quer colocar as ideias em ordem e esfriar a cabeça antes de conversar. Fico ansioso para encontrar uma solução, enquanto ela quer fazer uma pausa, relaxar e refletir sozinha sobre o problema antes de debatermos. Entender esses aspectos um do outro permitiu que eu não me sinta magoado quando ela fica calada durante uma discussão e que ela não fique irritada quando eu quero debater a questão a fundo. Identificar o estilo de briga de cada membro do casal é o primeiro passo para vocês só brigarem pelo amor de vocês.

> **EXPERIMENTE ISTO: IDENTIFIQUE O SEU ESTILO DE BRIGA E O DO SEU PARCEIRO**
>
> Veja os três estilos a seguir. Qual deles melhor descreve você?
>
> ## ESTILOS DE BRIGA
>
> | DESABAFAR | ESCONDER-SE | EXPLODIR |
> |---|---|---|
> | "A gente precisa achar uma solução para isso agora mesmo!" | "Não estou pronto para falar sobre isso." | "É tudo culpa sua!" |
>
> 1. **Desabafar.** Algumas pessoas – como eu – querem expressar sua raiva e continuar discutindo até encontrarem uma solução. Parafraseando um famoso ditado, em toda briga existem três lados: o seu, o meu e a verdade. Não existe verdade objetiva. A pessoa focada na solução quer

chegar a uma resposta e muitas vezes acaba se voltando excessivamente para os fatos. É natural querer resolver o problema, mas, se você é assim, precisa se lembrar de desacelerar e dar espaço não só para os fatos, que muitas vezes podem ser contestados, mas para ambos os lados da história e para as emoções dos dois: as suas e as do seu parceiro. Cuidado com o falatório sem filtro – em sua ânsia por resolver as coisas, você pode acabar sobrecarregando seu parceiro com ideias e abordagens demais. Não se apresse em dar respostas. Primeiro você e seu parceiro precisarão chegar a um acordo sobre o problema com que estão lidando. Só então poderão procurar soluções juntos.

2. **Esconder-se.** Algumas pessoas se fecham diante de uma briga. As emoções são intensas demais e o indivíduo precisa de espaço. Precisa processar tudo aquilo. Ou ele fica em silêncio no meio da briga, ou se retira e precisa colocar a cabeça em ordem antes de prosseguir. A pessoa que se retrai não quer pensar em soluções no calor do momento. Ela não está pronta para ouvi-las e pode ficar mais irritada se o parceiro insistir em uma resolução rápida. Use o tempo e o espaço que forem necessários, mas não use seu silêncio como arma.

3. **Explodir.** Alguns de nós não conseguem controlar a própria raiva e então explodem de emoção. Essa reação prejudica muito os relacionamentos e é uma atitude que requer um esforço conjunto em direção à mudança. Se você se enquadra nessa categoria, precisa trabalhar no gerenciamento de suas emoções. Isso pode envolver recursos externos para ajudá-lo a controlar a raiva. Ou você pode traçar um plano com seu parceiro durante um momento de paz e combinar que, da próxima vez que houver uma briga, vocês vão fazer um intervalo. Descubra o que funciona melhor para você: talvez sair para correr, tomar um banho ou outra forma segura de extravasar.

Depois de identificar seu estilo de briga, converse com seu parceiro. Qual é o estilo dele? Com base no estilo de cada um, criem espaço para que os dois possam sentir raiva e um momento para que possam lidar com a questão de modo adequado.

Se um, ou ambos, gostar de desabafar, o outro pode precisar de mais tempo e espaço para processar. Só porque uma pessoa não está pronta não significa que ela não ame a outra, e ela deve tranquilizar seu parceiro quanto a isso. Certifique-se de conhecerem o processo um do outro antes da próxima discussão, para que seus diferentes estilos não piorem a briga. Procure desenvolver a autoexpressão, mas não se esqueça de se dar o tempo necessário para relaxar e refletir antes de tentar resolver o problema. Se os dois gostam de desabafar, isso pode funcionar bem se vocês tiverem a intenção deliberada de superar o problema juntos.

Se uma das partes precisar recuar, permita que o faça. Esse recuo pode parecer uma punição, mas não significa que seja essa a intenção do outro. Não significa que ele não se importa. É uma reação emocional. Se você precisar se afastar, comunique isso. Se um ou os dois precisarem de espaço, combinem de conversar quando ambos estiverem prontos. Faça bom uso do tempo extra que isso proporciona. Em vez de se deixar ficar ainda mais ansioso, lembre que vocês estão do mesmo lado e procure destilar a questão para chegar à sua essência. Dessa forma, quando a conversa for retomada, será possível articular o que você e o seu parceiro estão enfrentando.

Se o seu parceiro for explosivo, incentive-o a trabalhar esse comportamento durante um período de paz (ver quadro anterior). O mesmo é válido se ambos forem explosivos. Esse comportamento é difícil de mudar, mas não é uma forma produtiva de discutir. Durante um desentendimento, você pode simplesmente dizer: "Não vamos chegar a solução alguma enquanto um de nós estiver aborrecido. Vamos conversar quando estivermos prontos."

VENCENDO JUNTOS

Quando um conflito surge em seu relacionamento, o ideal é ser capaz de fazer uma pausa, encontrar a neutralidade, fazer um diagnóstico e destilar a relevância e a urgência do problema. Depois de todo esse trabalho de preparação, vocês estarão prontos para lutar juntos contra o problema, e não entre si. Estes cinco passos podem ajudá-lo a encontrar a paz:

1. Hora e lugar
2. Comunicação
3. Gerenciamento da raiva
4. Compromisso
5. Evolução

Hora e lugar

Escolha uma hora e um lugar para resolver o conflito. Isso pode parecer irreal, afinal as brigas surgem subitamente. Mas desenvolver a capacidade de dar um passo atrás quando um problema aparece vai mudar suas discussões para sempre. Em vez de dizer "Como você é capaz de continuar entrando no banho primeiro mesmo sabendo que eu tenho que chegar no trabalho mais cedo?", diga "Ei, estou incomodado com a nossa rotina matinal. Podemos combinar um bom momento para conversar sobre isso?" e agendem a conversa. É preciso tempo para dominar essa habilidade – no começo, você pode ter uma explosão antes de se controlar e se lembrar de colocar algum espaço entre as emoções e a conversa sobre o problema que lhes deu origem. Tudo bem. A explosão é o seu sinal para, da próxima vez, se conter antes de dizer algo de que possa se arrepender.

O conflito não precisa ser fonte de angústia. Não precisa nos deixar arrependidos. Quantas vezes tivemos que olhar para trás e dizer "Essa não era a minha intenção"? Quando nos sentimos mal, dizemos coisas más. Fazemos afirmações definitivas com base em emoções transitórias.

O professor de serviço social Noam Ostrander gosta de perguntar aos casais: "Como é a briga das 5h30 da tarde nos dias de semana?" Como Ostrander disse à revista *Time*: "Eles meio que abrem um sorriso, porque sabem." Um dos padrões que Ostrander vê com frequência são casais discutindo logo após chegarem em casa depois do expediente. Os dois tiveram um dia longo; ninguém sabe o que tem para jantar nem teve tempo de relaxar; de repente, vocês estão discutindo sobre quem se esqueceu de pagar uma conta. Ostrander diz que a briga das 5h30 da tarde muitas vezes pode ser evitada com uma nova rotina: uma conversa rápida, talvez um abraço e um beijo, depois um ligeiro espaço para que cada um possa sair aos poucos do modo trabalho. Então, quando ambos tiverem recuperado o fôlego, podem voltar a estar juntos em um espaço mental e emocional mais aberto e relaxado.

O fim de um longo dia de trabalho geralmente não é o melhor momento para falar de assuntos sérios, mas, se vocês não conseguirem adiar a discussão sobre alguma questão para um momento mais propício, outra opção é fazer intervalos durante as conversas. Se você estiver no meio de uma briga e começar a ser reativo, peça um tempo para pensar e poder compartilhar seus sentimentos de maneira adequada. Você pode descrever esse intervalo de uma forma que não faça seu parceiro ter a sensação de que você está se evadindo. Diga: "Olhe, estou brigando pela coisa errada agora. Sinto muito. Quero ter esta conversa, mas preciso de dez minutos. Não vou chegar a lugar algum assim. Deixe eu tirar um tempo para entender isso ou esfriar a cabeça e então podemos ter uma discussão adequada." Você também pode pedir maior foco na escuta, quando ambos desaceleram e se revezam para falar sem julgar um ao outro nem se defenderem.

Você também pode não querer estragar um fim de semana relaxante que vocês planejaram. Portanto, explique ao seu parceiro que você quer falar sobre algumas das coisas que acha que estão afetando o relacionamento. Diga que você quer fazer isso quanto antes, mas quando for melhor para os dois. Quer que seja um momento em que ambos estejam relaxados, não na hora em que as crianças estão bagunçando a casa ou seu parceiro está tentando responder a um e-mail de trabalho. Talvez no fim de semana, quando a pressão do trabalho é menor, talvez depois de as crianças terem ido dormir.

Se você e o seu parceiro tiverem um problema recorrente, cogite escrever uma carta para reunir todos os fatos sem se perder do assunto. Você quer centrar a conversa no que realmente importa. Quer se concentrar no que tem um impacto efetivo na vida dos dois.

Depois de marcar um horário, encontre ou crie um espaço seguro para a comunicação. Usamos a expressão "Vamos colocar tudo em pratos limpos". Imagine alguém despejando toda a sua bagagem emocional em uma mesa de jantar. Agora que vocês combinaram de resolver o problema, tirem um tempo para esclarecer a questão. Encontrem um espaço tranquilo onde possam conversar.

Não discutam no quarto onde dormem nem na mesa em que comem juntos. Esses são lugares onde vocês passam momentos íntimos juntos, e é melhor garantir que continuem sendo sagrados. Escolha um local neutro onde seja possível ter uma discussão, como a sala de estar, um espaço que fará com que vocês dois se sintam mais responsáveis, comprometidos, focados e calmos, não um local que evoque emoções negativas. Geralmente a melhor escolha é algum lugar ao ar livre, se o tempo permitir. Faça uma caminhada ou sente-se num parque das redondezas.

Tentem ficar lado a lado, não um de frente para o outro. De acordo com o cientista cognitivo Art Markman, estudos mostram que, quando nos sentamos ao lado de alguém, literalmente compartilhamos a mesma perspectiva do mundo à nossa volta, o que pode nos ajudar a sentir mais empatia. No livro *Dimensions of Body Language* (Dimensões da Linguagem Corporal), a organização Westside Toastmasters descreve sentar lado a lado como "a posição de cooperação", porque "permite um bom contato visual e a oportunidade de espelhamento"

– que ocorre quando adotamos uma postura ou movimentos corporais semelhantes aos da outra pessoa. Assim como repetir uma parte do que o outro disse, o espelhamento físico ajuda as pessoas a se sentirem ouvidas e, em circunstâncias ideais, você de fato as está ouvindo. Sentar ou caminhar ao lado de alguém ajuda a fazer o espelhamento acontecer naturalmente.

EXPERIMENTE ISTO: FAÇA UM TRATO PARA A PRÓXIMA BRIGA

É fácil nos esquecermos de todas as nossas intenções no calor do momento. Mas, se vocês tiverem um plano sobre o qual debateram e concordaram, podem recorrer a ele quando as emoções estiverem à flor da pele. Em um momento de calma, faça um trato com o seu parceiro. E então, na próxima briga, faça uma pausa. Use aquela contagem até dez para relembrar esse trato ou relê-lo no celular. Eis alguns pontos para ter em mente.

PACTO DE CONFLITO

Concordamos em escolher uma hora e um local para esse conflito e não discutir essa questão agora.

Concordamos que, se chegarmos a um acordo, os dois ganham, mas, se só um ganhar, os dois perdem.

Nossa intenção é (escolha quantas quiser): chegar a um meio-termo / entender os sentimentos um do outro / abordar essa questão com uma solução que nos ajude a evitar essa mesma discussão no futuro / apoiar um ao outro mesmo que discordemos.

Uma descrição neutra do conflito com a qual concordamos:

Vamos discutir isso quando? Resposta:

Vamos discutir isso onde? Resposta:

Antes de buscar uma solução, cada um de nós vai escrever o que está incomodando o outro.

Eis quatro soluções possíveis para o problema ou formas de evitar esse conflito novamente:

1.

2.

3.

4.

Estamos ambos satisfeitos com a solução encontrada?

Comunicação

Agora que já escolheu um momento e um lugar tranquilos, você deve escolher suas palavras com o mesmo cuidado. Comunique-se com clareza. Palavras não podem ser desditas; ações não podem ser desfeitas. Explique como você se sente, não o que acha da outra pessoa. A autora Ritu Ghatourey costuma dizer: "Dez por cento do conflito se deve às divergências de opinião. Noventa por cento se deve ao tom de voz errado." Entre em contato com seu guru interior e tente conduzir a conversa com calma e gentileza, sem impor suas ideias ou seus desejos ao outro.

Não use palavras extremas como *sempre* e *nunca*, ameaças como "Se você não mudar isso, eu vou embora" nem palavras ofensivas como "Isso é culpa sua. Você está errado". Esses são termos acusatórios que só agravam o conflito. Muitas vezes nossa comunicação coloca a outra pessoa na defensiva. Acusamos em vez de inspirar. Brigas geralmente começam com as mesmas duas palavras: "Você sempre...". Esse modo de falar é um sinal de que você não purificou seu ego. Faça uma acusação e *bum!*, está ativado o modo defensivo de qualquer um. Você não vai conseguir o que quer por causa da forma como está pedindo.

Em vez disso, concentre-se na clareza. Comece dizendo "Acho que nosso problema é..." ou "É importante para mim que nós...". Achamos que precisamos definir o que é certo e errado em nosso comportamento, mas as respostas não virão das certezas nem dos exageros. Virão da clareza. Todos nós desejamos que fique claro que o nosso parceiro nos ama e que quer estar ao nosso lado. Por isso, cada um de vocês deve fazer e responder às perguntas:

Qual é a nossa questão?
O que você precisa de mim agora?

Ao entrar em uma discussão com calma, você pode fazer um pedido em vez de só soltar um monte de reclamações ou acusações. Em vez de perguntar "Por que você nunca lava a louça depois de comer?", pode tentar "Você se importaria de lavar a louça depois da refeição?" ou "Não estou me sentindo muito bem. Estou incomodado com o estado da casa. Você se importaria de arrumar algumas coisas?".

A maior parte das brigas são você, você, você, você, você, eu, eu, eu, eu, eu. Isso é o que *você* fez, isso é o que *eu* acho. Se tudo que disser girar em torno do seu umbigo, você vai criar uma divisão. Seu parceiro vai responder de maneira defensiva, como por exemplo: "Eu nunca faria isso. Não sou assim. Isso é problema *seu*." Antes de se aprofundarem nos sentimentos de cada um, encontre a intenção que os une. Aí então vocês podem ouvir os sentimentos um do outro à luz dessa intenção. Você pode dizer: "Estamos passando por uma fase difícil e seria ótimo se descobríssemos como queremos lidar com nossas tarefas domésticas à noite." Quando você começa a usar *nós*, seu parceiro percebe que você não está sendo egoísta. Não é apenas um problema que você tem com ele. Tem a ver com vocês dois, já que ambos têm problemas e defeitos. Admita isso e converse sobre como abordá-los juntos. Na prática, pode ser difícil evitar dizer *eu* e *você*, mas fazer isso poupa o desconforto muito maior de lidar com alguém que você colocou na defensiva. Eis algumas frases úteis com "nós":

"Nós precisamos melhorar isso."
"Nós precisamos mudar."
"Há coisas que nós dois precisamos aprender."
"Será que nós podemos tentar isso juntos?"

Depois de determinarem a intenção da discussão, vocês podem começar a compartilhar seus sentimentos. Quando você diz "Eu acho", isso sugere que você mantém uma postura fixa, enquanto "Eu sinto" sugere que você está descrevendo sua reação emocional, que pode evoluir.

"Quando você faz isso, eu me sinto assim."
"Quando não limpa as coisas, sinto que nossa casa não é sua prioridade."
"Quando você me critica, sinto que não sou amado."

Não insulte nem fique na defensiva. Tente ser direto e respeitoso, em vez de diminuir a pessoa que você ama por ela não atender às suas necessidades. Você pode argumentar que não tem tempo para rodeios, que prefere ser direto. Bem, se não dedicarmos algum tempo a nos comunicarmos adequadamente, vamos precisar de mais tempo ainda depois, para lidar com mais conflitos.

Não recomendo ir direto ao seu parceiro e dizer: "Ah, meu Deus, o Jay Shetty diz que a gente faz tudo errado." Isso também o colocará na defensiva (e me causará problemas). Em vez disso, diga: "Eu adoraria conversar com você sobre a forma como discutimos nossos problemas. Sei que isso pode mudar nosso relacionamento." Sempre que se trata de comunicação, combine um horário e faça pedidos em vez de reclamações.

EXPERIMENTE ISTO: DISCUTINDO QUESTÕES COMPLEXAS

Não dá para resolver questões complexas com acordos simples como "De agora em diante prometo colocar minhas meias no cesto de roupa suja" ou "Vou te lembrar se você as deixar espalhadas". Um problema sério pode não ter uma solução rápida nem uma vitória fácil, e vai exigir mais reflexão e mais trabalho para ser resolvido. Isso começa com a articulação do dilema e a reflexão em conjunto. Eis algumas formas de começar, para que você não se sinta tentado a empurrar o problema para debaixo do tapete com uma solução artificial, deixando-o em aberto para entendê-lo melhor e discuti-lo.

"O que eu ouvi foi _____. E daqui pra frente vou tentar _____."

"Esse argumento realmente me tocou e me ajudou a ver as coisas de uma forma diferente a partir de agora."

"Agora que entendi o que você realmente quer, posso responder de forma realista fazendo _____."

"Não tenho certeza absoluta de que a solução seja _____, mas me importo com você e adoraria que voltássemos a falar sobre isso esta semana."

"Sinto muito por ter demorado tanto para entender. Consigo ver como isso afetou você. Vamos trabalhar nisso juntos."

"Estou vendo como você está se esforçando. Vou ser mais paciente e compreensivo."

Compartilhem o que vocês aprenderam um sobre o outro ao longo da trajetória do casal. Ao fim dessa conversa, você não deve prometer que nunca mais fará determinada coisa, a menos que seja realmente capaz de cumprir essa promessa. Em vez disso, comprometa-se com o que você vai tentar fazer.

Gerenciamento da raiva

E se, apesar de seus melhores esforços, seu parceiro estiver preso à raiva e ao ego? Ele pode até mesmo negar que exista um problema. Bem, então você vai ter que se esforçar ainda mais caso se preocupe de verdade com o relacionamento.

Se o seu parceiro for resistente, tente dizer: "Olhe, quero ter essa discussão com você porque acredito que podemos melhorar nossa relação juntos. Não estou fazendo isso para ter razão. Não estou fazendo isso por vaidade. Não estou fazendo isso para provar que você está errado. Muito menos para colocá-lo como vilão ou fazê-lo se sentir mal. Estou fazendo isso porque realmente quero que nós dois estejamos bem. Vamos conversar sobre o tipo de relacionamento que a gente quer."

Quando você explica ao seu parceiro o que está tentando fazer, isso aumenta a consciência dele. Assim ele tem a oportunidade de responder: "Ok, concordo com você." E, se ele não concordar, pelo menos você vai ter uma noção mais clara dos desafios e do potencial (ou ausência de potencial) do relacionamento. Eis algumas atitudes que você pode tomar caso o seu parceiro não concorde com você.

Quando você se depara com:	Lide com a questão fazendo isto:
Raiva/ego	As pessoas agem a partir do ego quando sentem que estão sendo acusadas. Você não alcançou a neutralidade com sucesso ou o outro ainda não a processou. Ele ainda acha que o problema que você está apresentando é só dele. Combine um horário e fale de um jeito que mostre que você quer trabalhar nisso em parceria, como uma equipe.

Desdém/menosprezo	Seu parceiro não entende ou se recusa a enxergar quão importante isso é para você. Certifique-se de ter diagnosticado o problema central e, em seguida, use a linguagem do "nós" quando disser: "Nós não estamos entendendo qual é o verdadeiro problema aqui. O verdadeiro desafio é [a questão central]." A questão central é algo que ele não pode deixar de lado.
Generalização/culpabilização	Se o seu parceiro estiver generalizando um problema – atribuindo todas as suas interações a um único fator ou culpando você –, assuma a responsabilidade e peça desculpas. Em seguida, encontre a neutralidade para trazer o diálogo de volta à intenção da discussão e ao que você deseja alcançar lado a lado. Diga: "Entendo de onde vêm esses sentimentos. Vamos olhar uma coisa de cada vez."
Isolamento	Se o seu parceiro se fechar, esse não é o momento ou lugar ideal para resolver a questão. Certifique-se de estar ciente do estilo de briga dele e, em seguida, combinem um horário e um local para a conversa.
Ceder/desistir sem resolução	Às vezes um parceiro está tão ansioso para encerrar um conflito que simplesmente concorda em fazer o que você quer, mas você não se sente seguro de que ele manterá a palavra ou de que ele acredite naquilo de coração. Nesse caso, fale com mais clareza. "É isso que está sendo combinado. Você vai estar em casa às seis da tarde cinco dias por semana e não vou fazer planos para o fim de semana sem falar com você antes. Nós dois estamos de acordo com este plano?"

Você não pode resolver uma briga sozinho – os dois precisam estar de acordo. É necessário haver entusiasmo pelo relacionamento e por mantê-lo vivo. Esse entusiasmo pode não estar no mesmo nível que estava lá no comecinho, mas se transforma em um compromisso contínuo por fazer um esforço em nome da relação. Se o seu parceiro se recusar a falar sobre o assunto ou a admitir que existe um problema, você precisa avaliar se é capaz de conviver com aquilo. Mas vou lhe dizer uma coisa: se é importante, é importante, e, se o seu parceiro não estiver disposto a lidar com isso, vá para a Regra 7, onde falo sobre como lidar com diferenças intoleráveis.

Compromisso

Para resolver o problema, vocês precisarão chegar a um acordo. Esse acordo envolve necessariamente alguma mudança; caso contrário, é provável que vocês passem pelo mesmo conflito no futuro. Isso não significa que um dos parceiros tenha que fazer promessas como "Nunca mais vou fazer isso", "Essa foi a última vez" ou "Isso nunca mais vai acontecer". Declarações radicais como essas são tentadoras. Queremos ouvi-las e gostamos de dizê-las, seja porque nos sentimos obrigados a isso como demonstração do nosso compromisso, seja porque declarações genéricas são bem mais fáceis de fazer do que o trabalho meticuloso de entender propriamente, ao longo do tempo, como ajustar e melhorar o relacionamento. Uma conversa tem muito mais probabilidade de levar vocês a uma solução do que declarações genéricas.

Às vezes precisamos de ajuda externa para encontrar uma solução. Certos temas podem ser especialmente complexos ou desafiadores para que vocês lidem com eles sozinhos. Se tiverem problemas para chegar a uma solução por conta própria, peça a um terceiro imparcial que os ajude a resolver o problema. Idealmente, não deve ser um amigo nem um parente – você quer alguém que seja de fato objetivo, como um terapeuta, um mediador, um mentor espiritual ou religioso de confiança, se houver algum a quem você possa recorrer. É saudável obter ajuda. E vale a pena.

Tenha em mente que o objetivo da discussão produtiva não é obter uma reação específica ou uma resposta positiva. O que você está procurando é uma solução para o problema.

Evolução

Crescemos por meio do conflito ao assumir a responsabilidade por nossa parte na questão e reconhecemos nossos erros ao pedir desculpas. Mesmo que você tenha se desculpado no início, pedir desculpas no fim, depois que vocês encontraram uma solução, costuma representar um ponto final melhor. Mas é óbvio que, se não for feito de maneira adequada, um pedido de desculpas pode ser tão vazio quanto uma resolução do tipo "Nunca mais vou fazer isso". Quando éramos crianças, nos diziam "Peça desculpas", e supostamente essas palavras corrigiam o mal causado. Mas, depois de adultos, precisamos fazer mais do que colocar um curativo no problema. Em uma discussão produtiva, o pedido de desculpas expressa mais do que arrependimento. Por meio dele, você reafirma o problema e se compromete a mudar. Existem três etapas para um pedido de desculpas genuíno: aceitação, articulação e ação.

Aceitação. Primeiro a pessoa que pede desculpas precisa sentir um arrependimento verdadeiro por seu comportamento ou erro, o que envolve admitir quanto suas escolhas afetaram os sentimentos do outro e assumir a responsabilidade pelo resultado.

Articulação. Em seguida, a pessoa que está pedindo desculpas precisa comunicar sua compreensão e seu arrependimento, expressando com clareza as emoções e os desafios envolvidos. Isso não significa fazer uma declaração pomposa e dramática sobre como você nunca mais vai cometer aquele erro. Em vez disso, você expressa a mudança comportamental que fará para garantir que aquilo não aconteça de novo. Você pode dizer: "Admito que, quando você está estressado, não vale a pena lembrá-lo do que ainda precisa fazer. Em vez disso, vou lhe dar apoio." Ou então: "Sinto muito por ter menosprezado você no início do nosso relacionamento, o que o fez se sentir desrespeitado, não amado e inseguro. Estou tomando medidas para perceber por que faço isso e para ser mais solidária e compassiva na minha comunicação com você. Vou tentar pensar antes de responder."

Ação. Por fim, honramos nosso compromisso de evitar cometer o mesmo erro novamente. Cumprir essa promessa de mudança é o resultado mais importante da discussão. Como já ouvi dizer: "O melhor pedido de desculpas é a mudança de comportamento."

Seu parceiro pode entender quão significativo foi seu pedido de desculpas e retribuir com um pedido da parte dele, mas, nesse caso, pode ser porque precise de tempo. Você pode criar uma oportunidade para que ele articule seu pedido de desculpas no próprio tempo, dizendo: "Ajudou saber exatamente por que eu pedi desculpas? Gostaria de saber o que você pensou depois que tiver tempo para refletir sobre o assunto."

EXPERIMENTE ISTO: ESCREVA UMA CARTA COM UM PEDIDO DE DESCULPAS

Sente-se e pense em todas as coisas pelas quais você poderia se desculpar com seu parceiro – tudo de que você se arrepende. O objetivo não é fazer você se sentir melhor nem se rebaixar. É assumir a responsabilidade pelos seus erros, deixar seu parceiro ciente de que você reflete sobre como as suas ações o afetam e validar os sentimentos que deveria ter percebido mas deixou passar. Isso demonstra quanto você se importa.

Para cada erro, liste:

1. O erro em si
2. Como você acha que isso afetou seu parceiro

3. Por que você se arrepende
4. Como vai corrigi-lo ou o que pretende fazer diferente daqui por diante

Não acrescente acusações, explicações nem justificativas ao seu pedido de desculpas. Você já se explicou quando falou sobre a questão em si. Seu foco agora é mostrar que entende como magoou seu parceiro. Depois de escrever sua carta, entregue-a a ele. Deixe claro que você escreveu isso sem qualquer expectativa de que ele faça algo em troca; você só quer expressar seu amor de outra forma, pensando a sério sobre antigos sentimentos, erros ou mágoas que talvez nunca tenham sido discutidos ou resolvidos.

Questões incontornáveis

Às vezes parece difícil alcançar a paz ou você sente que é impossível se reconciliar após uma briga. Nenhuma das partes quer ceder e nenhum de vocês está feliz com a cisão no relacionamento. Se ninguém vai mudar, então vocês dois vão ter que encontrar um jeito de fazer as pazes com a discordância (ou ter a mesma briga indefinidamente). Os psiquiatras Phillip Lee e Diane Rudolph, especialistas em relacionamentos que também são marido e mulher, dizem que os casais podem adquirir o hábito de discutir sem resolução – o que eles chamam de *vício em brigar* –, quando o casal fica "preso em um padrão de comunicação que pode lançá-los em um *looping* supostamente infinito sobre as mesmas questões". Isso não parece divertido.

Em vez de essa questão ser um assunto que vocês evitam ou sobre o qual brigam repetidamente, vocês podem transformá-lo numa zona neutra – um espaço no qual concordam em respeitar a opinião um do outro e não tentam mudá-la. Isso é diferente de apenas sentir raiva e não falar sobre o problema. Em alguns (talvez em muitos) dos casos, podemos aprender a aceitar essas diferenças. Elas não precisam prejudicar o relacionamento. Por exemplo, seu parceiro pode nunca ficar muito animado para ir àquela festança do trabalho nem para participar de uma manifestação com você porque é extremamente introvertido e prefere eventos tranquilos, com momentos para conversas mais íntimas. Tudo bem. *Insolúvel* não precisa ser uma palavra assustadora e apenas indicar que os problemas não vão desaparecer porque as fontes do conflito não vão desaparecer. Nesse caso, vocês podem negociar soluções que funcionem para ambos. Encontre um amigo para ir à festa ou à manifestação com você. Ou o outro pode concordar em ir em troca de depois os dois fazerem algo que ele aprecia mas não agrada tanto você.

Existem também temas delicados sobre os quais vocês precisam encontrar uma forma de chegar a um acordo, como a administração das finanças da família, em que escola matricular os filhos ou o que fazer se o seu parceiro tiver que se relacionar com um ex porque eles têm filhos juntos. Com as ferramentas que apresentei e uma intenção positiva, você provavelmente vai conseguir navegar por esses conflitos. Mas abordar um problema em conjunto e procurar formas de atacá-lo em equipe não é garantia de obter a resposta ou a resolução que deseja. Quando vocês se deparam continuamente com um problema significativo e complexo e estão longe de alcançar um meio-termo, podem se ver diante de uma ruptura profunda no relacionamento. É quando nossas brigas nos levam à maior questão que enfrentamos desde que decidimos ficar juntos: devemos continuar juntos? Esse é um desafio que vamos abordar na próxima regra.

REGRA 7

COMO CONTINUAR INTEIRO APÓS A SEPARAÇÃO

Sua tarefa não é buscar o amor, mas encontrar todas as barreiras que você construiu dentro de si mesmo contra ele.
– Rumi

SINAIS DE ALERTA

O amor não se desintegra da noite para o dia. Os primeiros dias do seu relacionamento eram como uma parede recém-pintada. Lisa, uniforme, pronta para ser preenchida com imagens da vida que você tinha diante de si. A parede por debaixo podia não ser perfeita, mas, com a nova camada de tinta, estava bonita e robusta. Mas todas as paredes, em algum momento, sofrem arranhões – às vezes até mesmo causados pelas caixas que chegaram no dia da mudança. Talvez você tenha estado ocupado demais para lidar com eles. Talvez tenha dito a si mesmo que aquilo não era um problema, mas só para amenizar. Você sabe que os arranhões não vão sumir até que faça algo a respeito deles, mas é capaz de conviver com eles. Então, com o tempo, mais arranhões vão se acumulando. Você passa por eles todos os dias. Se começarem a incomodá-lo, você pode fazer alguns retoques. Talvez chegue até mesmo à conclusão de que está na hora de repintar aquela parede.

De maneira análoga, imperfeições surgem nos relacionamentos. A agitação da vida causa arranhões e riscos que não desaparecem, a menos que você cuide deles. Talvez seu parceiro sempre deixe o carro sem combustível. Talvez ele passe tempo demais reclamando quanto o chefe dele o irrita. Talvez ele reclame toda vez que você vai visitar seus pais. O que cada um vê como um arranhão vai diferir, mas são questões pequenas. Você poderia retocá-los se quisesses, e estar ciente disso lhe dá a confiança necessária para conviver com eles. Mas você precisa estar disposto a aceitá-los como parte do charme de uma casa habitada. A presença de imperfeições não significa que as paredes vão desabar. Se tratarmos cada arranhão como um terremoto, exerceremos uma pressão desnecessária sobre o relacionamento. Em outras palavras, a mesquinhez pode acabar transformando arranhões em rachaduras.

Uma rachadura em uma parede indica um problema estrutural que precisa ser tratado e não deve ser ignorado por muito tempo. Exemplos de rachaduras em um relacionamento podem ser você repetidamente quebrar promessas de mudar um comportamento; ou você sempre se sentir desconfortável com um dos familiares do seu parceiro, mas não receber apoio; ou você achar que o relacionamento está no piloto automático – vocês não conversam mais. Se houver uma rachadura no relacionamento, você não pode deixar esse problema sem solução. E no capítulo anterior falamos justamente sobre como lidar com arranhões e rachaduras no dia a dia.

Às vezes você olha para a parede da sua casa e sabe que existe um problema real que não pode ser resolvido com uma camada de tinta. As estruturas do edifício estão comprometidas e a linha irregular que atravessa a parede é apenas sintoma de um problema subjacente maior. Nesse caso, ou vocês dois vão dar um jeito de fazer os reparos, ou haverá um rompimento.

Vamos tratar agora de alguns exemplos de grandes rupturas que precisam ser abordadas inevitavelmente: abuso, infidelidade, inércia, desinteresse.

O abuso é inaceitável

Primeiro quero que saiba que você merece estar em segurança. Se não se sente seguro, seja física, emocionalmente ou em ambos os aspectos, a questão não é se deve terminar ou não, mas como terminar com segurança. Abuso é qualquer comportamento que um parceiro use para controlar o outro, e o controle não tem lugar em um relacionamento. A National Domestic Violence Hotline, dos Estados Unidos, identifica seis categorias de abuso: físico, emocional e verbal, sexual, financeiro, digital e perseguição. Ameaças físicas e violência contra você, seus filhos, sua família ou seus animais de estimação são os sinais mais óbvios de abuso, mas todos estes são sinais comuns de abuso: seu parceiro interfere na sua tomada de decisão – ele diz como você deve usar seu tempo, inclusive se pode trabalhar e quando pode ou não pode sair; diz o que você pode ou não pode vestir; diz com quem você pode se encontrar. Demonstra ciúme extremo e tenta controlar o tempo que você passa com seus familiares e amigos. Usa linguagem, olhares e gestos ofensivos, insultando, humilhando ou ameaçando você em particular ou na frente de outras pessoas. Controla o dinheiro, restringindo o que você tem e o que você pode gastar. Controla o sexo, pressionando você a fazer sexo ou a praticar atos de que não gosta. Nada disso é parceria. É posse.

Pode ser muito difícil e assustador sair de um relacionamento no qual alguém está nos controlando. Quando pessoas abusivas perdem o controle, elas podem se tornar perigosas. No entanto, se você está em um relacionamento física ou emocionalmente abusivo, precisa encontrar uma saída segura. Minha primeira recomendação é sempre, mais uma vez, procurar ajuda profissional. No Brasil, o governo federal oferece apoio a vítimas de violência doméstica através dos telefones 180 – a Central de Atendimento à Mulher – e 100 – Disque Direitos Humanos.

O medo pode ser relevante mesmo quando não se transforma em abuso. Você pode descobrir que anda pisando em ovos no seu relacionamento porque tem medo de irritar seu parceiro. Você sempre prevê uma reação negativa da parte dele e se vê pensando demais em como responder a alguma situação desse tipo.

A reação que estamos tentando evitar pode ser raiva pura e simples, mas também pode ser escárnio e crítica. A crítica construtiva é valiosa quando vem de um guru sereno e com boas intenções. Você não quer estar cercado apenas de pessoas que concordam com você. Mas, se o seu parceiro o menospreza na sua frente ou pelas costas, isso não vai ajudar você a crescer. Se o seu parceiro é frequentemente descuidado ou agressivo com o que fala para você, ou vice-versa, isso tem um impacto visível no relacionamento. De acordo com uma pesquisa dos psicólogos Clifford Notarius e Howard Markman, basta um comentário agressivo ou passivo-agressivo para apagar vinte atos de gentileza.

Quando o seu relacionamento contém medo e críticas, é difícil se sentir livre para ser você mesmo. Você desempenha um papel para que você e o relacionamento correspondam às exigências do seu parceiro. Existe certo grau de encenação em muitas das funções que desempenhamos e no nosso emprego. Em maior ou menor grau, muitas vezes recorremos a uma versão ligeiramente controlada, aprimorada ou treinada de nós mesmos para nos ajustarmos a diferentes circunstâncias. Não podemos esperar nos sentir totalmente autênticos em todas as situações do dia a dia, mas, com o nosso parceiro, não devemos ter a sensação de estar vivendo uma mentira.

Você não precisa terminar imediatamente o relacionamento ao perceber que está agindo por medo. Primeiro tente compartilhar mais sobre quem você é de fato. Comece a desfazer essas ilusões. Você pode dizer: "Olhe, sei que eu disse que gosto de beisebol, mas na verdade não gosto. Prefiro não assistir mais aos jogos com você." Na maioria dos relacionamentos, algo assim provavelmente não seria um grande problema, mas outras situações podem apresentar riscos muito maiores. Talvez você tenha que dizer: "Eu sei que disse que não quero ter filhos, mas não estava sendo honesto. Achei que, com o tempo, você mudaria de ideia. A verdade é que eu quero, sim, ter filhos e tenho a sensação de que estou perdendo alguma coisa se não os tiver." Ou talvez você queira fazer uma mudança significativa em sua vida cotidiana – se mudar ou buscar um novo propósito. Se está profundamente envolvido no relacionamento, faça um esforço significativo para expressar quem você realmente é. Ser julgado a curto prazo é melhor do que ficar preso na situação errada a longo prazo. Se a única forma de manter o relacionamento é você fingir ser alguém que não é, está na hora de pensar em pôr um fim nele.

Não encare essa jornada como algo que você deva empreender sozinho. A solidão e o isolamento podem nos impedir de tomar a difícil decisão de terminar. Podemos ter medo de como nossa vida vai mudar sem aquela pessoa ou aquela situação. Mas outras pessoas sofreram como você, outras estão sofrendo agora e outras terminaram. Você pode precisar de ajuda, e não há vergonha alguma em admitir que se está em uma situação perigosa e pedir ajuda e apoio.

Em algum lugar lá no fundo, minha amiga Judy sabia que estava na hora de deixar o marido. Ela me disse: "Não tenho problemas para tomar decisões no trabalho. Sempre me orgulhei de ser lúcida e segura. Mas, embora não fôssemos mais felizes, embora eu tivesse que lidar com o desprezo e o desrespeito dele todos os dias, deixar o pai dos meus filhos parecia de alguma forma estar além das minhas forças." Ela hesitava em conversar com os amigos. "Ficamos 24 anos juntos. Estava com vergonha de admitir há quanto tempo eu estava infeliz e quão ruins as coisas tinham ficado. E às vezes tinha a impressão de que os amigos só querem que nós continuemos juntos – isso faz com que eles se sintam mais estáveis em seus casamentos." Judy acabou recorrendo a uma comunidade on-line de mulheres. "Eu não as conhecia e nenhuma delas era especialista, mas pude apresentar minha situação de forma anônima e o mais subjetivamente possível. A sabedoria coletiva delas dava conta de muitos aspectos das coisas pelas quais eu estava passando: minha necessidade de autonomia, meu apego ao passado, meu compromisso com meus votos de casamento, minhas esperanças para o futuro, meus medos de ficar sozinha, minha preocupação com os meus filhos e meu temor de que a reação do meu marido pudesse colocar nossa família em perigo. Levando em consideração o grupo inteiro, elas já haviam passado por tudo aquilo. Saí quase surpresa com o grau de clareza que eu tinha. Além disso, elas me apresentaram a formas de me comunicar com meu marido que nunca teriam me ocorrido depois da sobrecarga emocional ao longo dos anos e me colocaram em contato com recursos locais para garantir que eu estivesse segura." Não há razão para ficar sozinho na hora de tomar decisões difíceis e adentrar o desconhecido. Procure ajuda ou especialistas, seja por meio de fóruns virtuais, livros, amigos ou instituições. Você merece amor e respeito, e sua segurança é inegociável.

A infidelidade é um desafio extremo

Uma das razões mais comuns pelas quais as pessoas terminam relacionamentos é a traição. De acordo com dados dos centros comunitários de saúde, dentre os casais em que um parceiro admitiu ter cometido uma traição, apenas 15,6% conseguiram se recuperar. Existem diversos tipos de problema que podem levar um parceiro a trair o outro, e existem livros inteiros sobre como lidar com isso, mas não há dúvida de que, uma vez que a confiança é quebrada, apenas o trabalho profundo e o compromisso de ambos os lados são capazes de reconstruí-la.

Em *NOT "Just Friends"* (NÃO "apenas amigos"), a psicóloga e especialista em infidelidade Dra. Shirley Glass escreve que, após a traição, é natural querer terminar o relacionamento imediatamente, e essa talvez seja a decisão acertada. Mas pode ser difícil ter certeza quando as emoções estão à flor da pele. "Mesmo que ainda não tenha certeza se [o relacionamento] pode ser salvo", escreve ela, "você não deve tomar sua decisão com base no ponto mais baixo do seu relacionamento. Para fazer o trabalho duro antes de explorar o significado da infidelidade, você vai ter que construir uma base de compromisso, carinho e comunicação compassiva." Para o parceiro que foi traído, isso exige dar o melhor de si. "Você e o seu parceiro podem trabalhar em conjunto para criar uma atmosfera de cura que seja calma, onde as informações possam ser compartilhadas e onde o cuidado comece a uni-los novamente. [E você] pode começar a fazer reparos específicos no relacionamento que ajudarão os dois a se sentirem mais conectados." Em uma pesquisa com casais que passaram pela infidelidade, quando a pessoa que traiu estava disposta a responder honestamente às perguntas do cônjuge, 72% disseram ter sido capazes de reconstruir a confiança.

Além disso, para restaurar a confiança, a pessoa traída precisa perdoar. De acordo com o terapeuta matrimonial e familiar Jim Hutt, se o parceiro que foi traído continuar a punir e a repreender o outro, o relacionamento está condenado. Portanto, se você se encontra em uma situação em que esteja punindo a outra pessoa, também estará punindo a si mesmo. Ninguém espera que você perdoe instantaneamente, mas é necessário aceitar o fato de que, ainda que o outro tenha quebrado a sua confiança, ambos precisam fazer um esforço para restaurá-la.

Em alguns casos, os casais dizem que a cura após a infidelidade resultou em ainda mais confiança do que antes, portanto a cura *é possível*. Mas é necessário comprometimento total de ambos. E isso leva tempo. Glass observa que, em uma amostra de 350 casais que passaram por um caso de infidelidade, aqueles que participaram de pelo menos dez sessões de terapia juntos "tiveram uma chance muito maior de continuar juntos" do que aqueles que foram a menos sessões.

Se foi você quem traiu, não termine seu relacionamento por causa de outra pessoa. Termine por si. Se traiu seu parceiro, você não teve tempo para se entender. Vocês dois construíram algo juntos. E, se isso desmoronou, termine. Mas deixe a poeira baixar antes de encontrar outra pessoa. Se você entrar em um novo relacionamento enquanto nuvens de poeira ainda estiverem flutuando ao seu redor, esses detritos vão impregnar o novo relacionamento. Você não quer acabar em outra confusão com os mesmos problemas.

O assistente social Robert Taibbi explica por que os relacionamentos de rebote parecem tão atraentes. "Uma vez que o relacionamento tenha acabado, há um vazio na sua vida, [...] uma perda e uma tristeza porque o apego psicológico foi quebrado." É fácil ter a perspectiva estreitada e enxergar apenas o que há de ruim no relacionamento e no seu parceiro. Então você acha que a solução é fácil: "Encontre alguém que não seja desse jeito." Mas é claro que você ainda é a mesma pessoa que era em seu último relacionamento, então alguns dos desafios o acompanharão. Na prática, uma pesquisa da socióloga Annette Lawson mostra que apenas um em cada dez indivíduos que trocaram o casamento por outra pessoa acabou se casando com aquela com quem teve o caso.

EXPERIMENTE ISTO: ANALISE OS SEUS MOTIVOS PARA TERMINAR

Está fazendo isso realmente por você ou ficou deslumbrado com uma pessoa nova muito atraente? Analise por si mesmo.

CONSIDERAÇÕES

1. *Teste da tentação.* Se não tivesse conhecido a pessoa nova, você continuaria com o seu atual parceiro? Se a resposta for sim, você deve se concentrar em reavivar o relacionamento.
2. *Teste de realidade.* Se um mágico lhe contar como faz um truque, o truque deixa de ser tão fascinante. Um novo relacionamento é cheio de magia, mas não nos conta nada sobre o que vai restar quando a magia desaparecer. Presuma que a tela em branco do seu relacionamento com a nova pessoa vá desenvolver as próprias rachaduras. Você está preparado para lidar com elas à medida que surgirem ou vai deparar com a mesma sensação de frustração e desilusão?
3. *Teste de karma.* Lembre-se de que, se terminar um relacionamento para ficar com outra pessoa, seu novo parceiro pode fazer o mesmo com você. Certifique-se de que, ao terminar, você acredita genuinamente que não há futuro com o parceiro atual e que prefere ficar sozinho a ficar com ele.

Perda de interesse

O advogado de divórcios Joseph E. Cordell diz que um problema que costuma ver é a falta de comunicação no dia a dia, quando os cônjuges "paravam de compartilhar ou conversar sobre o que estava acontecendo na vida de cada um". Isso pode fazer com que seu parceiro tenha a sensação de que não é uma parte significativa da sua vida. Depois de dez anos de casamento, você pode não correr para a porta para receber seu parceiro quando ele chega do trabalho, mas, em geral, vê-lo deve ser uma experiência positiva. Há algo errado se, quando o nome dele aparece no identificador de chamadas, você não atende. É muito importante se perguntar: *Por que estou evitando esta ligação?*

Uma das razões pelas quais evitamos alguém é não querermos perder tempo ouvindo sobre a vida dessa pessoa. Não percebemos mais o que há de interessante nela porque não nos conectamos há muito tempo. É difícil admitir isso para nós mesmos porque gostamos de acreditar que somos atenciosos e estáveis. Para avaliar isso, pergunte a si mesmo se há pessoas em sua vida que você realmente procura, que se sente animado em ter por perto, em conversar. Isso o ajudará a entender se esse é um problema generalizado ou se é algo relacionado a esse relacionamento específico. Observe também se esse sentimento é contínuo ou se é apenas uma fase. Se descobrir que nunca sente um toque de entusiasmo para estar com seu parceiro, isso indica que seus sentimentos em relação a ele mudaram permanentemente.

Mesmo que não esteja evitando o seu parceiro, ainda assim é um mau sinal se você se sentir esgotado e desanimado ao lado ele.

Outro sinal de que o interesse está minguando é quando você não deseja compartilhar imediatamente boas ou más notícias com o seu parceiro. Pense em quem vem à sua mente quando você tem uma boa notícia para contar. Se o seu parceiro não está entre os três primeiros, isso provavelmente significa que você acha que ele não é importante o suficiente para ouvi-las ou que não se importa com elas tanto quanto deveria. Quando paramos de compartilhar informações íntimas com as pessoas é porque não sentimos mais uma conexão íntima com elas. Claro, pode ser que certos tipos de boas notícias não sejam fundamentais para os valores de seu parceiro – ele não precisa ficar feliz por você ter comprado um suéter novo –, mas, em geral, você deve ter a sensação de que ele fica feliz ao vê-lo feliz e de que procura consolá-lo ao vê-lo triste.

Um claro sinal de que o interesse desvaneceu é não acharem mais que têm algo a aprender um com o outro. A terapeuta familiar e de casais Marilyn Hough descreve um casal a que atendia que parou de crescer junto. Jane estava estudando para se tornar terapeuta e Tom era engenheiro e único provedor da família. Ele achava que o desejo de Jane de se tornar terapeuta era uma perda de tempo. Jane não se sentia vista pelo marido e Tom achava que faltava apoio ao seu trabalho. Eles pararam de crescer juntos, e Hough diz que, quando chegaram à terapia, "essa lacuna era grande demais para ser preenchida. Muitos anos haviam se passado sem que eles comunicassem seus verdadeiros sentimentos e desejos". A partir daí, não se tratava mais de tentar consertar o relacionamento, mas sim de negociar uma separação consciente e respeitosa.

Quando um ou ambos os parceiros não estão mais se esforçando no relacionamento, pode ser que tenham deixado de se amar. Para aquele que perdeu o interesse, isso pode ser difícil de explicar. Também é uma verdade difícil de se ouvir e compreender. Nenhum relacionamento é perfeito o tempo todo. Mas, quando surgirem desafios, observe se você é o único que está tentando superá-los.

Atrofia da intimidade

Às vezes o principal desafio em um relacionamento não é uma divergência ou um comportamento inaceitável. Às vezes o que temos diante de nós é um problema de desconexão. No começo, a relação é repleta de potência. Sentimos atração. Sentimos um fluxo positivo de energia. Então, com o passar do tempo, essa empolgação inicial inevitavelmente diminui e sentimos falta dela. Ainda amamos o nosso parceiro, mas nos questionamos por que as coisas não são o que costumavam ser e se não deveríamos nos sentir tão conectados quanto antes.

Uma cliente minha diz que tem amigos com quem pode conversar por horas, mas não sabe do que falar com a namorada. Ela me perguntou se isso significava que sua namorada não era "a pessoa certa". Eu disse a ela que, da mesma forma que uma planta precisa de luz, água, terra, nutrientes e abrigo, precisamos continuar cuidando do nosso relacionamento, para que ele floresça ao longo do tempo. Você pode se perguntar: *Bem, por que não comprar uma planta nova?* Mas, se fizer isso, da mesma forma terá que aprender a regar essa planta nova todos os dias.

CULTIVANDO A INTIMIDADE

Cultivamos a intimidade em nossos relacionamentos aprendendo e crescendo juntos. Conheço muitos casais que dizem não ter nada em comum. Caso se sentassem juntos para jantar, não teriam sobre o que conversar. Em momentos como esse, tendemos a recorrer à negatividade. Fazemos fofoca, criticamos ou reclamamos das pessoas com quem interagimos ou das coisas que fizemos. Como diz uma frase atribuída a Eleanor Roosevelt: "Grandes mentes conversam sobre ideias; mentes medianas conversam sobre acontecimentos; mentes pequenas conversam sobre pessoas." Quando nos conectamos a partir de questões negativas, geramos uma vibração baixa – uma energia fraca que não dura muito tempo nem proporciona satisfação. Quando nos conectamos de maneira neutra sobre assuntos rotineiros, como horários ou tarefas, geramos uma vibração média que não promove intimidade nem amor. Mas, quando experimentamos coisas juntos, aprendendo um com o outro, geramos uma alta vibração que alimenta e estimula nossa conexão.

VIBRAÇÕES ALTAS X BAIXAS

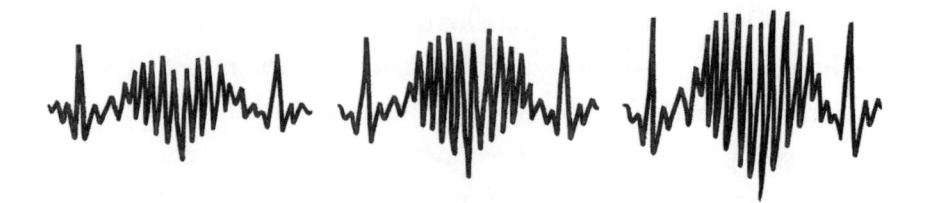

<u>Baixas</u>
Conectar-se
com o parceiro
fofocando
sobre alguém

<u>Médias</u>
Conectar-se
com o parceiro
tratando de
listas de afazeres

<u>Altas</u>
Conectar-se
com o parceiro
ao descobrir um
hobby em comum

Se você não consegue gerar uma vibração alta, pode ser porque não tem novas ideias para compartilhar. Você não está se dedicando ao seu desenvolvimento; não está lendo nem assimilando novos conceitos ou obras de arte. Você nunca será capaz de redefinir ou atualizar um relacionamento se continuar fazendo sempre a mesma coisa. Repetir atividades pode ser confortável e relaxante, mas você não aprende nada de novo sobre o seu parceiro através de rotinas já conhecidas. Por outro lado, se você estiver crescendo, pode ajudar a parceria a crescer. A intimidade se desenvolve e prospera quando nos abrimos mais, quando experimentamos ideias e ficamos vulneráveis. Isso aprofunda o vínculo.

Você não pode encomendar novos pensamentos e filosofias e esperar que cheguem pelo correio. Você expande o seu mundo ao explorá-lo com o seu parceiro. A gente cria intimidade por meio de aventuras compartilhadas: entretenimento, experiências e experimentos, e o aprendizado de novas coisas. Tudo isso tendo em vista o mesmo fim. Uma experiência compartilhada nos permite refletir, compartilhar nossas opiniões e ver se estamos de acordo. Aprendemos um sobre o outro e um com o outro.

Antes da pandemia, Radhi e eu fazíamos eventos em casa, nos quais convidávamos os amigos mais próximos para uma bela e profunda meditação. Nós dois damos muito valor à meditação e à espiritualidade, e esses eventos nos permitiam servir aos nossos amigos em conjunto. Radhi planejava o cardápio e a decoração, enquanto eu fazia a lista de convidados e o convite e cuidava de toda a logística. Depois que o encontro acabava e todo mundo voltava para casa, nos sentíamos felizes e gratos por termos feito aquilo juntos. Podemos conquistar coisas em nossa vida e em nossa carreira individualmente, mas nossos relacionamentos anseiam por conquistarmos coisas juntos. Esses encontros ajudaram a formar uma comunidade e, ao mesmo tempo, deram um propósito ao nosso relacionamento.

Entretenimento

Ao fim de um longo dia, a maioria das pessoas se sente cansada demais para fazer qualquer coisa além de se encolher diante da TV. Muitas vezes, estamos tão sobrecarregados e exaustos que gravitamos em torno do entretenimento como a maneira mais fácil de nos conectar com nosso parceiro. Se você adquiriu o hábito de passar ainda mais tempo vendo TV durante a pandemia, não está sozinho. Eu desenvolvi uma quedinha pelo reality show *Sunset – Milha de ouro*, sobre o mercado imobiliário, mas não me orgulho disso. No entanto, existem formas de melhorar a intimidade do casal mesmo vendo TV juntos. Em primeiro lugar, não faça várias coisas ao mesmo tempo nessa hora. Fique longe do laptop ou do celular, para estar presente com o seu parceiro. Escolha algo envolvente e conversem depois sobre o que viram. Não precisamos obrigar nosso parceiro a fazer uma crítica elaborada, mas você pode se esforçar para fazer perguntas sobre o que ele achou do programa, para mantê-lo envolvido e conectado. O entretenimento é apenas uma das três categorias que sugiro aqui. Não estou dizendo que você não deve recorrer a ele nunca, mas, se usá-lo para ocupar

100% do seu tempo livre juntos, não se surpreenda se vocês ficarem sem assunto! Seu cérebro vai gostar se você fizer um esforcinho para experimentar coisas novas. Vale a pena se esforçar mais para aprofundar a intimidade.

Experiências e experimentos

Experiências e experimentos exigem mais planejamento e energia do que o entretenimento, mas as recompensas valem a pena. Na sequência, vocês podem compartilhar seus pensamentos e comentários um com o outro. As experiências não precisam ser do outro lado do mundo, caras nem radicais. Pode ser o lançamento de um livro, um show de mágica, uma exposição de arte, música ao vivo em um bar. Vocês podem visitar uma feira de produtores, ir a uma aula de culinária, uma degustação de vinhos, fazer aula de dança juntos, planejar um piquenique, fazer uma caminhada, passear de carro para ver as decorações festivas ou dar uma volta depois do jantar. Não arraste a outra pessoa para um evento que só interessa a você. Dê uma olhada nas opções mais próximas e encontre algo que desperte a curiosidade de vocês e tire ambos da sua zona de conforto. Cada uma dessas atividades vai ajudar você a aprender sobre seu parceiro, a se sentir mais seguro com ele e reavivar a intimidade. Isso dá ao relacionamento espaço e resiliência para vocês lidarem com questões importantes à medida que elas surgirem.

Vocês também podem planejar férias juntos. Tire um tempo toda semana para falar sobre suas preferências: se preferem conhecer uma nova cidade à noite ou alugar um Airbnb no deserto, se querem fazer reserva em restaurantes e atividades com antecedência ou improvisar. Um estudo de 2000 encomendado pela U.S. Travel Association (não há viés aqui!) descobriu que casais que viajam juntos são significativamente mais felizes e saudáveis em seus relacionamentos. Oitenta e seis por cento dos casais que viajam juntos disseram que o romance entre os dois ainda estava vivo e 63% acham que viajar efetivamente inspira o romance. E 68% dos casais acreditam que viajar juntos a lazer é *fundamental* para um relacionamento saudável. De acordo com o relatório, viajar ajudou as pessoas a priorizarem o cônjuge. Quando viajam juntos, os casais ficam mais aptos a deixar de lado suas outras obrigações e a se concentrar um no outro.

Todo mês, Radhi e eu tentamos fazer uma pequena viagem juntos. Pode ser uma escapadinha nas proximidades ou um bate e volta, se for o máximo que vocês conseguirem. Viajar juntos não é meramente ir para um lugar novo. Estar em um lugar sem distrações ajuda os casais a se aprofundarem e se aproximarem.

Servir aos outros, fazer trabalhos de caridade, ser voluntários juntos – essas atividades estão profundamente ligadas à época em que eu vivia como monge. Metade do tempo de monastério, eu me dedicava ao silêncio, à autorreflexão e ao estudo; e a outra metade, ao serviço, tentando fazer a diferença no mundo. Conheço casais que se conheceram durante algum trabalho voluntário e outros que fazem ações do tipo regularmente – todos me contam que é uma experiência muito bonita. Radhi e eu sempre prestamos serviços juntos, seja organizando eventos de caridade, alimentando os sem-teto ou reunindo um grupo para aprender com um especialista.

Da mesma forma que a música e o sexo, o ato de servir aumenta nossos níveis de oxitocina. Também foi demonstrado que reduz os níveis de estresse e cria conexão social. É fácil se conectar ao ajudar os outros juntos. Ganhamos perspectiva sobre questões da vida real. Experimentamos a gratidão juntos. Sentimos ao mesmo tempo que temos um propósito maior.

Uma pesquisa do WalletHub de 2017 descobriu que casais que fazem trabalho voluntário juntos tinham maior probabilidade de continuar casados. Não nos conectamos apenas através de filmes e programas de TV, mas estreitamos nossos vínculos por meio de crenças e de um senso compartilhado de missão.

Algumas das melhores experiências são experimentos – em que

você e seu parceiro fazem algo novo juntos. Você não apenas aprende uma coisa nova – aprende sobre si mesmo e sobre o seu parceiro. Quanto mais vulnerável estiver ao fazer experimentos, mais intimidade irá sentir. Um estudo do psicólogo Arthur Aron e colegas descobriu que os casais que se dedicam a fazer atividades novas e emocionantes juntos são capazes de melhorar a conexão e o vínculo.

Procure aventuras que não se encaixem na área de especialização de nenhum dos dois. Você não quer experimentar um esporte em que um de vocês tenha uma vantagem natural nem um jogo que um de vocês pratica há anos. Para construir intimidade, o objetivo é que ambos sejam novatos, para que se sintam inexperientes e curiosos juntos. Vocês dois se sentem igualmente desconfortáveis. Vocês dois vão aprender algo novo. Vão depender um do outro e precisar de confiança mútua. Uma trilha desafiadora, uma visita a uma casa mal-assombrada, exploração de cavernas, patinação ou, o meu preferido, um *escape room*. A intimidade aumenta quando vocês se expõem um ao outro em um momento de vulnerabilidade. Uma vez, Radhi e eu fomos a um ateliê onde havia cavaletes, telas, pincéis e tintas. Vestimos macacões e nos deixaram pirar. Era novo e libertador poder jogar tinta spray onde quiséssemos e criar sem preocupação com o resultado. Em outra oportunidade, fomos a uma *rage room* cheia de garrafas, latas de lixo, computadores velhos e aparelhos de fax quebrados. Nos deram barras de metal e tacos de beisebol e carta branca para quebrar as coisas todas para "desestressar". Radhi e eu ficamos hesitantes. Não somos pessoas violentas. Na saída, estávamos mais estressados do que quando entramos.

Atividades assim são um microcosmo do relacionamento. Elas não apenas ajudam vocês a participar de um jogo; elas efetivamente ensinam sobre o seu relacionamento sem adotar um tom de seriedade. Pesquisas mostram que a brincadeira é o estado mental em que aprendemos melhor e que ela é essencial para a saúde da mente. Quando vocês experimentam uma atividade nova e desafiadora juntos num contexto em que o sucesso não importa, podem se soltar e aprender. Você não apenas percebe os pontos fracos do seu relacionamento, mas enxerga também seus pontos fortes. Além disso, os dois ganham prática em cometer erros juntos em uma situação de baixo risco. **Quando vocês conquistam algo novo juntos, carregam essa experiência para todas as áreas da vida.**

Atividades novas são especialmente eficazes em estreitar vínculos quando o tiram da sua zona de conforto, levando-o a fazer algo ousado ou desafiador, seja o que for – desde pular de paraquedas e andar de jet-ski até uma oportunidade de superar o medo de altura. Arthur Aron e Don Dutton contrataram uma mulher atraente para entrevistar homens que haviam acabado de cruzar uma ponte muito alta e um tanto instável (embora não verdadeiramente perigosa) e homens que haviam acabado de cruzar uma ponte normal e estável. Em ambos os casos, ela fez algumas perguntas a eles, disse que, se "quisessem conversar mais", poderiam ligar para ela e deu seu número de telefone. Dentre os que haviam acabado de cruzar a ponte instável, nove dos dezoito ligaram para ela. Dentre os que haviam cruzado a ponte estável, apenas dois dos dezesseis ligaram.

Aron e Dutton usaram o estudo para indicar a "imputação equivocada de excitação" (os homens experimentaram excitação física ou não por causa da ponte, e isso teve um efeito halo na mulher). Mas e se os homens estivessem simplesmente se sentindo encorajados por uma onda de confiança depois de terem cruzado a ponte? Em um estudo subsequente feito com o objetivo de esclarecer os resultados, os pesquisadores geraram excitação física dizendo aos participantes do sexo masculino que, como parte do estudo, eles receberiam um choque elétrico. Alguns foram informados de que esse choque seria leve, outros foram informados de que seria doloroso. Mais uma vez, uma mulher atraente, que ostensivamente também participava do estudo, estava presente. Os participantes foram informados de que o pesquisador levaria alguns minutos para configurar o dispositivo de choque, então, enquanto aguardavam, eles deveriam preencher vários questionários. Um questionário avaliava o nível de atração deles pela mulher que estava participando do estudo. O que se constatou foi que aqueles que esperavam receber o choque doloroso experimentaram significativamente mais atração do que aqueles que esperavam apenas um choque leve. Essa pesquisa mostra por que coisas novas e emocionantes – qualquer coisa que desperte nossos sentidos – podem ajudar a reviver e renovar nosso interesse pelo parceiro. A conclusão foi que "uma pequena carga de estresse pode estimular o sentimento amoroso".

Não precisamos pôr nossa vida em risco, mas a novidade e a emoção de algo novo ou ousado deixam nossos sentidos aguçados e podem criar um forte sentimento de atração romântica. A Dra. Lisa Marie Bobby, fundadora e diretora clínica da Growing Self Counseling & Coaching, diz: "Esses momentos compartilhados se transformam em tema de conversas e de conexão contínua." Quando vocês vivem uma experiência juntos, isso pode mostrar como o seu parceiro é atencioso. Se você está prestes a fazer algo ligeiramente ousado e um de vocês está dando suporte ao outro, pode descobrir que os papéis se invertem. Digamos que você esteja prestes a descer um toboágua muito alto. A pessoa que estava visivelmente confiante na subida pode não ser a mesma que está confiante na descida. E você começa a ver como ambos se apoiam mutuamente. É lindo sentir isso com seu parceiro em um contexto como esse, porque, mesmo que os riscos sejam baixos, você percebe que seu parceiro tem essa capacidade de cuidar. Também é possível que você perceba que não há nenhum cuidado, atenção, empatia, compaixão ou apoio. Se for esse o caso, agora você consegue enxergar com mais clareza o vazio que está atrasando o seu relacionamento.

Aprendizado de coisas novas

A terceira forma de fortalecer a intimidade é por meio do aprendizado. Falamos sobre essa opção quando um ou ambos estão tentando aprender sobre seu propósito. Isso pode exigir mais tempo e dedicação, mas é um ótimo modo de dar apoio ao crescimento um do outro. Se vocês compartilham os mesmos interesses, podem fazer uma aula juntos. Talvez você queira participar de um seminário sobre o mercado imobiliário ou fazer uma aula de jardinagem. Não fique achando que vocês precisam fazer exatamente a mesma coisa. Cada um pode se dedicar aos próprios interesses e depois compartilhar seu aprendizado. O objetivo é expandir seu conhecimento, a fim de ter algo novo a trazer para o debate.

Uma última forma de criar intimidade: expressando gratidão. Quando caímos na apatia com o nosso parceiro, muitas vezes paramos de apreciar o que ele diz, faz ou conquista. Como já falamos, você deve agradecer ao seu parceiro por cozinhar para você. Deve agradecer a ele por tirar o carro da garagem para que você possa sair na hora. Deve agradecer por ligar apenas para saber como você está e por abastecer o carro. Deve agradecer por trocar a bateria do controle remoto e por voltar à sala para apagar as luzes antes de dormir. Por que alguém não aproveitaria essas oportunidades?

Quanto mais atenção damos ao nosso parceiro, mais admiramos a consideração dele e maior é a probabilidade de respondermos da mesma forma. Quando eles se sentem apreciados, ficam agradecidos por nossa consideração e provavelmente continuarão a ser atenciosos e retribuirão nossa gratidão. Assim experimentamos um ciclo de gratidão, em que ambos têm cada vez mais chances de sentir o amor ao executar tarefas simples para o parceiro.

ELEVAR OU SEPARAR

Se, apesar de nossos esforços para cultivar a intimidade, nosso relacionamento enfrentar alguma ameaça estrutural relevante, ficamos diante de uma escolha. O amor é imperfeito, mas isso não significa que precisemos continuar em um relacionamento que não seja saudável. Vamos ver como vocês podem saber se devem resolver os problemas e encontrar formas de crescer ou se devem se separar. Não existe certo ou errado; o que existe são apenas duas alternativas: continuar com o crescimento – optando por elevar o relacionamento – ou decidir pela separação.

Na verdade, existe uma terceira alternativa, que muitas pessoas escolhem por inércia: podemos continuar do jeito que estamos. A estagnação nunca é boa – devemos estar sempre em crescimento. Mas uma forma de crescer é *aceitar* as coisas como elas são. Às vezes não sentimos o que costumávamos sentir em relação ao nosso parceiro porque estamos sobrecarregados de trabalho e de responsabilidades e não temos tempo para cultivar o relacionamento. Podemos começar a achar que existe alguém melhor por aí, alguém com quem jamais brigaríamos e que sempre nos divertiria, mas não é justo que nosso parceiro tenha que competir com essa fantasia. Nesse caso, faz sentido abandonar a fantasia e perseverar no relacionamento.

Se sua tolerância para administrar conflitos e estresse for baixa, será difícil ficar com quem quer que seja. Antes de desistir de um relacionamento, devemos nos perguntar se não estamos esperando demais do nosso parceiro. Se um amigo estiver ajudando você com a mudança e você lhe pedir que carregue uma caixa grande demais, ele poderá dizer: "Sinto muito, mas acho que essa é pesada demais para mim."

Você não interpretaria a recusa dele em ajudar como um sinal de falta de amor. Ele só não tem condições de oferecer a ajuda de que você precisa. Nossos parceiros não estão necessariamente preparados para nos dar suporte em todas as áreas da vida. Seu parceiro não é uma loja de departamentos, aonde você vai para suprir todas as suas necessidades. Falamos muito sobre a necessidade de ter uma rede de apoio, mas nunca falamos nem pensamos sobre como essa rede deve ser.

> **EXPERIMENTE ISTO: CONSTRUA UMA REDE DE APOIO**
> Identifique as pessoas a quem você pode recorrer para obter apoio nas principais áreas da vida. Você pode fazer isso por conta própria ou junto a seu parceiro, para que os dois compreendam a rede de apoio um do outro.
>
> *Pessoal.* A quem você recorre quando duvida de si mesmo, quando quer discutir seus valores, quando deseja aprofundar sua espiritualidade ou comemorar suas conquistas?
>
> *Financeiro.* Quem pode lhe dar os melhores conselhos quando você tiver dúvidas sobre sua carreira, seus rendimentos e sobre decisões financeiras?
>
> *Mental/emocional.* A quais amigos ou recursos você pode recorrer para obter orientação e apoio em questões de saúde mental?
>
> *Saúde.* A quem você pode recorrer para tirar dúvidas sobre sua saúde? Quem seria uma boa pessoa com quem falar se você tiver um problema de saúde difícil de lidar em termos logísticos ou psicológicos?
>
> *Relacionamentos.* Quando tem dificuldades ou conflitos com amigos, familiares, colegas ou com seu parceiro, quem você procura em busca de apoio e conselhos?
>
> Ao identificar suas redes de apoio juntos, vocês conseguem entender em quais aspectos é melhor apoiarem um ao outro e em quais aspectos devem recorrer a outras pessoas sem culpa nem vergonha de nenhum dos lados.

Seu relacionamento pode ter graves rachaduras que precisam de conserto, mas vocês querem uma vida melhor juntos e estão dispostos a descobrir como melhorá-la. Talvez haja uma área em que você não confie totalmente em seu parceiro e queira ver se consegue desenvolver essa confiança. Ou quem sabe você tenha passado algum tempo desenvolvendo intimidade e se sinta pronto para abordar alguns dos problemas que foram surgindo ao longo do tempo. Você acredita que o progresso traria benefícios à sua parceria. Nesse caso, vocês podem optar por crescer em vez de terminar. Elevar-se em vez de se separar.

Com os clientes, desenvolvi um processo de quatro etapas para ajudá-los a descobrir se um problema é realmente intolerável a ponto de levar ao fim do relacionamento ou se é possível – já que esperam se elevar – encontrar uma forma de ver o problema de maneira diferente e, finalmente, aceitá-lo. Começamos por identificar um problema *intolerável*. Ele é uma divergência entre você e o seu parceiro que pode ser um motivo para vocês não ficarem juntos. Em geral, é um ponto recorrente de frustração que você acha que pode levar ao fim do relacionamento. Então conduzimos essa questão por um caminho: do *intolerável* ao *tolerável*, da *compreensão* à *aceitação*. Às vezes encontramos até mesmo nosso caminho rumo à *apreciação*, um ponto no qual acabamos por admirar nosso parceiro por algo que antes considerávamos intolerável.

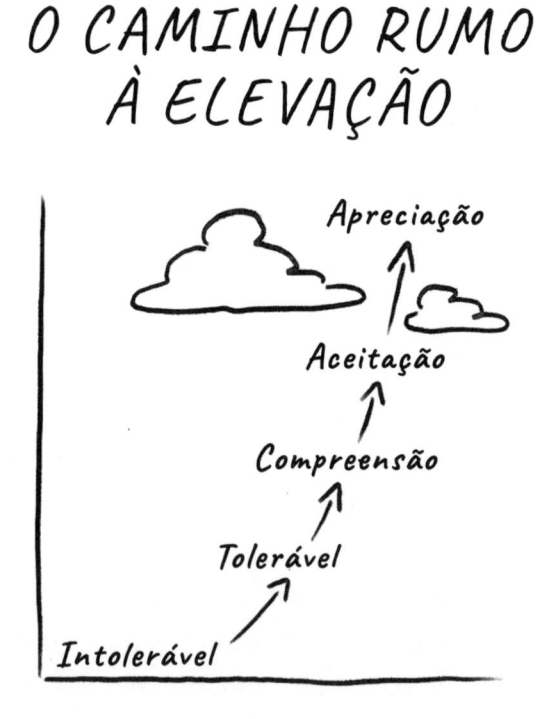

O CAMINHO RUMO À ELEVAÇÃO

Apreciação
Aceitação
Compreensão
Tolerável
Intolerável

A jornada da intolerância à aceitação tem a ver com quão paciente você pode ser e até que ponto – com a sinceridade e o comprometimento de seu parceiro – você é capaz de mudar de perspectiva. Ainda que façamos os maiores esforços, alguns comportamentos ou circunstâncias podem continuar sendo intoleráveis ao fim desse processo, e assim você fica sabendo que precisa se separar. Mesmo se os seus esforços não derem resultado, você estará ciente de que fez o seu melhor. No entanto, se não quiser se dar a esse trabalho, pode continuar como está ou optar por se separar.

Intolerável

Tenho uma cliente, Sonia, cujo marido, Rohan, insistiu em dar entrada em um carro caro em vez de pagar a dívida do cartão de crédito. Eles tinham dois filhos e ela estava preocupada não só com a situação financeira deles, mas também com o fato de ele estar dando um exemplo de irresponsabilidade e consumismo para os filhos. Para ela, essa era uma questão intolerável: uma ruptura que vinha surgindo havia algum tempo, e ela não conseguia imaginar continuar a viver assim. Outros exemplos podem ser um parceiro cuja vida profissional exige que ele trabalhe demais, enquanto você deseja um parceiro mais presente. Talvez ele espere que vocês tenham um relacionamento à moda antiga, em que um trabalha e o outro cuida da casa, mas não é isso que você tinha em mente. Ou se ele sonha em passar as férias inteiras explorando uma nova cidade, enquanto você só quer ficar deitado na praia e não consegue imaginar como será possível conciliar o tempo de lazer se ficarem juntos. Ou talvez seu parceiro não consiga controlar os gastos dele e esteja deixando vocês dois endividados. Esses exemplos apresentam vários graus de divergência, e você certamente vai enfrentar rupturas similares em seus relacionamentos. Às vezes elas vão acabar decretando o fim; outras vezes, se for um relacionamento que você esteja determinado a proteger, vão expandir seus horizontes.

Da mesma forma que a minha cliente com o marido apaixonado por carros, seu impulso pode ser achar que não há como tapar esse buraco a menos que a outra pessoa mude o comportamento intolerável. A primeira pergunta que deve se fazer é: você ama essa pessoa o suficiente para conviver com algum desconforto enquanto lida com o problema? Se a resposta for não, não há como conviver com esse problema, não importa o que aconteça, e isso nunca vai mudar, já que você simplesmente não se importa com essa pessoa o suficiente para resolver a questão.

Tolerável

Minha cliente Sonia não estava disposta a desistir de Rohan. Ele não era irresponsável e consumista com outras coisas, e ela estava determinada a encarar a jornada para descobrir exatamente o que havia por trás daquela história do carro. Ela queria entender por que ele era tão teimoso sobre aquele assunto em particular. O primeiro passo na jornada do intolerável para a aceitação é, por mais relutante que você esteja, admitir que *pode* haver alguma forma de lidar com o problema. Você acredita que ambos podem encontrar uma saída, mesmo que não façam ideia de qual seja. Admitir isso, por si só, já torna tolerável uma questão intolerável. Você está disposto a investir tempo para entender as coisas pelas quais a outra pessoa passou e como essa diferença entre vocês surgiu a partir da trajetória dela. Ela está disposta a se explicar e buscar ser compreendida. É assim que a sua capacidade de sentir empatia cresce.

Compreensão

Quando Sonia começou a conversa com Rohan sobre o carro, deixando claro que só estava tentando entender, ela descobriu que, quando ele era pequeno, pegava três ônibus para ir para a escola, e isso era uma vergonha para ele. Todos os seus amigos iam para a escola nos belos carros de seus pais, e ele jurou que jamais deixaria os filhos passarem pelo que havia passado.

Sonia continuou a não concordar com ele, mas agora olhava de forma compassiva para o seu comportamento. Não era meramente uma imprudência financeira – a questão tinha raízes emocionais profundas. Então ela se tornou capaz de trazer sua compreensão para as discussões que os dois têm sobre o carro. Ela poderia ajudá-lo a se curar em vez de fazê-lo se sentir dividido entre sua necessidade e a insatisfação dela. Eles ainda não resolveram o problema – mas deram muitos passos nessa direção.

De acordo com o terapeuta de casais e famílias Dr. John Gottman, 69% dos conflitos no casamento têm a ver com problemas contínuos e nunca são resolvidos. Cansamos dos mesmos confrontos e paramos de tentar chegar a algum tipo de compreensão mútua. Às vezes porque não estamos dedicados o suficiente ao relacionamento para continuar a lutar por ele. Outras vezes, porque estamos exaustos depois de tantos esforços infrutíferos para defender nosso ponto de vista ou nossas necessidades. Outras vezes ainda, porque parece mais importante manter a paz do que resolver o problema, então fingimos que ele não existe.

Podemos nos tornar verdadeiramente bons nesse tipo de fingimento, mas, algum dia, o incômodo sai da toca, às vezes com consequências catastróficas. Para evitar tais catástrofes, precisamos encarar os problemas em vez de fugir deles. Queremos o tipo de relacionamento em que sabemos que a outra pessoa está ao nosso lado. No qual nos sentimos compreendidos e sabemos que podemos falar sobre qualquer coisa. Achamos que é preciso concordar para que haja conexão, mas podemos discordar e ainda assim nos manter conectados. Aliás, nós *precisamos* discordar para nos conectar.

Em vez de determinar que o comportamento de nosso parceiro não faz sentido ou significa que ele não se importa conosco, passamos a analisar como suas experiências passadas influenciam seu comportamento. Apure com sinceridade, sem ameaças nem críticas que farão seu parceiro se fechar. Imagine um casal no qual a esposa tem sempre uma "reunião" marcada nos dias de eventos da família do marido. Ele puxa uma conversa neutra sobre isso. Em vez de dizer "Você é a pior, nunca vai aos almoços da minha família!", ele pergunta: "Por que você não vai aos almoços da minha família?" Ele precisa estar ciente de que, se fizer a pergunta, pode ter que aceitar um feedback doloroso sobre a família dele. Ele resiste diante desse gatilho. Ouve sem julgamentos.

Ela pode responder "Sinto muito. Vou tentar ir da próxima vez", mas ele sabe, de outras ocasiões, que essa é uma promessa vazia. Ele tenta chegar à resposta verdadeira. Ela finalmente admite: "Eu me sinto desconfortável com a sua família, porque eles sempre me comparam desfavoravelmente com os seus parentes." Ele precisa ter muito cuidado aqui para não deixar que isso vire uma briga sobre o comportamento da família dele. Então diz: "Entendo. Isso é desagradável. Mas é importante para mim que você vá. Seria possível ir de vez em quando, mas não com tanta frequência que deixe você se sentindo mal?"

Ela concorda em ver a família dele uma vez por mês e, no mês seguinte, eles vão jantar na casa dos pais dele. No carro, voltando para casa, se ele não tiver prestado atenção na experiência dela, pode ser que diga: "Não foi tão ruim assim, não é? Eu me diverti!" Mas ela teve uma experiência deplorável. Ela se sente incompreendida e explode. "Não! Foi a pior experiência que já tive! Nunca mais faço isso de novo." Contudo, se ele tiver sido atencioso e observador, dirá: "Ei, sei que foi difícil e estou grato por ter ido comigo. Obrigado." Por meio dos esforços dele para compreendê-la, esse casal evitou três brigas: a primeira, quando em vez de reclamar do comportamento dela ele perguntou sobre isso; a segunda, quando ele não levou os problemas dela com a família dele para o lado pessoal; e a terceira, quando ele ouviu com cuidado para saber como havia sido para ela. Com compreensão, o problema intolerável não desapareceu, mas não é mais intolerável para nenhum dos dois.

Puxe conversas sobre um comportamento ou um problema que o incomode. Pergunte ao seu parceiro: "Você gosta disso?", "Por quê?", "O que faz você agir assim?" Pergunte por que ele está tendo dificuldades em fazer as mudanças que você pediu. Faça perguntas e se empenhe em ouvir as respostas. Conversas assim lhe dão a oportunidade de entender mais profundamente o seu parceiro em vez de julgá-lo e levar o comportamento dele para o lado pessoal. Agora vocês estão trabalhando juntos.

Para chegar à compreensão, não só temos que ver que há uma razão para o problema como também admitir que o crescimento é difícil. Se estamos nos comprometendo a nos elevar, temos que reconhecer que o nosso parceiro não pode fazer mudanças da noite para o dia. Precisamos ter paciência enquanto o outro se esforça.

Aceitação

Quando aceitamos a diferença entre nós, pode parecer que chegamos à conclusão de que nada precisa mudar, mas não tem que ser assim. A aceitação também pode significar que somos gratos pelo esforço que o nosso parceiro está fazendo para mudar, que estamos trabalhando juntos para chegar a um meio-termo ou que percebemos que somos nós que temos que mudar.

Uma cliente minha tinha um parceiro que confessou ser viciado em pornografia. Era algo que ele queria superar, mas já vinha acontecendo havia muito tempo e ele não sabia como largar o vício ou mesmo se era capaz. Minha cliente estava chateada porque seu namorado havia escondido esse fato. Seu primeiro passo foi reconhecer e agradecer a coragem que havia sido necessária para que seu parceiro fosse honesto com ela. Vivemos em um mundo no qual consideramos os segredos uma traição – uma mentira que contamos para parecer melhores do que somos. Mas, na realidade, geralmente guardamos segredos por medo e vergonha. Não queremos perder a outra pessoa. Não queremos que ela perca o respeito que tem por nós. Minha cliente e seu parceiro conversaram abertamente sobre o assunto, e ela descobriu como ele desenvolvera aquele vício e que tinha o desejo sincero de mudar.

Minha cliente tinha uma escolha. Se ela se importasse o suficiente com o relacionamento, poderia ser paciente enquanto seu parceiro se dedicava a superar aquele desafio. Ou então poderia terminar. Será que ela era capaz de acolher o esforço que o seu parceiro estava tentando fazer? Ela disse: "Eu o entendo. Eu o amo. Quero ajudá-lo."

"Você tem que aceitar o fato de que ele pode nunca largar esse vício", falei. "Mas vai conhecer seu parceiro muito melhor ao vê-lo tentar, e essa experiência pode mudar vocês dois." Compreender o problema proporcionou a ela tolerância em relação ao comportamento, desde que viesse acompanhado de esforços contínuos para mudá-lo. Ao aceitar nosso parceiro, aprendemos a enfrentar duras verdades com leveza. Ela foi solidária, paciente e incentivadora. Ele começou a fazer terapia. Teve algumas recaídas sobre as quais foi honesto e, com o tempo, essa história teve um final feliz. Ele não convive mais com esse problema.

Quanto a Sonia e Rohan, ela pôde usar sua nova compreensão em relação ao marido para debater as despesas do carro de luxo. Ela disse: "Você está fazendo isso pelas crianças, mas é prejudicial para elas a longo prazo. Não é preferível juntar esse dinheiro para investir na faculdade delas?" Ela tocou o emocional dele. Ele queria que as crianças tivessem algo que ele não tivera, mas que poderia ser algo realmente benéfico.

Rohan não estava disposto a desistir do carro tão rápido, mas concordou em voltar à questão com ela ao fim do financiamento e a tomarem uma decisão juntos. Sonia acreditava que conseguiria contornar a questão do orçamento em torno do ano restante do financiamento e estava disposta a dar apoio ao marido no processo de abrir mão daquela necessidade que ele tinha.

Apreciação

Resolver um problema intolerável com o seu parceiro é um dos maiores desafios que o amor apresenta. Mas, se você encontrasse alguém "perfeito", jamais desenvolveria essas habilidades. Não daria valor ao amor.

Perderia o cuidado, a compreensão, a empatia e o profundo apreço por seu parceiro que você desenvolve nesse processo. De fato, podemos começar a achar que o problema – aquilo que antes não conseguíamos tolerar – é, na verdade, parte integrante da pessoa que amamos e talvez parte do que a torna digna de ser amada. Este é o objetivo da jornada do intolerável à aceitação: chegamos verdadeiramente ao motivo pelo qual nosso parceiro é do jeito que é.

Sonia teve paciência com Rohan e, embora ele não fosse capaz de fazer as mudanças de imediato, estava se dedicando a elas. Ao mesmo tempo, ela começou a ver que ele não era o único com questões a resolver. Ela tinha seus próprios problemas que estava transferindo para as crianças – querendo que elas tivessem sucesso para provar o valor dela. Ela precisava da paciência e da leveza do marido também.

Minha cliente Arden encontrou a apreciação de outra forma. Estava frustrada com o namorado porque ele parecia muito apegado à mãe. "Tudo que ela pede, ele faz. Se ela quer que a gente vá à casa deles para jantar no domingo, nós vamos." Mas, quando atingimos a raiz do comportamento dele, ela teve que admitir: "Ele gosta de agradar. Quer que todo mundo seja feliz o tempo todo. A verdade é que eu gosto que ele acomode minhas vontades, exatamente da mesma forma que ele faz com a mãe dele." Amar é admitir que o desafio pode estar ligado a uma característica de nosso parceiro que nos atrai. Todas as partes dele estão conectadas, e enxergar essa conexão nos conduz à apreciação.

O objetivo não é estudar e acompanhar o seu processo em cada um desses níveis, com todas as divergências que surgem dentro do seu relacionamento. Isso não é um dever de casa, mas sim uma pergunta capaz de elucidar as coisas: você quer fazer essa jornada com o seu parceiro? Quando divergências surgem, como sempre acontece em um relacionamento de longo prazo, você sente curiosidade para explorar e entender por que essa diferença entre vocês existe, como cada um acabou tão afastado assim um do outro e como construir uma ponte entre vocês? Se estiver motivado pelo compromisso e pelo amor por essa pessoa, sua determinação nessa jornada será maior.

APERFEIÇOANDO O TÉRMINO

Se decidirmos não continuar como estamos nem elevar o relacionamento, então o que nos resta é a separação. Se você entrou em um relacionamento sem apreciar a solitude, pode ficar nele por mais tempo do que deveria por não querer ficar solteiro de novo. Se você conta com ele para fortalecer sua individualidade e o que deseja, jamais vai terminar. Você pensa: *Posso não estar feliz nem contente, mas pelo menos não estou sozinho.*

Às vezes justificamos essa inércia dizendo para nós mesmos que o nosso parceiro vai mudar. Você pode esperar que um dia sua esposa se torne menos ambiciosa ou que seu marido lhe dê a atenção que você merece, mas, se já está esperando há muito tempo e já tentou muitas vezes, talvez seja melhor admitir que talvez o outro nunca mude.

A sensação de passar por um término pode ser terrível. Pesquisas mostram que as áreas ativadas no cérebro quando estamos apaixonados são as mesmas envolvidas no vício em cocaína. Portanto, a forma como o seu cérebro experimenta um rompimento é similar à angústia da abstinência. Assim como os adictos anseiam por mais uma dose, podemos literalmente ansiar pelo outro. Isso acontece, em parte, porque nosso cérebro é inundado por neurotransmissores que fazem parte de nossos circuitos de recompensa e motivação. Ele envia sinais urgentes de que precisamos correr atrás do que está faltando. Em um estudo sobre términos de relação, os participantes disseram pensar em seus ex-parceiros cerca de 85% do tempo que passavam acordados.

Essa inundação de hormônios não é a única resposta do cérebro a um rompimento. As áreas ativadas quando estamos de coração partido são as mesmas que processam a dor física. Mas, como diz a pesquisadora Helen Fisher, a diferença é que, enquanto a dor de uma topada no dedão do pé vai diminuindo, as emoções podem amplificar o que sentimos depois de um término. Não ficamos com raiva do nosso dedo nem nos sentimos rejeitados pelo sofá em que topamos, mas, com nossos ex, guardamos mágoas e sonhos frustrados, o que pode aumentar e prolongar a dor. Nesse estado, nosso cérebro pode buscar desesperadamente a oxitocina – o hormônio do vínculo –, porque ela reduz o medo e a ansiedade. E é provável que busquemos essa experiência química com o ex. Isso pode nos levar a fazer algumas coisas bastante irracionais. As pessoas que pensavam no ex 85% do tempo também exibiam "falta de controle emocional […] que se mantinha por semanas ou meses. Isso incluía telefonemas, mensagens de texto ou e-mails inadequados, implorando pela reconciliação, passar horas chorando, beber em excesso e/ou fazer entradas e saídas dramáticas da casa, do local de trabalho ou do espaço social daquele que terminou com elas para expressar raiva, desespero ou um amor passional".

Devemos encontrar nosso caminho para sair desse atoleiro químico e começar a nos lembrar desta verdade espiritual: podemos nos sentir vazios, perdidos, partidos e feridos, mas a alma é inquebrável. A *Bhagavad Gita* dedica sete versos à indestrutibilidade da alma: "Aquilo que permeia todo o corpo, você deve saber que é indestrutível. Ninguém é capaz de destruir essa alma imperecível. A alma nunca pode ser cortada em pedaços por nenhuma arma, queimada pelo fogo, molhada pela água nem murchada pelo vento. Essa alma individual é inquebrável e insolúvel e não pode ser nem queimada nem ressecada. É eterna, presente em todos os lugares, imutável, imóvel e eternamente a mesma."

Em relação à *Bhagavad Gita*, você pode pensar que falar é fácil. Mas, em uma separação, é difícil nos lembrarmos de que ainda somos completos, mesmo que tenhamos perdido alguém. É aqui que todo o trabalho que você fez compensa. Você deu todos os passos para construir sua capacidade de estar só. Você sabe, pelo menos racionalmente, que não precisa de um relacionamento para se sentir completo. Você conhece seus gostos e suas opiniões, seus valores e seus objetivos. E agora, apesar de todos aqueles hormônios lhe dizendo o contrário, quero que perceba que, quando seu relacionamento se desfaz, não é *você* quem se desfaz. Sua alma não se desfaz. Suas expectativas em relação ao seu parceiro é que se desfazem. O que você achou que estava construindo com ele é o que se desfaz. O que vocês tinham juntos é que se desfaz. É daí que vem a dor. Mas você não perdeu o seu propósito. Você não perdeu a si mesmo. Algo está *de fato* se desfazendo, mas não é você.

Você existia antes desse relacionamento e vai sobreviver a ele. Quando você pensa sobre sua consciência dessa forma, começa a se diferenciar da dor que está sentindo nesse momento. Você percebe a dor, mas entende onde ela se situa e o que se desfez. O que criou com seu parceiro está se desfazendo, mas não você. Sua vida não está desmoronando. Você não acabou. Podemos não nos sentir assim, mas, se acreditarmos nisso, podemos tomar as medidas necessárias para nos recuperarmos do término, aprender com ele e usá-lo para trazer esse amor de volta a todos os nossos relacionamentos. Falemos então sobre como lidar com separações, não importa se iniciadas por você ou por seu parceiro.

Terminando com seu parceiro

Primeiro defina uma data limite para a separação. Você já chegou a uma decisão, então por que ficar protelando? Evitar a dor hoje só aumenta a dor amanhã. Adiar não faz bem a nenhum dos dois. Reserve algumas horas para vocês se encontrarem pessoalmente.

Seja delicado com as emoções do seu parceiro. Tenha o seu karma em mente quando terminar um relacionamento. Lembre-se: a dor que você joga no mundo voltará em sua direção. Portanto, em vez de simplesmente desaparecer ou trair, seja sincero. Seja aberto em relação a seus motivos.

É sempre difícil terminar com alguém. **Não existe uma forma ideal de dizer a alguém que o relacionamento acabou.** Se você for legal demais, a outra pessoa pode não entender por que não está dando certo, e, se você explicar por que acha que são incompatíveis, ela pode não concordar com o seu ponto de vista. Você pode estar com medo de ser visto como o vilão, de decepcionar ou de ficar mal na história. É preciso aceitar que o que você diz provavelmente não vai cair bem. Mas é possível estruturar a conversa em torno dos três elementos principais de uma conexão: gostar da personalidade do outro, respeitar os valores dele e desejar ajudá-lo a atingir seus objetivos. Tente articular em que ponto você diverge disso. Diga se acha que vocês não respeitam os valores um do outro ou que você não é a pessoa certa para ajudá-lo a alcançar seus objetivos. Isso é específico e útil, e o tira do território extremamente vago do "Você não me faz mais feliz" e do território dolorosamente específico do "Não gosto de determinada característica sua".

Faça isso cara a cara, olhe nos olhos e seja sincero. Lembre que, não importa o que você diga ou quão atencioso seja, suas palavras não têm como controlar a resposta do outro. A pessoa pode dizer o que quiser sobre você para qualquer um e pode não aceitar que você terminou com ela pelos motivos certos e que explicou bem esses motivos. Tudo que você pode fazer é articular sua decisão com amor, compaixão e empatia, mas sem sentimentalismo barato. Comunique-se com convicção, para que ela não tente demovê-lo da sua decisão.

Essa conversa não deve durar mais do que um dia. Depois dela, faça um claro rompimento. Não importa quem deu início ao término; tome medidas imediatas para dissociar a vida de vocês. Se tiverem coisas que pertencem um ao outro, devolvam-nas imediatamente ou se desfaçam delas. Não use isso como desculpa para ver seu parceiro mais uma vez nem para tentar se reconectar com ele. Pare de segui-lo nas redes sociais. Faça o possível para evitar vê-lo na internet ou no mundo real. Não fiquem trocando telefonemas e mensagens de texto nem tentem continuar amigos.

Conheço muita gente que consegue manter a amizade com o ex, mas acho complicado. Isso pode causar insegurança no parceiro subsequente ou dar ao ex falsas esperanças de vocês voltarem a ficar juntos.

Se você quiser muito tentar, sugiro fazer um longo intervalo – um ano, talvez, em que vocês saiam com outras pessoas – para terem certeza de que estão efetivamente separados. Quanto menos contato tiver com seu ex, mais rápido o buraco que ele deixou vai se fechar. Sobretudo se você o preencher aprofundando outros relacionamentos. Parte desse buraco é a amizade e o vínculo que você compartilhava com seu parceiro. Também pode haver uma nova lacuna em sua comunidade, porque alguns dos amigos que você compartilhava com seu ex não fazem mais parte da sua rede, pelo motivo que for. Esse é um ótimo momento para reinvestir. Aproxime-se do seu grupo de amigos para lembrar-se de que seu amor vai além de uma pessoa só. Se você tem filhos, é claro que deseja fazer o possível para manter uma relação cordial. Mas não confunda o que é bom para você com o que é melhor para as crianças. Não use as crianças como desculpa para ver seu ex. Seja honesto consigo mesmo e faça o que é certo para elas sem sacrificar o que é bom para você.

Se acabou, acabou. Se você terminou com seu parceiro, resista ao instinto de ser a pessoa que o consola e o ajuda a atravessar esse momento difícil. Você acabou de decidir que não quer fazer parte da vida dele e deixou isso claro. Salvá-lo pode ser só uma tentativa de aplacar sua culpa. Ou pode ser querer que ele continue a achar você incrível. Você pode até se sentir tentado a manter um pouco de controle sobre o outro. Mas se afaste de vez. Você pode comunicar sua mensagem da forma mais elegante e honesta possível, mas não tem como controlar as consequências do término. Karma significa que você deve aceitar a reação do seu ex como uma consequência natural das suas ações.

Se alguém terminar com você

Se o seu parceiro terminar com você, lembre que a pessoa que o magoou não tem como ajudá-lo a se curar. Não existe um jeito ideal para a outra pessoa terminar com você, e a expectativa de que exista complica as coisas. Queremos que o outro peça desculpa, acabe com a nossa dor, admita os erros que cometeu e nos diga que temos muito valor. De certa forma, é estranho recorrermos à pessoa que é a fonte da dor em nossa vida para nos ajudar com essa dor, mas até muito recentemente compartilhávamos intimidade com ela. Ela pode ter sido nossa melhor amiga. Contávamos a ela o que acontecia em nossos dias; recorríamos a ela antes de procurar qualquer outra pessoa para fazer planos, resolver problemas e processar emoções. É difícil aceitar que não é ela quem vai nos ajudar nesse problema muito maior – perder alguém de quem você é próximo –, sobretudo porque esse alguém é *ela*! Como seu parceiro é capaz de parar de falar com você justamente quando você está contando com ele para ajudá-lo a se sentir melhor? Mas nunca foi função dele fazer você feliz. Essa tarefa era e é sua.

Portanto, você deve deixá-lo ir. É bom fazer perguntas, para que você entenda melhor os motivos do outro, mas não insista para que ele permaneça no relacionamento. Você não quer ficar com alguém que já está de malas prontas. Por mais importante que seja refletir sobre o que deu errado, resista ao impulso de "ajudar" seu ex a ver onde ele errou. Você pode achar que ele está se safando das coisas erradas que fez ou cometendo um grande erro. Talvez o veja se divertindo loucamente em todas as redes sociais. Ele o magoou e você gostaria que ele não estivesse vivendo o que parece ser um momento incrível, enquanto você está sozinho e infeliz. Você pode querer vingança. Pode até achar que *precisa* de vingança para conseguir encerrar o assunto. Você quer mostrar ao outro qual vai ser o karma dele. Mas, se agir por vingança, isso só vai lhe trazer karma negativo. A lei do karma atua de forma que todo mundo receba uma reação de igual intensidade e em sentido oposto às suas ações. Você não quer ser motivo de sofrimento na vida de alguém. O karma faz o que tem que fazer. Em minha prática de *coaching*, um homem deixou sua esposa após quinze anos de casamento para ficar com uma mulher mais jovem. Quando a mulher mais jovem o abandonou, ele ficou chocado por ela tê-lo traído; ele havia esquecido completamente que o relacionamento deles começara quando ele traiu a esposa. O karma nem sempre oferece uma resposta tão óbvia e satisfatória, mas ações sempre têm consequências.

Deixar a resposta nas mãos do karma permite que você siga em frente e se concentre no que importa: reparar seu ego, aumentar sua autoconfiança e levar o que aprendeu com esse relacionamento para o próximo.

Não fique esperando por um pedido de desculpas. Um encerramento é algo que você dá a si mesmo. Seu ex não pode colocar o ponto final por você porque não tem as respostas. As pessoas nem sempre estão cientes dos próprios erros. Muitas vezes elas não elucidaram a situação nem para si mesmas. Ainda que seu ex lhe desse um bom motivo, você teria questões que ele não seria capaz de responder, porque não existe uma boa resposta para a pergunta: "Por que você não me amou do jeito que eu queria que você me amasse?" Simplesmente não faz sentido pedir a outra pessoa que cure suas feridas, mesmo que tenham sido causadas por ela. Se uma pessoa o empurrasse e você ralasse o joelho, você não esperaria que ela fosse buscar um curativo. Simplesmente cuidaria de si mesmo. Essa ferida emocional que precisa ser curada é responsabilidade sua. Só você pode fazer um curativo nela da forma mais eficaz.

O cérebro humano é uma máquina de criar significado, e uma das maneiras mais poderosas de criar significado é por meio de histórias. Quando ruminamos sobre uma separação, parte do que estamos fazendo é buscar a história por trás dela e o que podemos aprender com o que vivemos. Rejeitamos as razões simples que as pessoas nos dão para explicar por que estão terminando conosco. O psicólogo Guy Winch diz: "Um término provoca uma dor emocional tão drástica que a nossa mente nos diz que a causa deve ser igualmente drástica." Podemos bolar teorias da conspiração, criando narrativas rebuscadas, mesmo que a resposta seja relativamente simples. Uma equipe de pesquisadores pediu a adultos que passaram por uma separação nos cinco meses anteriores que escrevessem livremente sobre o que estavam sentindo ou que se dedicassem a escrever histórias que tratassem diretamente de vários aspectos de seu relacionamento, inclusive o fim. Aqueles que escreveram uma história significativa em torno de seu relacionamento apresentaram menos sofrimento psicológico mais tarde do que aqueles que apenas escreveram sobre seus sentimentos. Temos que lembrar que essas histórias que criamos são ferramentas para a cura, não a verdade suprema, mas, uma vez que tenhamos uma narrativa que sejamos capazes entender, é mais fácil seguir em frente (e sempre podemos revisar essa história mais tarde, se outras informações aparecerem).

> **EXPERIMENTE ISTO: COLOQUE UM PONTO FINAL**
> Seja em gravações de áudio ou por escrito, descreva a dor que o seu parceiro lhe causou. Inclua tudo que gostaria de dizer a ele sobre como tratou você e sobre como isso o fez se sentir. A maneira como ele falava com você, as indagações, as acusações, os acontecimentos traumáticos, as lembranças dolorosas. Encare essa lista como um inventário de todos os motivos pelos quais foi bom vocês terem terminado. Se você está pensando apenas nas boas lembranças, não está lidando com a realidade do relacionamento.
> Então escreva cada desafio, cada equívoco, tudo que aquela pessoa disse que não lhe caiu bem. Existe alguma coisa que a sua mente esteja evitando? Permita-se entrar em contato com todas as emoções. Você não tem como se curar sem sentir tudo. Afastar-se de uma coisa não faz com que ela desapareça. Se você não dá a atenção devida a uma determinada emoção, ela se amplifica. Para reconhecer de verdade essas emoções, você precisa articulá-las, procurar por padrões e explicá-las a si mesmo.
> Agora, ao lado de cada ação que lhe causou sofrimento, escreva quem foi o responsável por ela. Quem foi o agente? Quem disse coisas que não deveriam ter sido ditas? Quem fez coisas que não deveriam ter sido feitas? Às vezes a responsabilidade vai recair sobre você. Perceber isso permite que você assuma a realidade, melhore e cresça. Você também ficará ciente dos erros que seu ex cometeu.

Pode haver elementos negativos que você negligenciou enquanto estava no relacionamento. Fazemos isso porque, subconscientemente, preferimos lidar com o mal conhecido. Você sabia que seu parceiro seria grosseiro com você pela manhã. Sabia que ele ia esquecer seu aniversário. Que chegaria atrasado para jantar. Que não ia ligar nem mandar mensagem, mesmo que você quisesse. Sabia onde ele iria errar, e era mais fácil aceitar isso do que ficar só, em um território novo, sem saber como se sentir, como seguir em frente nem que tipo de dor poderia estar adiante. Aceitamos menos do que merecemos em nome da segurança. Nos apegamos às dores familiares.

Ao anotar tudo que deu errado, você pode se concentrar mais facilmente nos motivos pelos quais esse término foi bom para você. Procure a história que vai colocar o ponto final. Talvez você tenha se livrado de uma boa. Talvez tenha aprendido uma lição que não deseja repetir. Analise como esse relacionamento pode ter sido nada além de um passo em sua trajetória rumo a vínculos melhores no futuro.

Agora leia o que você escreveu em voz alta para um cômodo vazio. Seu ex não está lá para ouvi-lo, mas o ponto final virá da sensação de que você compartilhou o que sentia e da consciência de que está escrevendo seu próprio encerramento para se ajudar a seguir em frente.

APRENDA AS LIÇÕES KÁRMICAS

Com frequência, queremos nos resguardar de nossas próprias emoções após um término. A dor nos coloca em modo de defesa e tentamos nos distrair e tirar da cabeça as lembranças do relacionamento. Mas pensemos no que é necessário para a recuperação de uma lesão física. Se sofrermos um corte ou uma lesão muscular, a dor inicialmente faz com que nos afastemos da atividade – como deve ser – para não sofrermos ainda mais lesões. Então, como parte do processo de cicatrização, o corpo forma fibras de colágeno no local da ferida. Essas fibras são muito mais densas do que o tecido original, criando uma massa de tecido cicatricial, que faz um bom trabalho no sentido de proteger a ferida. Mas, se não dermos atenção à cicatriz, a densidade do tecido cicatricial se torna problemática, prejudicando nosso movimento, aumentando tanto a dor quanto o risco de novas lesões. Portanto tratamos a nossa recuperação com cuidado, passando por algum tipo de fisioterapia para nos ajudar a mobilizar e realinhar o tecido cicatricial, e então recuperamos a força nos pontos lesionados até voltarmos a estar inteiramente saudáveis.

O mesmo vale para um coração partido. Não podemos nos proteger para sempre. Precisamos superar a dor, entender a lesão, recuperar nossa força e voltar ao mundo. Como diz Tara Brach, instrutora de meditação, psicóloga clínica e escritora best-seller: "Tudo que amamos se vai. Portanto, ser capaz de chorar essa perda, aceitar, viver o luto do início ao fim, é a única forma de termos o coração pleno e aberto. Se não estivermos abertos a perder, não estaremos abertos a amar."

Encontre espaço e tranquilidade para identificar o que se desfez e o que restou. Reflita a fundo sobre o que você pode levar do relacionamento, porque, não importa quanto ache que perdeu, não importa quão doloroso tenha sido, não importa por quanta dor tenha passado (a menos que tenham sido fruto de abuso, o que não tem justificativa), você quer levar essas lições para o futuro.

Todo ex lhe dá uma dádiva que você pode acabar por desperdiçar se não der esse passo. Pode ser um conselho. Pode ser um contato que ele fez para você. Talvez ele tenha lhe dado apoio em um momento difícil. Talvez você tenha aprendido que precisa muito estar com alguém que faz escolhas saudáveis. Talvez tenha descoberto que escolher alguém que cumpria todos os requisitos da sua lista não foi uma boa forma de enxergar quem estava diante de você. Honre seu ex pelas dádivas que ele lhe deu.

Quando a monja budista americana Pema Chödrön analisou seu antigo casamento em retrospectiva, descobriu algo surpreendente. Ela diz: "Eu não sabia como estava apegada a depender de outra pessoa para confirmar que estava tudo bem comigo. Não vinha de dentro de mim, vinha da imagem de outra pessoa sobre mim." Depois de compreender isso, ela soube que não queria mais que sua autoestima dependesse dos outros. Foi uma constatação dolorosa, mas que a ajudou a mudar a forma como ela se relacionava consigo mesma e com as pessoas ao seu redor.

Assim como fez Chödrön, quero que você reflita sobre em que pontos se enganou no relacionamento. Quais erros cometeu e onde poderia ter sido melhor? Se não aprender essas lições, poderá repetir a mesma dinâmica malsucedida pelo resto da vida.

EXPERIMENTE ISTO: INSIGHTS
Vamos analisar o passado recente do seu relacionamento para extrair alguns insights que irão prepará-lo para relacionamentos futuros.

> **Reflita sobre o que você ganhou**
> **Reflita sobre o que você perdeu**
> **Reflita sobre as suas próprias falhas**
> **Pergunte a si mesmo: o que aprendi sobre mim nesse relacionamento?**

Vista uma roupa folgada, prepare um chá, sente-se em frente à lareira – faça isso em um ambiente e de uma forma confortável e acolhedora, porque você pode chegar a algumas conclusões desconfortáveis. E isso é bom. Você pode ficar animado ou empolgado por algumas coisas e chateado por outras, mas o desconforto geralmente antecede a cura.

O amor pode nos deixar cegos para os defeitos e as dificuldades dos outros, e o nosso desejo de nos sentirmos bem com nós mesmos pode nos deixar cegos para os nossos deslizes. Quando amamos alguém, podemos ignorar hábitos e comportamentos irritantes ou até mesmo destrutivos dessa pessoa. Este exercício nos ajuda a olhar para essas coisas com novos olhos.

Comece se perguntando: o que eu fiz de bom nesse relacionamento e o que não quero repetir? Talvez você sempre colocasse suas necessidades em primeiro lugar, sem ouvir o seu parceiro. Ou talvez você ache que fez um bom trabalho ao estabelecer limites saudáveis, mas seu parceiro não conseguia respeitá-los. Mais uma vez, ponha tudo no papel.

Agora reflita sobre o que você ganhou com o relacionamento. Foi um conselho? Um insight? Apoio em questões financeiras? Ajuda nos momentos mais difíceis? Por um tempo, seu parceiro trouxe valor à sua vida. Não importa quanto você ache que perdeu, não importa quão doloroso tenha sido, você deve honrar o que recebeu dele.

A seguir, reflita sobre o que perdeu por ter estado nesse relacionamento. Talvez tenha sido a sua autoconfiança. Você pode ter começado a duvidar de si mesmo porque o seu parceiro o criticava. Pode ter perdido tempo. Pode ter perdido energia. Pode ter perdido outras pessoas ou oportunidades enquanto se dedicava a esse relacionamento.

Por fim, pense em que pontos você se enganou no relacionamento. Quais erros cometeu? O relacionamento desafiou sua capacidade de permanecer fiel a si mesmo? Ele o fez questionar a ideia que você tinha do que é um bom parceiro? Você deve fazer e responder a essas perguntas difíceis, porque, se não processar os erros que elas revelam, vai repeti-los com outra pessoa.

Redefina seu valor

Há uma velha parábola em que um menino pergunta ao pai o valor de sua vida. O pai dá a ele uma pedra vermelha brilhante e lhe diz: "Quero que vá ao padeiro e pergunte se ele quer comprar isso de você. Quando ele perguntar por quanto você está vendendo, levante dois dedos. Depois que obtiver a resposta, traga a pedra de volta para casa."

Então o menino foi até o padeiro e mostrou a pedra a ele. "Quanto?", perguntou o padeiro.

O menino levantou dois dedos, conforme orientado pelo pai. "Posso comprá-la por dois dólares", disse o padeiro.

O menino voltou para casa e contou o preço ao pai. O pai disse: "Agora quero que você vá até o mercado e veja quanto a dona do antiquário oferece."

Então o menino foi ao mercado e mostrou a pedra à dona do antiquário.

"Parece um rubi!", disse ela. "Quanto você quer por ela?"

O menino levantou dois dedos.

"Duzentos dólares? É muito, mas eu pago", disse ela.

Em seguida, o pai do menino o mandou ao joalheiro. Ele segurou a pedra contra o sol e viu como a luz era refratada através dela. Ele a colocou sob um microscópio e seus olhos se arregalaram. "Este é um rubi raro e muito bonito", disse. "Quanto você quer por ele?"

O menino levantou dois dedos.

"Duzentos mil dólares é um preço justo, sem dúvida", disse o joalheiro. O menino, emocionado, voltou correndo até o pai para contar a novidade. O pai sorriu e guardou o rubi no bolso. "Agora você sabe quanto vale a sua vida?", perguntou.

Essa história ilustra lindamente que temos um valor diferente para pessoas diferentes. Somos definidos pelo que aceitamos. Parte do que torna uma separação tão difícil é que essa pessoa que antes nos dava tanto valor agora não o faz mais. Sofremos uma desvalorização, mas apenas para essa pessoa. É por isso que temos que definir nosso valor e encontrar alguém que nos valorize por quem somos.

Não confunda mente com intelecto

Se continuamos a temer a solidão, a mente nos prega peças para nos manter enredados. Voltamos a acreditar que estar sozinho não basta. Ser desejado faz com que nos sintamos valorizados, e atribuímos esse valor a estar com alguém em vez de percebê-lo como algo que sempre trouxemos conosco.

Mas esses são os pensamentos simplistas da mente, e precisamos elevá-los. A *Bhagavad Gita* faz uma distinção entre os sentidos, a mente e a inteligência: "Os sentidos ativos são superiores à matéria indiferente; a mente é superior aos sentidos; a inteligência é ainda superior à mente." Os sentidos dizem se algo dói fisicamente. A mente pensa em termos do que gosta ou não gosta. E a inteligência pergunta: "Por que não quero isso? O que estou aprendendo com isso?" Então, quando passamos por um término, a mente nos diz que gostávamos do que tínhamos e que o queremos de volta. Sentimos falta do nosso ex; queremos saber o que ele está fazendo no Instagram. Nos perguntamos se ele está pensando em nós. Em momentos como esses, também podemos ter pensamentos autodepreciativos, como: *Não sou atraente o suficiente. Não sou forte o suficiente. Não estava me dedicando o suficiente. Não sou poderoso o suficiente.*

Você não tem como parar de pensar, mas pode redirecionar seus pensamentos se não gostar deles. Todos os *Eu não sou suficiente* podem ser postos de lado. Aprendemos a redirecionar nossos pensamentos ao nos fazer perguntas quando tomamos uma decisão.

> *Mente:* Quero ficar na frente do prédio do meu ex para ver se a luz do apartamento dele está acesa.
> *Intelecto: Qual o objetivo disso?*

Mente: Preciso saber se ele está com outra pessoa.
Intelecto: Essa informação é útil para mim?

Mente: É, porque, se ele estiver com outra pessoa, posso seguir com a minha vida.
Intelecto: Você quer que sua capacidade de mudar dependa dessa informação?

Mente: Não… mas quero vê-lo mesmo assim!
Intelecto: O que mais você poderia fazer para se ajudar a seguir com a sua vida?

Mente: Eu poderia ligar para um amigo.

Se você tiver um pensamento intrusivo, pergunte a si mesmo: eu gosto desse pensamento? Esse pensamento é útil? Esse pensamento é produtivo? Esse pensamento está me ajudando a seguir com a minha vida? É assim que passamos da conversa da mente para a conversa do intelecto.

A mente diz para procurar seu ex. A inteligência diz para procurar seus amigos.
A mente diz para se preocupar com seu ex. A inteligência diz para se preocupar consigo mesmo.
A mente pergunta: "O que as pessoas vão achar?" A inteligência pergunta: "O que eu acho?"

Espere para namorar

Christin estava saindo com Bradley havia alguns meses quando ele sugeriu que se encontrassem para correr. Ela não era corredora, mas concordou. Na trilha, ela correu, caminhou e até saltitou, avançando corajosamente enquanto ele seguia devagar e sempre. Então, a certa altura, ele olhou para ela com um olhar de irritação e saiu correndo trilha afora, deixando-a para trás, tendo que encontrar sozinha o caminho de volta até o carro. Esse foi apenas o último de uma série de relacionamentos duvidosos em que os homens trataram Christin extremamente mal. Por fim, por mais que quisesse encontrar seu futuro marido e começar uma família, ela decidiu tirar um ano de folga dos namoros para redefinir seu julgamento em relação aos homens e passar um tempo em solitude.

Em pouquíssimo tempo, quando namorar estava fora de questão, começaram a aparecer homens querendo sair com Christin em *todos os lugares*. Em vez de tentar impressioná-los, porque todos eles poderiam ser seu futuro marido, ela foi apenas ela mesma. Afinal de contas, não poderia namorar mesmo, então o que tinha a perder? Passados seis meses assim, Christin conheceu Nathan, um cara que parecia muito legal, mas, quando ele a convidou para sair, ela explicou que não ia namorar ninguém até junho do ano seguinte. Nathan desapareceu e, com o passar dos meses, ela descobriu que estava começando a se sentir mais confiante, percebendo que ficaria bem com o que quer que acontecesse em sua vida amorosa a partir de junho. Então, no dia 1º de junho, o telefone tocou. Era Nathan convidando-a para sair novamente. Como se mostrou, ele era *mesmo* seu futuro marido, e hoje eles têm dois filhos.

Se passarmos todo o nosso tempo pós-separação analisando a separação, jamais vamos superá-la. Mas não devemos superar nada mergulhando em outro relacionamento. Esse é um ótimo momento para começar a atrair pessoas que você deseja ativamente ter em sua vida. Amigos que compartilham dos seus interesses. Comunidades nas quais você se sinta confortável. Comece a se cercar de pessoas que atendam às suas diferentes necessidades – alguém com quem você goste de ter conversas profundas, alguém com quem goste de dançar, com quem goste de malhar.

Use esse tempo para começar novas amizades e fortalecer as existentes, para que se sinta completo sem um parceiro. Redescubra a solitude. Volte a se concentrar no seu propósito. Esse é o seu momento de investir de verdade em si mesmo. É o seu momento de se conhecer de verdade. Podemos nos perder de nós mesmos em um relacionamento; agora esse é o momento de nos reencontrarmos.

EXPERIMENTE ISTO: CHECKLIST PARA SABER SE VOCÊ ESTÁ PRONTO PARA NAMORAR DE NOVO

☐ Aprendi as lições que o meu último relacionamento tinha a me ensinar e que vão me preparar para um relacionamento melhor da próxima vez?

  ☐ Do que quero estar ciente?
  ☐ O que quero evitar?
  ☐ O que quero garantir que meu próximo parceiro entenda sobre mim desde o princípio?

☐ Será que sei o que valorizo e quais são meus objetivos nesta fase da vida? Caso contrário, posso passar um tempo sozinho para revisitar essas áreas.

  ☐ Será que sei quais limites quero estabelecer para o meu próximo parceiro? Posso até querer começar a namorar outra vez, mas decidir que não quero ir rápido demais.
  ☐ Desejo estabelecer limites físicos?
  ☐ Quero esperar para ser exclusivo?
  ☐ Quero ter cuidado para não cancelar nenhum compromisso só para estar com alguém como fiz da última vez?

Por fim, se você não tem certeza se está pronto para voltar a namorar novamente, apenas experimente. Você não precisa estar oficialmente namorando ou não. Apenas veja como se sente.

A EXPANSÃO INFINITA DO AMOR

Como monges, aprendemos sobre *maya*, que significa ilusão. Parte da *maya* do amor é acharmos que só podemos ter acesso a ele de maneiras limitadas, como por meio de certas pessoas. Imaginamos que exista uma porta guardando o amor, que para experimentar o amor e a felicidade profunda temos que encontrar a única chave que abre essa porta. E essa chave é outra pessoa.

Então você se vê sem um parceiro ao lado. Ou criou seus filhos e agora eles saíram de casa. Ou você e seu parceiro ainda se sentem inquietos, como se houvesse algum outro propósito na vida dos dois. O amor imperfeito nos ensina. O amor imperfeito nos diz para seguirmos em frente. O amor imperfeito nos obriga a romper com as nossas expectativas, deixar de lado a fantasia e perceber que nunca se trata apenas de amar uma só pessoa ou a nossa família imediata.

Essa epifania, por mais decepcionante que seja, nos prepara para um novo nível de amor. O professor da Universidade da Califórnia em Los Angeles Steven Cole diz que a melhor cura para a solidão ou a desconexão é combinar um senso de missão e propósito em sua vida com o envolvimento na comunidade. Dedicar um tempo a prestar serviços combina conexão com profunda satisfação, e o resultado é uma melhora na saúde. Também foi demonstrado que o comportamento pró-social, inclusive o trabalho voluntário, estimula nosso sistema imunológico, combate o estresse físico causado pela solidão e aumenta a longevidade. Infelizmente, diz Cole, hoje em dia muitos de nós reduzimos nosso envolvimento com outras pessoas para buscar objetivos individuais de melhora da saúde, como treinar para um triatlo, fazer aulas de yoga ou tentar encontrar nosso "verdadeiro amor". Todas essas coisas são ótimas, mas o maior benefício para todo mundo acontece quando, como descreve Cole, sua saúde é um "meio para um fim, que é, essencialmente, fazer coisas significativas se materializarem, não só para você, mas para os outros".

O que achávamos ser o amor mais elevado – o amor romântico – pode ser expandido. Amor cria mais amor. É hora de respirar fundo, começar a desenvolver a confiança no amor novamente e se preparar para aprofundar sua capacidade de amar.

Não importa de onde você partiu, quem você amou nem quanto dinheiro ganhou, você pode chegar a um ponto de insatisfação material. Uma sensação de que deve haver mais. Você não se sente totalmente satisfeito. Algumas pessoas podem encarar isso como uma crise de meia-idade. Mas isso representa uma conexão cada vez mais profunda com o trabalho espiritual. Com compaixão, empatia e altruísmo, você estará pronto para ir além da sua família e encontrar seu propósito no mundo como um todo.

Você nunca vai alcançar o amor perfeito nessa vida, o que significa que pode praticar o amor todos os dias da sua vida.

ESCREVA UMA CARTA DE AMOR PARA AJUDÁ-LO A SE CURAR

Quando um amigo está passando por um momento difícil, oferecemos consolo e apoio, mas muitas vezes somos menos pacientes e solidários com nós mesmos. Se estamos passando por dificuldades, dizemos a nós mesmos que temos que superar logo. Mas jamais diríamos isso a um amigo. Tente escrever uma carta para si mesmo como se estivesse conversando com um amigo ou alguém que você ama e que precisa de cuidado.

Querida pessoa de coração partido,
Eu vejo você. Estou aqui para você. Muitas vezes achamos que, quando amamos e perdemos, fomos rejeitados e estamos sozinhos, mas nada poderia estar mais longe da verdade. Na realidade, quando experimentamos essa dor e essa angústia, passamos a fazer parte de uma vasta comunidade. A tribo do coração partido. Somos muitos. E somos fortes. Somos ternos. Acima de tudo, estamos nos curando juntos.

Essa cura é diferente do que você pensa. Porque, uma vez que o seu coração esteja partido, uma parte dele sempre permanecerá assim. Mas isso não é algo triste. É lindo, porque essa imperfeição é uma característica do amor. Talvez você se sinta só, mas isso é uma ilusão. A dor que você sente agora na verdade o conecta mais profundamente a toda a humanidade. Você pode de alguma forma ter perdido uma pessoa, mas ganhou o mundo.

O coração partido não nos parte ao meio, ele nos abre. Como Alice Walker disse uma vez: "Corações existem para serem partidos, e digo isso porque parece ser apenas parte do que acontece com os corações.

Quer dizer, o meu se partiu tantas vezes que perdi a conta. [...] Aliás, eu disse ao meu terapeuta não muito tempo atrás: 'Sabe, meu coração agora parece aberto como uma mala. Parece que se abriu, sabe, como uma mala grande que cai e se abre. É assim que eu sinto.'" O propósito da desilusão e da perda não é nos apartar do mundo, mas nos abrir para ele e nos impedir de amar pouco.

A verdade é que você nunca está apartado do amor. Se quiser senti-lo, basta compartilhá-lo. O amor se move através de nós, estejamos recebendo ou dando. E há tantas oportunidades de experimentar o amor quanto há gotas d'água no oceano. Nunca sabemos o que a vida nos trará, mas podemos descansar sabendo que cada um de nós está, a todo momento, cercado de amor.

Com amor,

Eu

MEDITAÇÃO PARA A CURA ATRAVÉS DO AMOR

Parafraseando Shakespeare, o curso do amor nem sempre é suave. Inevitavelmente, a vida traz mágoas e feridas. Não importam as dificuldades pelas quais estejamos passando, é essencial manter nossa conexão com o amor – lembrar que hoje somos, como sempre, dignos de receber amor e capazes de oferecer amor aos outros.

1. Encontre uma posição confortável, seja sentado em uma cadeira, em uma almofada, no chão ou deitado.
2. Feche os olhos se achar boa ideia. Se não, simplesmente relaxe seu foco.
3. Quer seus olhos estejam abertos ou fechados, baixe a cabeça ligeiramente.
4. Inspire profundamente. Expire.
5. Se você perceber que sua mente está divagando, tudo bem. Conduza-a delicadamente de volta a um lugar de calma, equilíbrio e tranquilidade.

Meditação para a cura através do amor

1. Traga todo o seu foco para si mesmo. Observe sua respiração à medida que o ar entra e sai do seu corpo.
2. Coloque a mão delicadamente sobre o coração e respire devagar, sentindo a energia do coração enquanto ele bate dentro do peito.
3. Diga a si mesmo, em silêncio ou em voz alta: "Sou digno de amor."
4. Sinta seu coração bater ao inspirar e expirar e repita: "Sou digno de amor."
5. Repita mais uma vez.

6. Volte sua atenção para a respiração.
7. Diga a si mesmo: "Sou digno de ser amado." Mantendo a respiração constante, repita isso mais duas vezes.
8. Volte a atenção para a respiração.
9. Diga a si mesmo: "Sou feito de amor." Continue respirando, sentindo a respiração encher seu coração de vida, enquanto repete essa frase mais duas vezes.

PARTE QUATRO

CONEXÃO: APRENDENDO A AMAR A TODOS

O quarto *ashram*, *Sannyasa*, é quando estendemos nosso amor a cada pessoa e área de nossa vida. Nessa fase, nosso amor se torna ilimitado. Percebemos que podemos experimentar o amor a qualquer momento com qualquer pessoa. Sentimos *karuna*, compaixão por todos os seres vivos. Todos esses estágios podem ser vividos simultaneamente, mas este é a expressão mais elevada do amor.

REGRA 8

CADA VEZ MAIS AMOR

O rio que flui em você flui em mim também.
– Kabir Das

No *ashram*, ouvi uma história em que um professor pergunta a um aluno: "Se você tivesse cem dólares para doar, seria melhor dar tudo para uma pessoa só ou dar um dólar para cem pessoas diferentes?"

O aluno não tem certeza. "Se eu der tudo para uma só pessoa, pode ser o suficiente para mudar a vida dela. Mas, se eu dividir o dinheiro entre cem pessoas famintas, talvez todas possam comer alguma coisa."

"Ambas as respostas são verdade", diz o professor, "mas quanto mais pessoas você ajuda, mais expande sua capacidade de amar". Começamos nossa vida amorosa com a ideia de que devemos dar os cem dólares (metafóricos) para uma única pessoa – nosso parceiro – ou para algumas poucas – nossa família. Mas, no quarto estágio da vida, mudamos de abordagem. Começamos a distribuir notas de um dólar para muitas pessoas. Quanto mais pudermos dar, melhor, mas começamos com pouco e, ao longo do tempo, vamos aumentando nossa capacidade de dar amor. Você aperfeiçoa o amor não esperando encontrá-lo ou tê-lo, mas criando-o junto com todo mundo, o tempo todo. Eu vinha esperando para lhe dizer o seguinte: esse é o maior presente que o amor tem a oferecer.

Você provavelmente chegou a este livro se perguntando como encontrar ou manter o amor com um parceiro. Queremos amor na nossa vida e, naturalmente, presumimos que ele deve assumir a forma do amor romântico. Mas é um equívoco pensar que o único amor em sua vida é entre você e o seu parceiro, seus familiares e amigos. É um equívoco acreditar que a vida é uma história de amor entre você e outra pessoa. Esse amor é apenas um trampolim. Ter um parceiro não é o objetivo final, mas o treinamento para algo maior, capaz de mudar a vida de alguém, uma forma de amor ainda mais expansiva e gratificante do que o amor romântico. Nossas parcerias nos dão a oportunidade de praticar, mas não precisamos satisfazer nossos desejos românticos para chegar lá. O amor está à disposição de todos nós, todos os dias, e é infinito.

No quarto estágio da vida, *Sannyasa*, o objetivo é simplesmente este: olhar além do eu para ver como podemos servir aos outros. Experimentar o amor constantemente, escolhendo sempre dá-lo aos outros. Encontrar o amor em momentos de frustração, irritação, raiva e desânimo, quando ele parece fora de alcance. Criar conexões mais amorosas com cada pessoa que conhecemos. Sentir amor por toda a humanidade. Amar significa perceber que todos são dignos de amor, e tratá-los com o respeito e a dignidade de que são automaticamente merecedores devido à sua humanidade.

O filósofo norueguês Arne Naess se inspirou nos ensinamentos védicos quando descreveu um processo de autorrealização "no qual o eu a ser realizado se estende cada vez mais além do ego separado e inclui cada vez mais o mundo dos fenômenos". Em outras palavras, quando "ampliamos e aprofundamos" nossa imagem de quem somos, vemos nossa interconexão, ou seja, vemos que servir aos outros é servir a si mesmo, não há diferença alguma. Para aqueles que alcançam o quarto estágio da vida, o corpo, a mente e a alma são dedicados a servir ao divino e a elevar a humanidade. Os *sannyasis* experimentam as profundezas e nuances do amor que não podemos nunca encontrar em uma só pessoa. Passamos a apreciar o amor em diferentes formas. Não servimos mais por um senso de dever moral, mas por uma compreensão de nossa unidade com tudo que existe. **Estamos conectados e, quando servimos aos outros, estamos servindo a nós mesmos.**

A ciência confirma esse conceito. Os psicólogos se referem às coisas que fazemos para ajudar os outros como *comportamento pró-social*. Marianna Pogosyan, especialista em psicologia transcultural, afirma que o comportamento pró-social nos ajuda a nos sentirmos mais conectados com os outros, e esse desejo de conexão é uma de nossas necessidades psicológicas mais profundas.

O *sannyasi* serve ao maior número possível de pessoas. Por que limitar o amor a uma só pessoa ou a uma família? Por que experimentar o amor apenas com alguns poucos? Quando expandimos nosso raio de amor, temos a oportunidade de vivenciar o amor todos os dias, a todo momento.

Quando você pensa assim, o amor estende seus braços cada vez mais e mais. Se um pai ou uma mãe ama seus filhos, ama também as outras crianças que estão com eles na escola, porque se importam com a comunidade de que seus filhos fazem parte. E, se você se importa com a comunidade, então se importa com a própria escola. E, se você se importa com a escola, então se importa com o terreno onde ela fica. Por isso, se você ama seus filhos, deve querer melhorar o mundo deles e o mundo como um todo. Amar as pessoas ao nosso redor nos ensina a amar cada ser vivo, e amar a todos nos ensina a amar o mundo ao nosso redor – o lugar que chamamos de lar. E, se amamos o meio ambiente, então amamos seu criador, o divino, um poder que está além de nós mesmos. Quando Kabir Das, o poeta e santo indiano do século XV, escreveu "O rio que flui em você flui em mim também", ele estava sugerindo que estamos conectados a toda a humanidade por meio de nossas ações, palavras, comportamentos e pelo alento vital que compartilhamos. Causamos impacto uns nos outros em tudo que fazemos. Vimos isso durante a pandemia, quando era importante cuidar uns dos outros, proteger uns aos outros, olhar além de nossos entes queridos para pensar na comunidade como um todo.

Anne Frank disse: "Ninguém jamais se tornou pobre por doar." Ao ampliar gradualmente nosso conceito de amor, começamos a ver novas maneiras de acessá-lo. O amor está à mão sempre que você quiser senti-lo – basta dá-lo aos outros.

Dar amor supre uma necessidade humana ainda maior do que o amor romântico: a necessidade de ser útil. Não há êxtase maior do que esse. Gosto do provérbio chinês que aconselha: "Se você quer felicidade por uma hora, tire uma soneca. Se quer felicidade por um dia, vá pescar. Se quer felicidade por um ano, herde uma fortuna. Se quer felicidade para toda a vida, ajude outra pessoa." A alegria que sentimos ao servir aos outros já foi rotulada como "o barato do altruísmo" ou "o brilho do doador", definida pelos cientistas como um sentimento de euforia, alegria e aumento de energia que vem após servirmos a outros de forma altruísta, seguido de um período de calma e serenidade. O pesquisador Allan Luks, autor de *The Healing Power of Doing Good* (O poder curativo de fazer o bem), analisou os dados de mais de 3 mil pessoas que fizeram trabalhos voluntários e observou que o "barato" do altruísmo não apenas se estendia durante várias semanas, mas voltava quando as pessoas simplesmente se lembravam do que haviam feito para ajudar alguém. E ele não é apenas uma sensação agradável em nosso cérebro, pois vem acompanhado de uma queda nos níveis dos hormônios do estresse e de uma melhora no funcionamento do sistema imunológico.

ESPERAR AMOR X EXPRESSAR AMOR

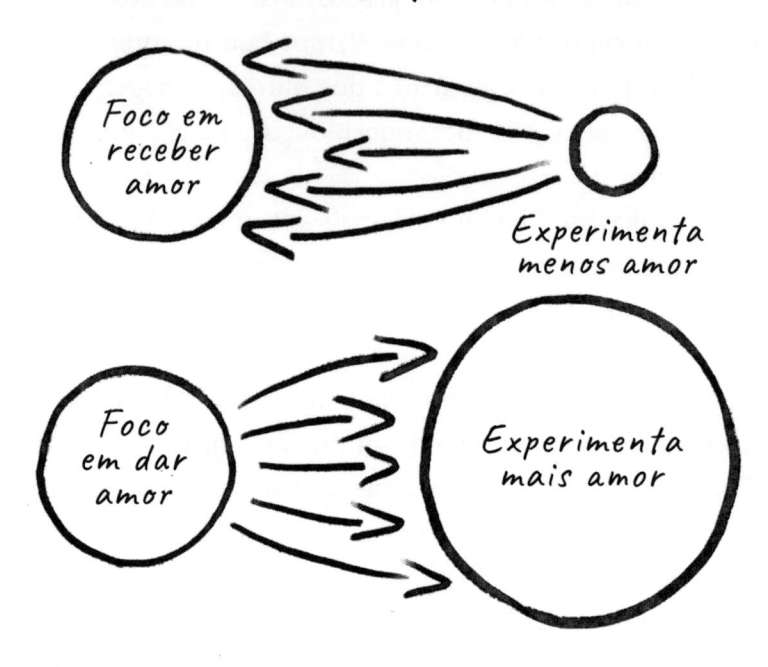

Foco em receber amor → *Experimenta menos amor*

Foco em dar amor → *Experimenta mais amor*

Em vez de ficar esperando pelo amor, temos que encontrar maneiras de expressá-lo. Fomos ensinados a acreditar que a única forma de experimentar o amor é quando você o recebe, mas os Vedas dizem que você pode senti-lo sempre que quiser, simplesmente conectando-se com o amor que está dentro de você o tempo inteiro. Do ponto de vista védico, não precisamos encontrar o amor, construir o amor nem criar o amor. Somos programados para amar e ser amorosos. Os Vedas dizem que a alma é *sat, chit, ananda*: eterna, cheia de conhecimento, cheia de êxtase. Esse é o nosso cerne amoroso. À medida que experimentamos o mundo, esse núcleo vai sendo coberto por camadas de ego, inveja, orgulho, ciúme, luxúria e ilusão que comprometem nossa capacidade de amar. Temos que trabalhar para remover essas camadas e retornar ao nosso eu mais amoroso. É assim que os Vedas veriam até mesmo os membros mais perversos e perigosos da sociedade. O amor no cerne dessas pessoas está totalmente obscurecido por camadas de impureza. Todos nós temos impurezas, mas, para a maioria, elas são pequenas e relativamente inofensivas, enquanto um líder cujo cerne amoroso está totalmente coberto pode usar sua proporção e influência para a destruição da vida. Um *sannyasi* é capaz de olhar para o comportamento e para as ações de cada pessoa e vê-los como oportunidades para responder com amor, não importa quão inacessível seja esse cerne amoroso. Eles fazem isso, é claro, sem se expor a riscos nem apoiar a causa do líder corrupto.

COMO DAR AMOR

No quarto estágio da vida, chegamos a um ponto em que não estamos mais buscando o amor em apenas uma pessoa. Talvez isso aconteça porque não temos um parceiro. Ou podemos estar felizes com o nosso parceiro e achar que agora temos amor suficiente para expandi-lo. **Você foi um aluno do amor; agora é um guardião do amor.** A *Bhagavad Gita* fala sobre os princípios de *śreyas* e *preyas*, que, de modo geral, se traduzem como aquilo que buscamos e aquilo que devemos buscar. Se tivermos a capacidade e a oportunidade de olhar além das nossas necessidades, devemos fazê-lo. Você tem se esforçado para conquistar seu propósito. Talvez tenha se dedicado a atingir os objetivos de um parceiro e de seus filhos. Agora pode definir o objetivo do serviço. Se você tem um parceiro, vocês aprofundam o amor que têm um pelo outro fazendo isso juntos. Embarcar nesses esforços prematuramente leva a discussões e mal-entendidos. No momento em que vocês começam a pensar em maneiras de servir aos outros – sua comunidade, o mundo – juntos, precisam entender profundamente os pontos fortes e fracos de cada um. Uma vez que compreendemos isso em nós mesmos e nos outros, a colaboração surge com uma facilidade ainda maior e podemos estender essa compaixão a todos.

Ser um *sannyasi* é um trabalho árduo. Sem a prática, não estamos necessariamente prontos para encarar essa expansão infinita de amor, que pode facilmente acabar se transformando no desejo de inflar o próprio ego agradando as pessoas. E quanto mais nos afastamos no tempo e no espaço daqueles que conhecemos e amamos, mais difícil é sentir amor. Jamil Zaki, professor de psicologia da Universidade Stanford e diretor do Stanford Social Neuroscience Laboratory, afirma: "A empatia também é ancestral, ligada a uma época em que vivíamos em pequenos grupos de caçadores-coletores. Assim como acontecia naqueles tempos, ainda achamos mais fácil cuidar de pessoas que se parecem conosco ou pensam como nós, que nos são familiares e que estão bem diante de nós." Zaki descreve por que nós, enquanto comunidade global, temos dificuldade em lidar com as mudanças climáticas. Ele diz: "As pessoas sentem uma forte empatia depois que ficam sabendo de uma vítima de um desastre (cujo rosto podemos ver e cujos gritos podemos ouvir), mas estarmos diante de centenas ou milhares de vítimas nos deixa indiferentes. Esse 'colapso da compaixão' atrapalha as ações climáticas."

No entanto, como diz Rumi: "Eu, você, ele, ela, nós.../ no jardim dos amantes místicos,/ essas não são distinções verdadeiras." Embora não seja difícil imaginar um mundo pacífico e cheio de amor, pode não ser óbvio entender como podemos fazer com que ele seja assim esta tarde, amanhã e todos os dias. Rumi sugere que não somos tão diferentes das outras pessoas quanto imaginamos. Existem distinções, mas, com a prática, podemos ampliar nosso espectro de amor, do pessoal ao profissional, da comunidade ao planeta. A *Bhagavad Gita* explica isso de forma simples: "O humilde sábio, em virtude do verdadeiro conhecimento, enxerga da mesma maneira um erudito e gentil brâmane, uma vaca, um elefante e um cachorro."

AME OS MAIS PRÓXIMOS A VOCÊ

Primeiro expandimos nosso círculo de amor para aqueles que são mais fáceis de amar. Podemos demonstrar amor a nossos amigos e familiares não apenas por meio do que dizemos ou fazemos. Por trás desses atos estão quatro qualidades principais:

1. *Compreensão.* Todos nós queremos ser compreendidos. Amar os mais próximos e mais queridos é tentar entender quem eles são e o que estão tentando conquistar. Fazemos isso ouvindo e fazendo perguntas, e não impondo nossas ideias e nossos interesses.
2. *Confiança.* Nossos amigos e parentes querem que acreditemos neles. Isso significa confiar que eles têm potencial de realizar seus sonhos. Quando alguém que você ama compartilhar uma ideia, dê um feedback positivo. Seja solidário e ofereça incentivo.
3. *Aceitação.* Nossos amigos e familiares querem ser aceitos e amados do jeito que são, pelo que são, com todos os seus defeitos e diferenças. Não projetamos neles nossas expectativas sobre o que devem fazer ou como devem agir.
4. *Apreço.* Damos amor apreciando as pequenas e grandes coisas que nossos amigos e familiares fazem, as dificuldades que enfrentam, os esforços e as mudanças que realizam, a energia que trazem para o relacionamento. Acreditamos que apenas estar presente mostra apreço suficiente, mas não consigo pensar em ninguém que não queira ouvir, de forma específica e sincera, que se saiu bem em determinada coisa.

Um raio de respeito

Às vezes há desafios em amar aqueles que estão mais próximos de nós. A pessoa não responde de forma positiva. Ela é difícil de lidar, mas mesmo assim nos importamos com ela e queremos continuar a amá-la. Quando alguém é tóxico, podemos amar essa pessoa dentro de um raio de respeito.

O psicólogo Russell Barkley disse: "As crianças que mais precisam de amor sempre o pedirão da maneira menos amorosa." É difícil aceitar que alguém faça algo nocivo porque está em busca de amor. Não aceitamos abuso, mas entendemos que uma pessoa provoca dor porque sente dor. Ela está tentando descontar a dor dela em você. Como uma criança que pode gritar, chorar, berrar ou fazer birra para chamar atenção, os comportamentos que vemos nos outros são pedidos de amor mal formulados. Não é raro haver um amigo ou familiar que você considera problemático ou tóxico. Ao passar tempo com eles, você se vê em um ambiente negativo, no qual suas ideias são ignoradas, sua voz não é ouvida e você se sente rejeitado ou negligenciado. Se você se encontrar em uma situação como essa, talvez seja fácil passar de pensamentos amorosos para pensamentos negativos, ofensivos e cheios de ódio. Não se sinta culpado nem mal por isso. É natural ficar chateado se alguém o trata de maneira injusta. Nossos entes queridos problemáticos estão na nossa vida para nos ensinar a tolerância. Dê amor às pessoas, mesmo quando elas não lhe derem amor de volta. Um *sannyasi* oferece amor a todos da mesma forma que um médico tenta curar as pessoas que estão em ambos os lados de uma briga, não importa quem começou. Não abra mão de seus valores e não tolere abusos, mas expanda sua capacidade de dar amor.

Quando deparamos com uma pessoa com quem temos dificuldade de conviver, o primeiro passo para amá-la é entender o que a nossa reação a essa pessoa revela sobre nós mesmos. É a nossa insegurança? Nossa vaidade? Medo? Se você está esperando e desejando que seus amigos ou familiares concordem com você, torçam por você e deem incentivo a todas as suas ideias e a todas as decisões que você toma, saiba que isso é pedir muito. Para o bem e para o mal, é impossível para eles deixar de projetar em você o ponto de vista limitado e todas as dúvidas e medos que eles próprios têm. Quando a resposta deles o deixar preocupado ou aborrecido, reflita se parte de sua reação não vem da sua falta de confiança quanto à decisão que está tomando. Em vez de gastar energia tentando ganhar a confiança deles, concentre-se em desenvolver a sua própria em solitude. Quando você aceita quem é e o que deseja, é menos provável que se deixe perturbar pela opinião que outra pessoa tem sobre você ou pela visão que ela tem das suas ideias.

Quando ampliamos nosso escopo do amor, não excluímos as pessoas pelo que elas fazem ou pela forma como agem (a menos que sejam abusivas). Nós as amamos porque queremos ser pessoas amorosas. Se gosta de uma casa limpa, você a mantém limpa, quer esteja esperando uma visita ou não – isso a torna um lugar mais agradável para você morar. O mesmo acontece quando cria um ambiente amoroso em seu coração. Você faz isso por si mesmo, não importa quem recebe esse amor ou lhe oferece amor de volta. Você não bagunça sua casa porque uma pessoa bagunceira chegou. Você não enche seu coração de ódio porque alguém cheio de ódio entrou no seu raio. Você quer viver em uma casa de amor.

Assim, não podemos amar a todos do mesmo lugar. Podemos tentar amar certas pessoas de perto, mas descobrimos que, toda vez que nos despedimos delas, acabamos reclamando de sua negatividade, amargura e energia. É melhor se manter a distância, de onde ainda somos capazes de respeitá-las e dar apoio, do que estar perto demais e deixar nosso ressentimento crescer. Se você tem um familiar difícil que deseja manter em sua vida, talvez isso signifique que o ama mais quando o vê apenas uma vez por ano. Talvez signifique que o contato deve ser mantido apenas por telefone, sem visitas. Lide com ele pelo tempo que conseguir. A distância o protege de se sentir usado e permite que você deseje o bem da pessoa a distância, até estar pronto a amá-la de perto. Isso lhe dá o espaço e a oportunidade de desenvolver força e confiança em solitude. E, em tese, a longo prazo você será capaz de retornar cheio de compaixão para ajudá-la em sua jornada.

Uma maneira de dar amor a uma pessoa problemática é encontrar outras fontes de amor para ela. Às vezes achamos que somos a única fonte de amor – e talvez esse tenha sido de fato o rumo que as coisas tomaram –, mas essa dependência não é benéfica para nenhuma das partes. Podemos não ter tempo, inclinação, habilidade ou mesmo paciência para assumir uma pessoa difícil como um projeto em tempo integral.

Tudo bem. Não precisamos ser salvadores. Amar uma pessoa assim pode – e talvez deva – significar afastar-se do amor individualizado no qual nos concentramos até o momento. Podemos não ser a melhor pessoa ou a única a amá-la. Afinal, queremos que ela esteja cercada de amor e que também tenha a oportunidade de espalhar mais amor.

> **EXPERIMENTE ISTO: AJUDE UMA PESSOA DIFÍCIL DA SUA FAMÍLIA A ENCONTRAR AMOR EM SUA COMUNIDADE**
>
> Se amar um amigo ou familiar de perto for difícil, você pode incluí-los em seu círculo de amor ajudando-os a encontrar outras fontes de amor. Encontre novos amigos para essa pessoa. Apresente-a a indivíduos que pensam como ela. Pergunte a seus amigos se eles têm contatos que moram na mesma região e podem se dar bem com a pessoa.
>
> Encontre apoio para eles. Conecte-os a uma comunidade espiritual ou academia, ou providencie um serviço que ajude em uma tarefa que eles não conseguem ou não gostam de fazer.
>
> Ajude-os a correr atrás dos interesses deles. Podemos ajudar um pai ou uma mãe solitários a participar de um clube do livro ou a organizar um torneio de pôquer.
>
> Organize um evento familiar em terreno neutro. Estar em público tende a aliviar as tensões e melhorar o comportamento de todo mundo. Se visitas em casa forem muito intensas, tente se encontrar em um restaurante ou em um local público onde todos se sintam à vontade.
>
> Escreva-lhes uma carta de agradecimento. Compartilhe boas lembranças que você tem com eles, expresse o que admira neles e todas as maneiras positivas por meio das quais fizeram a diferença em sua vida.

Se você faz esforços como os do quadro anterior, mas ainda assim não consegue achar uma forma de amar essa pessoa, não se force. Às vezes a melhor coisa que pode fazer por um amigo ou familiar que já foi importante na sua vida é se afastar. Às vezes essa é a única coisa possível a ser feita. Pode ser difícil. Sentimo-nos inseguros em desistir de alguém que é ou foi importante para nós. Parte do que torna a situação ainda mais difícil é o fato de sabermos instintivamente que os Vedas têm razão. Há bondade na alma dessa pessoa, ainda que esteja obscurecida pelas camadas de experiências ruins, emoções negativas e até mesmo traumas. É mais fácil criar a distância de que precisamos se a deixarmos ir com amor. Assim como você não julgaria alguém pelas roupas que veste, não julgue ninguém pelo exterior. **Tente amar as pessoas pela centelha que há nelas, não pelo que as cerca.**

Um compromisso consciente de tempo

Para dar amor aos nossos amigos e familiares precisamos de tempo, mas estamos todos tão ocupados e distraídos que podemos ter dificuldade em encontrar tempo. A solução para esse problema é a organização. O antropólogo britânico Robin Dunbar levantou a hipótese de que nosso cérebro só é capaz de lidar com um grupo social de determinado tamanho. Depois de examinar dados históricos, antropológicos e atuais, ele e seus colegas chegaram à conclusão de que esse número é de aproximadamente 150 pessoas. Uma matéria da BBC.com acrescenta: "De acordo com a teoria, o círculo mais fechado tem apenas cinco pessoas – entes queridos. Ele é seguido por camadas sucessivas de 15 (bons amigos), 50 (amigos), 150 (contatos significativos), 500 (conhecidos) e 1.500 pessoas (indivíduos que você é capaz de reconhecer). As pessoas se movem de uma camada para outra, mas é necessário também abrir espaço para que novas possam entrar."

Embora esses números sejam apenas estimativas, se você classificar seus contatos pessoais dessa maneira conseguirá ser muito mais cuidadoso em relação à sua maneira de dividir seu tempo entre eles. Em vez de passivamente oferecer sua presença a qualquer um que o procure, você poderá decidir de forma consciente quem deseja ver e com que frequência.

EXPERIMENTE ISTO: ESTRUTURE SUA LISTA DE PESSOAS QUERIDAS

Faça uma lista com os nomes de amigos e familiares que fazem parte do seu círculo mais amplo. (Usar suas listas de amigos ou seguidores nas redes sociais é um ponto de partida. O Facebook e o Instagram permitem que você classifique seus amigos de acordo com o nível de informações que eles recebem sobre você.) Agora faça a mesma coisa na vida real. Organize essa lista em amigos íntimos e familiares mais próximos, bons amigos e familiares, contatos significativos e conhecidos. Determine quanto tempo pode dedicar a cada categoria. Talvez você decida que deseja fazer contato ou planos com amigos íntimos e familiares próximos uma vez por semana, e com bons amigos uma vez por mês. Talvez queira fazer um esforço para falar com contatos significativos a cada trimestre e com conhecidos uma vez por ano. Esse detalhamento permite que você tenha consciência de como deseja dividir seu tempo e o ajuda a comunicar isso ao seu círculo. Você pode dizer: "Adoraria garantir que almoçássemos juntos uma vez por mês." Embora seja estranho dizer a seus contatos significativos que você atribuiu a eles uma frequência trimestral, ter em mente a ideia de vê-los em todas as estações do ano, talvez nos feriados, o manterá em contato e ciente do que está acontecendo na vida deles.

Se você acha difícil fazer amigos ou se mudou recentemente e está começando do zero, essa lista pode lembrá-lo das pessoas que você ama. Existem parentes distantes ou conhecidos com quem você deseja construir um relacionamento mais próximo? Ter uma lista com os nomes daqueles que o interessam e de quem você gosta o ajudará a construir uma rede.

VALORIZE SEUS COLEGAS DE TRABALHO

Não é incomum passarmos mais tempo com nossos colegas de trabalho do que com a família. Nosso ambiente de trabalho é uma comunidade tanto quanto qualquer outra da qual fazemos parte. O funcionário da expedição, o rapaz do TI, o segurança lá embaixo, o guru do marketing e os colegas de quem somos próximos: essas são as principais pessoas que vemos todos os dias, trabalhando ao nosso lado ou em uma caixinha do Zoom em nossa tela, mas não é intuitivo demonstrar amor por elas nem está claro como fazê-lo. Sentimo-nos inibidos de amar nossos colegas por conta da formalidade inerente ao ambiente profissional. O amor no mundo do trabalho é diferente. Não é profundo nem emotivo. Você pode não compartilhar um nível de confiança que lhe permita falar sobre coisas pessoais ou se mostrar vulnerável. Aliás, conectar-se em um nível pessoal pode não ser apropriado ou adequado à cultura de trabalho em que você vive. Superamos isso encontrando maneiras de inserir apreço e cordialidade em um ambiente profissional.

Amamos nossos colegas, acima, abaixo ou ao nosso lado na hierarquia, de maneiras diferentes. Amamos os que estão **abaixo** por meio da orientação e da mentoria, não do controle e da propriedade. Servir um bolo em cada aniversário não é a única forma de demonstrar amor no escritório. Nós os conectamos ao conhecimento e à sabedoria que lhes dá acesso ao crescimento pessoal. Quando podemos, oferecemos orientação ou acesso a ideias e insights que não estão disponíveis em sua vida profissional diária. O que acha de trazer um palestrante convidado, compartilhar um TED Talk sobre meditação ou quem sabe organizar uma corrida beneficente da qual os colegas possam participar juntos?

Buscamos maneiras novas e criativas de mostrar nosso apreço pela dedicação dos menos experientes. Quando reconhecemos o que alguém fez, valorizamos quem essa pessoa é. Segundo o Work.com, quase metade dos funcionários afirma que mudaria de emprego apenas para se sentir mais valorizado.

Amamos os colegas no **mesmo** nível por meio de apoio, incentivo, colaboração, cooperação e apreço. As qualidades amorosas que levamos para o trabalho ecoam aquelas que manifestamos junto a amigos e familiares, mas sofrem uma ligeira mudança a fim de refletir a necessidade de ser profissional e produtivo.

> **EXPERIMENTE ISTO: LEVE AMOR PARA O TRABALHO**
>
> 1. *Compreensão.* Você não precisa compreender quem eles são e o que querem da mesma forma que o faz em relação a seus amigos e familiares mais próximos, mas demonstre interesse pela vida pessoal deles e acompanhe seus altos e baixos, dando especial atenção às circunstâncias nas quais eles têm bons motivos para estar distraídos do trabalho e precisam de uma ajuda extra vinda de você. Procure saber como estão seus colegas se o humor deles mudar. Acompanhe os desafios que você sabe que estão enfrentando. Se estão passando por um período difícil, veja se há uma maneira de lhes dar apoio assumindo mais tarefas ou encontrando maneiras de aliviar sua carga.
>
>   Observe o esforço que eles colocam no dia a dia, quando fazem um bom trabalho, como melhoram e de que maneira comemoram seu sucesso.
> 2. *Conexão.* Seja on-line ou pessoalmente, comece o dia ou uma reunião perguntando como seus colegas estão. Tente entender como está sendo o dia deles. Acompanhe os problemas pessoais que compartilharam com você. Humanize a experiência em vez de mergulhar imediatamente na pauta.
> 3. *Apreço.* Todos os dias, escolha uma pessoa de sua vida profissional para enviar uma breve mensagem, por correio de voz, texto ou e-mail, elogiando-a ou agradecendo especificamente por algo que ela tenha feito no trabalho.
>
>   Faça esse tipo de esforço porque deseja trazer mais amor ao mundo, sem esperar nem exigir reciprocidade.

Amamos nossos **superiores** fazendo aquilo que nos comprometemos a fazer, sendo respeitosos e sabendo os nossos limites. Aceitamos ativamente a orientação em vez de nos ressentirmos dela.

O CROCODILO E O MACACO

Há uma história zen sobre um macaco que deseja uma banana que está do outro lado do rio. O crocodilo, observando o desejo do macaco, se oferece para transportá-lo até a outra margem. O macaco prontamente pula nas costas do crocodilo, que começa a nadar. No meio do rio, porém, ele para e diz: "Macaco idiota, agora você está preso nas minhas costas no meio do rio e eu vou comer você."

O macaco se empertiga rapidamente e responde: "Bem, crocodilo, eu adoraria que você me comesse, mas deixei meu coração na outra margem do rio, e essa é a minha parte mais saborosa. É suculento e gostoso, uma verdadeira iguaria. Eu não ia ficar nada feliz se você tivesse uma refeição abaixo do esperado."

O crocodilo diz: "Ah, parece saboroso. Muito bem, então. Vou nadar até a outra margem para que você possa me trazer seu coração."

Eles chegam à margem oposta e o macaco foge, salvando a própria vida.

A moral dessa história é que, ao lidar com crocodilos, você deve deixar seu coração em casa. Você não pode sempre se mostrar vulnerável, porque às vezes isso será usado contra você.

Se você ama incondicionalmente em um contexto profissional, isso pode pegar as pessoas desprevenidas. Elas estão acostumadas a ser motivadas pelo medo ou pelos resultados, não pelo amor. Essa é uma experiência fora do comum, e as pessoas podem não responder bem a ela. Pensamos no amor como algo recíproco, mas os *sannyasis* amam sem pensar em reciprocidade. Devemos manter nosso coração amoroso, a essência de quem somos, mesmo em um ambiente de trabalho cheio de crocodilos. Tentamos ser compassivos com aqueles que nos feriram. Damos a melhor energia que podemos diante das circunstâncias e seguimos com a nossa vida. Ao mesmo tempo, garantimos que não somos o crocodilo, porque o que nos tornamos no trabalho acaba transbordando para nossa forma de agir em casa. Se você não é capaz de ser o *sannyasi* que deseja ser no ambiente de trabalho, procure se esforçar para dar amor em sua vida pessoal.

SEJA PROATIVO EM SUA COMUNIDADE

Quando procuramos expandir nosso amor para além do ambiente de trabalho, chegamos às comunidades das quais fazemos parte: grupos de bairro, comitês escolares, instituições religiosas, clubes do livro e outros coletivos de interesse. Demonstramos amor em nossa comunidades ao perceber uma necessidade e trabalhar para atendê-la. Pode ser dando início à vigilância do bairro, ajudando a resolver um problema de infraestrutura ou organizando maneiras de os vizinhos se encontrarem e socializarem. Se isso for feito por desejo de poder, autoridade ou controle, nos deixará com uma sensação de vazio. Mas se fizermos esses esforços partindo de um lugar de amor, compaixão e empatia, nos sentiremos realizados.

Ao aumentar seu amor em escala, você vai se deparar com divergências. Quanto mais pessoas servir, mais pessoas discordarão de você. Se participar de um grupo de vigilância do bairro, pode haver uma ou duas pessoas que não gostem de suas ideias. Se fizer parte do conselho municipal, à medida que realizar uma quantidade crescente de trabalho na comunidade, mais pessoas não gostarão ou discordarão de você. Se for o presidente do país, metade dele estará contra você. Se estiver lidando com mais opiniões conflitantes, entenda que elas são proporcionais à sua jornada.

INSPIRE DESCONHECIDOS

Tratamos desconhecidos na rua com certo nível de cautela, e com razão. Não sabemos se eles são receptivos ao amor nem como demonstrar amor sem deixá-los constrangidos. No entanto, todos os dias, sempre que saímos de casa, esbarramos com pessoas com os quais não temos qualquer relação. Muitos de nós passam a maior parte do tempo na presença de pessoas cujo nome nem sequer sabem: o motorista do ônibus, um caixa, um garçom ou a pessoa atrás de nós na fila.

A maneira mais fácil (e segura) de darmos amor às pessoas que cruzam nosso caminho é sorrir. Graças ao nosso circuito de sobrevivência, nosso cérebro está constantemente em busca de pistas para entender se somos bem-vindos em determinado ambiente. Os cientistas dizem que, quando sorrimos para alguém, isso sinaliza conexão social, deixando a pessoa mais à vontade.

Os pesquisadores da Purdue University queriam investigar até que ponto uma interação de uma fração de segundo com um desconhecido pode ter um impacto em nós. Um assistente de pesquisa percorreu um trecho movimentado do campus e, ao passar por desconhecidos, tentou três abordagens distintas: fez contato visual; fez contato visual e sorriu; ou olhou em frente, como se eles não existissem. Então, apenas alguns passos adiante, os mesmos desconhecidos, que continuavam sem saber que eram objeto de estudo, foram parados por outro pesquisador, que perguntou se eles se importariam de responder a uma breve pesquisa. Aqueles que foram ignorados relataram sentir mais desconexão social do que aqueles que receberam algum tipo de reconhecimento positivo. Os pesquisadores concluíram que ser claramente ignorado, mesmo que por desconhecidos, pode ter um impacto negativo sobre nós.

A razão pode ser puramente química: quando somos ignorados, somos privados do impacto positivo dos sorrisos. Sorrir libera dopamina, serotonina e endorfinas, os neurotransmissores do bem-estar que melhoram nosso humor. E inúmeros estudos respaldam o que a maioria de nós soube a vida inteira: sorrir é contagioso. Portanto, se você sorrir e alguém sorrir de volta, ambos estarão se beneficiando de hormônios do bem-estar.

Se realmente nos importarmos com os desconhecidos ao nosso redor, a vida deles pode ser transformada. De acordo com o Bureau of Labor Statistics, cerca de 70% da prestação de serviços não envolve uma organização formal, mas precisa de pessoas engajadas localmente por iniciativa própria. Pense nas bibliotecas e nos bancos de alimentos que as pessoas criam em suas comunidades para distribuir livros e comida. Inúmeros doadores anônimos contribuem, reabastecendo essas bibliotecas e esses bancos de alimentos com material de leitura e mantimentos.

Além disso, há aquelas pessoas que veem uma necessidade e simplesmente resolvem o problema com as próprias mãos. Em uma noite fria de novembro na cidade de Nova York, um morador de rua caminhava descalço pela calçada, tentando proteger os dedos dos pés do chão gelado. O policial Lawrence DiPrimo viu o sujeito e foi falar com ele. Enquanto conversavam, DiPrimo descobriu quanto ele calçava e sumiu por algum tempo. Quando voltou, presenteou o homem com um par de botas impermeáveis que tinha acabado de comprar. Jamais saberíamos dessa história não fosse por um transeunte que entendeu o que estava acontecendo e tirou uma foto de DiPrimo ajoelhado ao lado do homem, ajudando-o a amarrar as botas. E, quando o vendedor da sapataria soube por que DiPrimo estava comprando o calçado, ofereceu seu desconto de funcionário para reduzir o preço. Isso é amor.

DOE RECURSOS PARA ORGANIZAÇÕES

Organizações podem parecer impessoais, assim como as formas pelas quais somos estimulados a amá-las (principalmente dando dinheiro, mas às vezes nosso tempo ou nossas habilidades). Quanto mais emocionalmente conectado você estiver com uma causa, mais paixão poderá colocar nos seus esforços em nome dela.

Leanne Lauricella tinha uma carreira agitada como promotora de eventos corporativos em Nova York, organizando eventos sofisticados para clientes ricos. Um dia, um colega de trabalho mencionou a expressão *factory farming*. Leanne não fazia ideia do que significava, mas na mesma noite fez uma pesquisa no Google e ficou horrorizada com o que viu. Na hora, decidiu parar de comer animais. Ela também começou a aprender mais sobre pecuária, inclusive visitando fazendas, onde se apaixonou pelos animais, principalmente pelas cabras. Leanne ficou surpresa e encantada ao descobrir como elas são brincalhonas, inteligentes e carinhosas quando bem tratadas. Ela simplesmente não conseguia tirar as cabras da cabeça, então resgatou duas – Jax e Opie, batizadas com nomes de personagens da série de TV *Sons of Anarchy*. Leanne abriu uma conta no Instagram que batizou, de brincadeira, de *Goats of Anarchy*, onde compartilhava as façanhas de Jax e Opie. As pessoas adoravam interagir com elas, e Leanne gostava tanto de cuidar delas que adotou mais cabras, inclusive várias com necessidades médicas especiais. Em determinado momento, largou o emprego e hoje a Goats of Anarchy é uma instituição de caridade registrada, estabelecida em uma propriedade de 12 hectares que é o lar de mais de 250 animais. Leanne e seus ajudantes cuidam das cabras e fornecem programas educacionais – e muitos sorrisos – ao público.

CONECTE-SE COM A TERRA

É difícil demonstrar amor à Terra, porque ela é grande demais. Não podemos consertar nem mesmo ver todos os elementos da natureza. Não fomos educados para acreditar que a Terra é o nosso lar nem responsabilidade nossa. Achamos que ela irá cuidar de si mesma ou que cuidar dela é tarefa do governo.

Tornamos a Terra menor encontrando maneiras de nos conectarmos com ela. Em uma viagem ao Parque Nacional dos Vulcões do Havaí, Radhi e eu vimos petróglifos circulares que havaianos nativos esculpiram nas rochas centenas de anos atrás. Nosso guia nos disse que, quando os bebês nasciam, os mais velhos gravavam esses círculos na pedra e colocavam o cordão umbilical ali, para que a criança ficasse ligada à Terra para sempre. Essa conexão não é boa apenas para a natureza, pois ela também tem amor para nos dar.

Os nativos americanos e outras culturas indígenas têm inúmeras práticas para honrar a natureza, inclusive canções e danças dedicadas à água, à terra, ao vento e ao fogo. Os yogues praticam *Surya Namaskar*, a saudação ao Sol. Antigos celtas e outros povos se reuniam em festivais para celebrar os ciclos das estações. O analista junguiano Erich Neumann escreveu: "A oposição entre a luz e a sombra estruturou o mundo espiritual de todos os povos e lhe deu forma."

A ciência moderna mostra que a nossa biologia é regulada pela natureza. Samer Hattar, que chefia o setor de luz e ritmos circadianos do Instituto Nacional de Saúde Mental dos Estados Unidos, diz que a luz nos afeta para além de apenas nos ajudar a enxergar – ela na verdade regula muitas das funções do nosso corpo. As células nervosas em nossos olhos ajustam nosso relógio biológico com base no nascer e no pôr do sol, e tudo, desde nosso ciclo de sono até nosso metabolismo e nosso humor, é influenciado pela luz solar. (A luz artificial também nos afeta, mas nosso corpo funciona melhor quando somos expostos à luz solar forte.) Como diz o neurocientista Andrew Huberman, podemos realmente sentir uma espécie de "fome de luz" quando não recebemos luz solar suficiente. Já nos conectamos com a Terra de mais formas do que imaginamos – um aprendizado que nos inspira a cuidar do nosso planeta.

Abra o seu caminho através dos círculos do amor, começando pela sua zona de conforto, com aqueles que você conhece melhor, e se distanciando cada vez mais das pessoas que você conhece pessoalmente. Servimos em ignorância quando não queremos ser deixados de fora. Servimos por paixão quando queremos crédito pelo que fizemos ou queremos que o destinatário fique nos devendo. Servimos com bondade quando não queremos reconhecimento nem estamos em busca de um resultado – queremos apenas demonstrar amor puro.

ZONAS DE CONFORTO DO AMOR

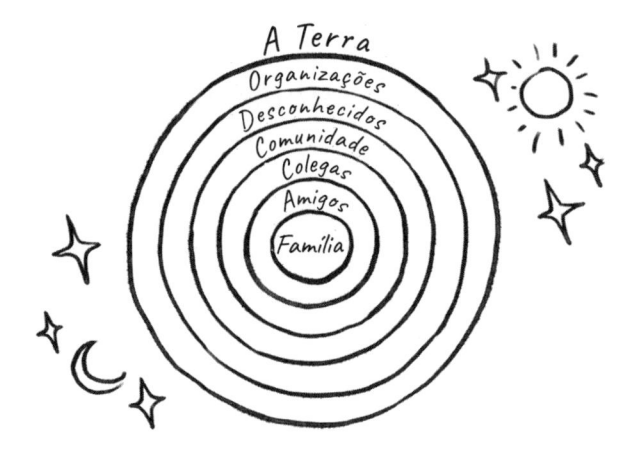

A Terra
Organizações
Desconhecidos
Comunidade
Colegas
Amigos
Família

Quando começou a ler este livro, você talvez esperasse que o amor batesse à sua porta, o arrebatasse e o levasse embora. Talvez se sentisse disposto a fazer qualquer coisa para encontrar o amor. Acreditamos que o amor deve ser obtido, conquistado, alcançado e recebido. Buscamos o amor na forma de atenção, elogios e do reconhecimento das pessoas. Mas, na verdade, a melhor maneira de experimentá-lo é oferecendo-o.

E se, ao entrar em uma sala, você se perguntasse: como posso amar todos aqui presentes hoje? Você diz a si mesmo: *Vou simplesmente dar amor*. Essa é uma forma incrível de começar o dia. Se alguém emitir uma vibração negativa ou hostil, tente abordar essa pessoa e fazer uma pergunta sobre algo com o qual ela se importa. Simples assim. Dê amor.

Comecei este livro falando sobre como, quando amamos uma flor, a regamos todos os dias. Agora é você quem está cultivando – plantando sementes para os outros, dando frutos aos outros, dando sombra aos outros. **Você pode passar a vida inteira buscando o amor e nunca encontrá-lo ou pode passar a vida inteira dando amor e vivenciar essa alegria.** Experimente, pratique e crie o amor em vez de esperar por ele. Quanto mais fizer isso, mais você vai tocar as profundezas do amor de diferentes pessoas ao longo de cada dia, pelo resto da vida.

ESCREVA UMA CARTA DE AMOR PARA O MUNDO

Um dia, eu estava caminhando em uma praia no sul da Índia com um dos meus professores. Estávamos numa comunidade de pescadores e muitos peixes haviam sido arrastados em redes, mas havia milhares de outros que, por algum motivo, estavam encalhados na praia, morrendo devagar. Um a um, meu professor começou a jogá-los de volta ao mar, na esperança de que sobrevivessem. Havia tantos peixes na praia que eu sabia que não conseguiríamos salvar todos. Perguntei a ele qual era o sentido daquilo.

"Para você, é apenas um peixe", disse meu professor, "mas, para aquele peixe, é tudo."

Meu professor estava demonstrando na prática a mensagem de uma história zen com a qual eu esbarraria mais tarde, sobre um professor atirando estrelas-do-mar de volta ao oceano.

As notícias hoje em dia são esmagadoras. Vemos dor e sofrimento generalizados e nos perguntamos que diferença podemos fazer, mas gosto de acreditar que, se enviarmos desejos positivos e boas energias a quem precisa, eles alcançarão alguém e terão algum significado para essas pessoas. Subestimamos o que a ajuda a uma pessoa é capaz de significar. Escrever uma carta de amor para o mundo o lembra de agir dessa maneira em todas as interações de seu dia.

Querido mundo,
Durante grande parte da minha vida achei que o amor era me importar com aqueles que se importam comigo. Desde os meus primeiros anos, experimentei o amor como algo que recebia e dava de volta. Mas

essa experiência de amor, embora bela, é limitada. Restringe minha experimentação do amor àqueles que conheço, àqueles que interagem comigo de determinada maneira. Quero experimentar mais amor. Um amor maior. Um amor que não fique reservado ao meu entorno, mas que se estenda além das fronteiras do meu universo, alcançando o mundo inteiro, toda a humanidade. Um amor que está além da biologia ou da reciprocidade. Além até mesmo das pessoas que conheço. Porque, como entendo agora, não preciso conhecê-lo para amá-lo. Ou melhor, de alguma forma eu o conheço por causa da nossa humanidade comum. Estamos todos aqui juntos neste lugar, com nossas lutas e nossas vitórias, fazendo o nosso melhor. O que nos conecta uns aos outros é a nossa conexão com o amor. Sei que às vezes é difícil enxergar isso, divididos como estamos por nossos diferentes valores, opiniões e crenças. Mas, por trás disso tudo, cada um de nós tem uma coisa poderosa em comum: todos queremos experimentar o amor.

E é isso que compartilho com você agora. Não importa quem você é nem o que fez ou deixou de fazer na vida, eu lhe ofereço amor. Prometo que você é digno de recebê-lo. Por favor, saiba que não importam as coisas pelas quais você esteja passando, alguém te ama. Sem condições. Sem julgamentos. Integralmente e por completo.

Com amor,

Eu

MEDITAÇÃO PARA SE CONECTAR

Esta meditação se concentra em perceber e compartilhar o amor em todas as suas formas. Ela pode ajudá-lo a se sentir mais profundamente conectado com o amor e o mundo ao seu redor.

1. Encontre uma posição confortável, seja sentado em uma cadeira, em uma almofada, no chão ou deitado.
2. Feche os olhos se achar boa ideia. Se não, simplesmente relaxe seu foco.
3. Quer seus olhos estejam abertos ou fechados, baixe a cabeça ligeiramente.
4. Inspire profundamente. Expire.
5. Se você perceber que sua mente está divagando, tudo bem. Conduza-a delicadamente de volta a um lugar de calma, equilíbrio e tranquilidade.

Meditação para compartilhar amor

1. Respire fundo. Expire.
2. Reserve um momento para pensar em todo o amor que você recebeu na vida.
3. Pense em todo o amor que você expressou e compartilhou com os outros.
4. Agora sinta todo o amor dentro de você, de todas as fontes, inclusive de si mesmo. Traga sua consciência para todo o amor que você escolheu ter dentro de si. Observe esse amor em seu coração. Sinta-o banhando seu corpo como uma cachoeira, dando vida a seus pés, pernas, braços, peito e cabeça.

5. Sinta o amor ficando mais forte e mais poderoso. Observe-o irradiando-se da zona do seu coração.
6. Agora veja esse amor indo para as pessoas que você conhece e de quem gosta.
7. Veja-o alcançando todas as pessoas que você sabe que estão passando por dificuldades.
8. Agora sinta-o sendo projetado para pessoas que você não conhece e para os desconhecidos que você vê todos os dias.
9. Então sinta o amor dentro de você se estendendo para além disso, alcançando todas as pessoas, no mundo inteiro.

Agradecimentos

Os ensinamentos dos Vedas e da *Bhagavad Gita* impactaram minha vida, meus relacionamentos e minha carreira da maneira mais profunda possível. Este livro é minha humilde tentativa de interpretá-los e traduzi-los de uma forma relevante e prática, para que você possa construir em sua vida relacionamentos poderosos e cheios de significado e propósito. Quero expressar minha gratidão pelos relacionamentos que ajudaram este livro a ganhar vida.

Gostaria de agradecer ao meu agente James Levine por viver tantos desses princípios e me assegurar da validade deles ao longo de seus 55 anos de casamento. Ele e sua esposa comemoraram recentemente o sexagésimo aniversário de seu primeiro encontro. Que inspiração! Gostaria de agradecer ao meu editor Eamon Dolan, que se baseou no próprio relacionamento, intenso e amoroso, ao me pressionar a escrever um livro melhor para todos vocês. À minha colaboradora Hilary Liftin, por nunca desistir, ser sempre flexível (qualidades que ela sem dúvida leva para o seu casamento de 20 anos, com muitos mais ainda pela frente) e por sua incrível capacidade de agora ensinar e viver essas lições. Kelly Madrone e sua esposa eram melhores amigas antes de se casarem e se apaixonaram porque se conheciam muito bem – o que explica por que ela trouxe pesquisas e insights tão incríveis para este livro. A Jordan Goodman, que de alguma maneira, enquanto mantinha minha agenda em dia sempre com um sorriso, ficou noiva e afirma ter seguido todas as regras deste livro (mas, considerando quão ocupada eu a mantive, não posso confirmar se ela de fato o leu). A Nicole Berg, por todos os debates criativos, pela dedicação à capa e às ilustrações e pelo apoio. Enquanto ela planejava seu casamento, ajudava também a planejar este livro. Que conquista! A Rodrigo e Anna Corral pelo design e pelas ilustrações da capa – uma equipe que também é um casal e que descobriu que a confiança cresce até mesmo nas menores tarefas e palavras – e essa atenção aos detalhes é evidente no trabalho deles. A Oli Malcolm, da HarperCollins UK, que está casado há oito anos e diz que sua esposa é o cérebro do casal. Ele é extremamente paciente – embora talvez sua esposa devesse receber o crédito por isso?

A todos os meus clientes que me permitiram entrar em sua vida para que eu pudesse entender mais profundamente as emoções humanas de modo a poder implementar essas ideias na prática. Para que eu pudesse ver a transformação e a genuína conexão.

Nota do autor

Neste livro eu me baseei em muitas tradições religiosas, culturas, líderes inspiradores e cientistas. E fiz o meu melhor em cada caso para creditar citações e ideias às suas fontes originais. Esses esforços estão refletidos aqui. Em alguns casos, encontrei citações ou ideias maravilhosas que descobri serem atribuídas a várias fontes diferentes, a nenhuma fonte específica ou a textos antigos nos quais não consegui localizar o verso original. Nesses casos, com a ajuda de um pesquisador, tentei dar ao leitor o máximo de informações úteis sobre a fonte do material. Além disso, compartilhei as histórias verdadeiras de meus clientes e amigos, mas mudei seus nomes e outros detalhes para proteger sua privacidade.

Referências

As referências estão listadas na ordem em que aparecem no texto.

INTRODUÇÃO

Terence M. Dorn, *Quotes: The Famous and Not So Famous* (Conneaut Lake, PA: Page Publishing Inc., 2021).

Tim Lomas, "How I Discovered There Are (at Least) 14 Different Kinds of Love by Analysing the World's Languages", The Conversation, 13 de fevereiro de 2018, https://theconversation.com/how-i-discovered-there-are-at-least-14-different-kinds-of-love-by-analysing-the-worlds-languages-91509.

Neel Burton, "These Are the 7 Types of Love", *Psychology Today*, 15 de junho de 2016, https://www.psychologytoday.com/au/blog/hide-and-seek/201606/these-are-the-7-types-love.

"Love: Love Across Cultures", Marriage and Family Encyclopedia, acesso em 9 de maio de 2022, https://family.jrank.org/pages/1086/Love-Love-Across-Cultures.html.

Chrystal Hooi, "Languages of Love: Expressing Love in Different Cultures", *Jala* blog, 10 de fevereiro de 2020, https://jala.net/blog/story/30/languages-of-love-expressing-love-in-different-cultures.

Marian Joyce Gavino, "The 'Pure' Intentions of Kokuhaku", Pop Japan, 13 de fevereiro de 2018, https://pop-japan.com/culture/the-pure-intentions-of-kokuhaku/.

Fred Bronson, "Top 50 Love Songs of All Time", *Billboard*, 9 de fevereiro de 2022, https://www.billboard.com/lists/top-50-love-songs-of-all-time/this-guys-in-love-with-you-herb-alpert-hot-100-peak-no-1-for-four-weeks-1968/.

S. Radhakrishnan, "The Hindu Dharma", *International Journal of Ethics* 33, n. 1 (outubro de 1922): 8–21, https://doi.org/10.1086/intejethi.33.1.2377174.

"Ashram", Yogapedia, 11 de fevereiro de 2018, https://www.yogapedia.com/definition/4960/ashram.

Ashley Fetters, "'He Said Yes!' Despite Changing Norms, It's Still Exceedingly Rare for Women to Propose in Heterosexual Couples", *Atlantic*, 20 de julho de 2019, https://www.theatlantic.com/family/archive/2019/07/women-proposing-to-men/594214/.

Alexandra Macon, "7 Ways Engagement-Ring Buying Is Changing", *Vogue*, 12 de abril de 2019, https://www.vogue.com/article/how-engagement-ring-buying-is-changing.

"This Is What American Weddings Look Like Today", *Brides*, 15 de agosto de 2021, https://www.brides.com/gallery/american-wedding-study.

D'vera Cohn e Jeffrey S. Passel, "A Record 64 Million Americans Live in Multigenerational Households", Pew Research Center, 5 de abril de 2018, https://www.pewresearch.org/fact-tank/2018/04/05/a-record-64-million-americans-live-in-multigenerational-households/.

"What Percentage of Americans Currently Live in the Town or City Where They Grew Up?" PR Newswire, 5 de novembro de 2019, https://www.prnewswire.com/news-releases/what-percentage-of-americans-currently-live-in-the-town-or-city-where-they-grew-up-300952249.html.

Jamie Ballard, "A Quarter of Americans Are Interested in Having an Open Relationship", YouGovAmerica, 26 de abril de 2021, https://today.yougov.com/topics/lifestyle/articles-reports/2021/04/26/open-relationships-gender-sexuality-poll.

Jason Silverstein e Jessica Kegu, "'Things Are Opening Up': Non-Monogamy Is More Common Than You'd Think", CBS News, 27 de outubro de 2019, https://www.cbsnews.com/news/polyamory-relationships-how-common-is-non-monogamy-cbsn-originals/.

PARTE UM – SOLIDÃO: APRENDENDO A AMAR A SI MESMO

Richard Schiffman, "Ancient India's 5 Words for Love (And Why Knowing Them Can Heighten Your Happiness", *YES!*, 14 de agosto de 2014, https://www.yesmagazine.org/health-happiness/2014/08/14/ancient-india-s-five-words-for-love.

REGRA 1 – APRENDA A FICAR SOZINHO

"Poems by Hafiz", The Poetry Place, 13 de agosto de 2014, https://thepoetryplace.wordpress.com/2014/08/13/poems-by-hafiz/.

Stephanie S. Spielmann, Geoff MacDonald, Jessica A. Maxwell, Samantha Joel, Diana Peragine, Amy Muise e Emily A. Impett, "Settling for Less Out of Fear of Being Single", *Journal of Personality and Social Psychology* 105, n. 6 (dezembro de 2013): 1049–1073, https://doi: 10.1037/a0034628.

Superbad, direção de Greg Mottola, Columbia Pictures/Apatow Productions, 2007.

O náufrago, direção de Robert Zemeckis, Twentieth Century Fox/DreamWorks Pictures/ImageMovers, 2000.

Paul Tillich, *The Eternal Now* (Nova York: Scribner, 1963).

Martin Tröndle, Stephanie Wintzerith, Roland Wäspe e Wolfgang Tschacher, "A Museum for the Twenty-first Century: The Influence of 'Sociality' on Art Reception in Museum Space", *Museum Management and Curatorship* 27, n. 5 (fevereiro de 2012): 461–486, https://doi.org/10.1 080/09647775.2012.737615.

Mihaly Csikszentmihalyi, *Flow: A psicologia do alto desempenho e da felicidade* (Rio de Janeiro: Objetiva, 2020).

Mihaly Csikszentmihalyi, *Creativity: Flow and the Psychology of Discovery and Invention* (Nova York: HarperCollins, 1996).

"Confidence", Lexico, acesso em 23 de junho de 2022, https://www.lexico.com/en/definition/confidence.

Hamid Reza Alavi e Mohammad Reza Askaripur, "The Relationship Between Self-Esteem and Job Satisfaction of Personnel in Government Organizations", *Public Personnel Management* 32, n. 4 (dezembro de 2003): 591– 600, https://doi.org/10.1177/009102600303200409.

Ho Cheung William Li, Siu Ling Polly Chan, Oi Kwan Joyce Chung e Miu Ling Maureen Chui, "Relationships Among Mental Health, Self-Esteem, and Physical Health in Chinese Adolescents: An Exploratory Study", *Journal of Health Psychology* 15, n. 1 (11 de janeiro de 2010): 96–106, https://doi.org/10.1177/13 59105309342601.

Ruth Yasemin Erol e Ulrich Orth, "Self-Esteem and the Quality of Romantic Relationships", *European Psychologist* 21, n. 4 (outubro de 2016): 274–83, https://doi.org/10.1027/1016-9040/a000259.

"Become an Instant Expert in the Art of Self-Portraiture", Arts Society, 1º de outubro de 2020, https://theartssociety.org/arts-news-features/become-instant-expert-art-self-portraiture-0.

Verso 2.60 de C. Bhaktivedanta Swami Prabhuppada, *Bhagavad-gita As It Is* (Bhaktivedanta Book Trust International), https://apps.apple.com/us/app/bhagavad-gita-as-it-is/id1080562426.

Verso 2.67 de Prabhuppada, *Bhagavad-gita As It Is*.

Rigdzin Shikpo, *Never Turn Away: The Buddhist Path Beyond Hope and Fear* (Somerville, MA: Wisdom, 2007), 116.

Lisa Feldman Barrett, *7½ Lessons About the Brain* (Nova York: Houghton Mifflin Harcourt, 2020), 84–85, 93.

REGRA 2 – NÃO IGNORE SEU KARMA

"Vedic Culture", Hinduscriptures.com, acesso em 3 de outubro de 2022, https://www.hinduscriptures.in/vedic-lifestyle/reasoning-customs/why-should-we-perform-panchamahayajnas.

"Samskara", Yogapedia, 31 de julho de 2020, https://www.yogapedia.com/definition/5748/samskara.

Versos 3.19, 3.27 de Prabhuppada, *Bhagavad-gita As It Is*.

Coco Mellors, "An Anxious Person Tries to Be Chill: Spoiler: It Doesn't Work (Until She Stops Trying)", *The New York Times*, 10 de setembro de 2021, https://www.nytimes.com/2021/09/10/style/modern-love-an-anxious-person-tries-to-be-chill.html.

"The True Meaning of Matha, Pitha, Guru, Deivam", VJAI.com, acesso em 11 de maio de 2022, https://vjai.com/post/138149920/the-true-meaning-of-matha-pitha-guru-deivam.

"The Freudian Theory of Personality", Journal Psyche, acesso em 21 de junho de 2022, http://journalpsyche.org/the-freudian-theory-of-personality/.

Thomas Lewis, Fari Amini e Richard Lannon, *A General Theory of Love* (Nova York: Vintage, 2007).

Branca de Neve e os sete anões, direção de William Cottrell, David Hand e Wilfred Jackson, Walt Disney Animation Studios, 1938.

Forrest Gump: O contador de histórias, direção de Robert Zemeckis, Paramount Pictures/The Steve Tisch Company/Wendy Finerman Productions, 1994.

Alexander Todorov, *Face Value: The Irresistible Influence of First Impressions* (Princeton, NJ: Princeton University Press, 2017); Daisy Dunne, "Why Your First Impressions of Other People Are Often WRONG: We Judge Others Instantly Based on Their Facial Expressions and Appearance, but This Rarely Matches Up to Their True Personality", *Daily Mail*, 13 de junho de 2017, https://www.dailymail.co.uk/sciencetech/article-4599198/First-impressions-people-WRONG.html.

Greg Lester, "Just in Time for Valentine's Day: Falling in Love in Three Minutes or Less", *Penn Today*, 11 de fevereiro de 2005, https://penntoday.upenn.edu/news/just-time-valentines-day-falling-love-three-minutes-or-less.

Lawrence E. Williams e John A. Bargh, "Experiencing Physical Warmth Promotes Interpersonal Warmth", *Science* 322, n. 5901 (24 de outubro de 2008): 606–607, https://www.science.org/doi/10.1126/science.1162548.

Andrew M. Colman, *A Dictionary of Psychology*, 4ª ed. (Oxford: Oxford University Press, 2015).

(500) dias com ela, direção de Marc Webb, Fox Searchlight Pictures/Watermark/Dune Entertainment III, 2009.

"The History of the Engagement Ring", Estate Diamond Jewelry, 10 de outubro de 2018, https://www.estatediamondjewelry.com/the-history-of-the-engagement-ring/.

"De Beers' Most Famous Ad Campaign Marked the Entire Diamond Industry", The Eye of Jewelry, 22 de abril de 2020, https://theeyeofjewelry.com/de-beers/de-beers-jewelry/de-beers-most-famous-ad-campaign-marked-the-entire-diamond-industry/.

Emily Yahr, "Yes, Wearing That Cinderella Dress 'Was Like Torture' for Star Lily James", *The Washington Post*, 16 de março de 2015, https://www.washingtonpost.com/news/arts-and-entertainment/wp/2015/03/16/yes-wearing-that-cinderella-dress-was-like-torture-for-star-lily-james/.

Jerry Maguire: A grande virada, direção de Cameron Crowe, TriStar Pictures/Gracie Films, 1996.

O segredo de Brokeback Mountain, direção de Ang Lee, Focus Features/River Road Entertainment/Alberta Film Entertainment, 2006.

Simplesmente amor, direção de Richard Curtis, Universal Pictures/StudioCanal/Working Title Films, 2003.

A princesa prometida, direção de Rob Reiner, Act III Communications/Buttercup Films Ltd./The Princess Bride Ltd., 1987.

A felicidade não se compra, direção de Frank Capra, Liberty Films (II), 1947.

Um lugar chamado Notting Hill, direção de Roger Michell, Polygram Filmed Entertainment/Working Title Films/Bookshop Productions, 1999.

The Unsent Project, acesso em 12 de maio de 2022, https://theunsentproject.com/.

"Understanding the Teen Brain", University of Rochester Medical Center Health Encyclopedia, acesso em 12 de maio de 2022, https://www.urmc.rochester.edu/encyclopedia/content.aspx?ContentTypeID=1&ContentID=3051.

Daniel Amen, *The Brain in Love: 12 Lessons to Enhance Your Love Life* (Nova York: Harmony, 2009), 27.

Verso 14.19 de C. Bhaktivedanta Swami Prabhuppada, *Bhagavad-gita As It Is* (The Bhaktivedanta Book Trust International, Inc.), https://apps.apple.com/us/app/bhagavad-gita-as-it-is/id1080562426.

Eu sei o que vocês fizeram no verão passado, direção de Jim Gillespie, Mandalay Entertainment/ Original Film/Summer Knowledge LLC, 1997.

Charlotte Brontë, *Jane Eyre* (Nova York: Norton, 2016).

Emily Brontë, *O morro dos ventos uivantes* (São Paulo: Penguin - Companhia das Letras, 2021).

Stephenie Meyer, *Crepúsculo* (Rio de Janeiro: Intrínseca, 2008).

Helen Fisher, *Por que ele? Por que ela?* (Rio de Janeiro: Rocco, 2010).

Alexandra Owens, "Tell Me All I Need to Know About Oxytocin", Psycom, acesso em 12 de maio de 2022, https://www.psycom.net/oxytocin.

"John & Julie Gottman ON: Dating, Finding the Perfect Partner, & Maintaining a Healthy Relationship", entrevista a Jay Shetty, *On Purpose*, Apple Podcasts, 28 de setembro de 2020, https://podcasts.apple.com/us/podcast/john-julie-gottman-on-dating-finding-perfect-partner/id1450994021?i=1000492786092.

Verso 10.1 de C. Bhaktivedanta Swami Prabhuppada, *Bhagavad-gita As It Is* (Bhaktivedanta Book Trust International), https://apps.apple.com/us/app/bhagavad-gita-as-it-is/id1080562426; "Bhagavad Gita Chapter 10, Text 01", Bhagavad Gita Class, acesso em 12 de maio de 2022, https://bhagavadgitaclass.com/bhagavad-gita-chapter-10-text-01/.

Beyoncé, "Halo", *I Am… Sasha Fierce*, Columbia Records, 20 de janeiro de 2009.

Ayesh Perera, "Why the Halo Effect Affects How We Perceive Others", Simply Psychology, 22 de março de 2021, https://www.simplypsychology.org/halo-effect.html.

Pramahansa Yogananda, "Practising the Presence of God", Pramahansa Yogananda, acesso em 11 de agosto de 2022, http://yogananda.com.au/gita/gita0630.html.

Verso 14.5 de Prabhuppada, *Bhagavad-gita As It Is*.

Greg Hodge, "The Ugly Truth of Online Dating: Top 10 Lies Told by Internet Daters", HuffPost, 10 de outubto de 2012, https://www.huffpost.com/entry/online-dating-lies_b_1930053; Opinion Matters, "Little White Lies", BeautifulPeople.com, acesso em 12 de maio de 2022, https://beautifulpeoplecdn.s3.amazonaws.com/studies/usa_studies.pdf.

Emily Wallin, "40 Inspirational Russell Brand Quotes on Success", Wealthy Gorilla, 20 de março de 2022, https://wealthygorilla.com/russell-brand-quotes/.

Eknath Easwaran, *Words to Live By: Daily Inspiration for Spiritual Living*. (Tomales, CA: Nilgiri Press, 2010).

PARTE DOIS – COMPATIBILIDADE: APRENDENDO A AMAR OS OUTROS

"Kama", Yogapedia, acesso em 12 de maio de 2022, https://www.yogapedia.com/definition/5303/kama; "Maitri", Yogapedia, 23 de julho de 2020, https://www.yogapedia.com/definition/5580/maitri.

REGRA 3 – DEFINA O AMOR ANTES DE PENSAR NELE, SENTI-LO OU EXPRESSÁ-LO

Kelsey Borresen, "8 Priceless Stories of People Saying 'I Love You' for the First Time", HuffPost, 28 de setembro de 2018, https://www.huffpost.com/entry/saying-i-love-you-for-the-first-time_n_5bad19b8e4b09d41eb9f6f5a.

Martha De Lacy, "When WILL He Say 'I Love You?' Men Take 88 Days to Say Those Three Words – But Girls Make Their Man Wait a Lot Longer", *Daily Mail*, 7 de março de 2013, https://www.dailymail.co.uk/femail/article-2289562/I-love-Men-88-days-say-girlfriend-women-134-days-say-boyfriend.html.

"Chapter 25 – The Nine Stages of Bhakti Yoga", Hare Krishna Temple, acesso em 12 de maio de 2022, https://www.harekrishnatemple.com/chapter25.html.

Helen Fisher, "Lust, Attraction, and Attachment in Mammalian Reproduction", *Human Nature* 9, n. 1 (1998): 23–52, https://doi.org/10.1007/s12110-998-1010-5.

Jade Poole, "The Stages of Love", MyMed.com, acesso em 12 de maio de 2022, https://www.mymed.com/health-wellness/interesting-health-info/chemistry-or-cupid-the-science-behind-falling-in-love-explored/the-stages-of-love.

Matthias R. Mehl, Simine Vazire, Shannon E. Holleran e C. Shelby Clark, "Eavesdropping on Happiness: Well-being Is Related to Having Less Small Talk and More Substantive Conversations", *Psychological Science* 21, n. 4 (1º de abril de 2010): 539–541, https://doi.org/10.1177/0956797610362675.

Marlena Ahearn, "Can You Really Train Your Brain to Fall in Love?", Bustle, 19 de outubro de 2016, https://www.bustle.com/articles/190270-can-you-really-train-your-brain-to-fall-in-love-the-science-behind-building-intimacy-in.

Lisa Firestone, "Are You Expecting Too Much from Your Partner? These 7 Ways We Over-Rely on Our Partner Can Seriously Hurt Our Relationship", PsychAlive, acesso em 13 de maio de 2022, https://www.psychalive.org/are-you-expecting-too-much-from-your-partner/.

Rebecca D. Heino, Nicole B. Ellison e Jennifer L. Gibbs, "Relationshopping: Investigating the Market Metaphor in Online Dating", *Journal of Social and Personal Relationships* 27, n. 4 (9 de junho de 2010): 427–447, https://doi.org/10.1177/0265407510361614.

Florence Williams, *Heartbreak: A Personal and Scientific Journey*. (Nova York: Norton, 2022), 112.

"Response-Time Expectations in the Internet Age: How Long Is Too Long?", High-Touch Communications Inc., acesso em 21 de junho de 2022, https:// blog.htc.ca/2022/05/18/response-time-expectations-in-the-internet-age-how-long-is-too-long/.

Seth Meyers, "How Much Should New Couples See Each Other? To Protect the Longevity of a Relationship, Couples Should Use Caution", *Psychology Today*, 29 de novembro de 2017, https://www.psychologytoday.com/us/blog/insight-is-2020/201711/how-much-should-new-couples-see-each-other.

REGRA 4 – O SEU PARCEIRO É O SEU GURU

Antoine de Saint-Exupéry, *Airman's Odyssey* (Nova York: Harcourt Brace, 1984).

Jeremy Dean, "How to See Yourself Through Others' Eyes", Psych Central, 1º de junho de 2010, https://psychcentral.com/blog/how-to-see-yourself-through-others-eyes#1.

Arthur Aron e Elaine Aron, *Love and the Expansion of Self: Understanding Attraction and Satisfaction* (Londres: Taylor & Francis, 1986).

Kripamoya Das, *The Guru and Disciple Book* (Bélgica: Deshika Books, 2015).

Sean Murphy, *One Bird, One Stone: 108 Contemporary Zen Stories* (Newburyport, MA: Hampton Roads, 2013), 67.

Doutor Estranho, direção de Scott Derrickson, Marvel Studios/Walt Disney Pictures, 2016.

Jamie ArpinRicci, "Preach the Gospel at All Times? St. Francis Recognized That the Gospel Was All Consuming, the Work of God to Restore All of Creation Unto Himself for His Glory", HuffPost, 31 de agosto de 2012, https://www.huffpost.com/entry/preach-the-gospel-at-all-times-st-francis_b_162 7781.

"Ramayana Story: Little Squirrel Who Helped Lord Rama!" Bhagavatam-katha, acesso em 14 de maio de 2022, http://www.bhagavatam-katha.com/ramayana-story-little-squirrel-who-helped-lord-rama/.

Matt Beck, "The Right Way to Give Feedback", Campus Rec, 27 de junho de 2019, https://campus recmag.com/the-right-way-to-give-feedback/.

Carol Dweck, *Mindset: A nova psicologia do sucesso* (Rio de Janeiro: Objetiva, 2017).

Christian Jarrett, "How to Foster 'Shoshin': It's Easy for the Mind to Become Closed to New Ideas: Cultivating a Beginner's Mind Helps Us Rediscover the Joy of Learning", Psyche, acesso em 14 de maio de 2022, https://psyche.co/guides/how-to-cultivate-shoshin-or-a-beginners-mind; Shunryu Suzuki, *Zen Mind, Beginner's Mind*, edição de 50º aniversário (Boulder, CO: Shambhala, 2020).

Stephen Covey, *Os 7 hábitos das pessoas altamente eficazes*, (Rio de Janeiro: Best Seller, 2020).

Nicole Weaver, "5 Ways You Become More Like Your Partner Over Time (Even If You Don't Realize It)", Your Tango, 6 de maio de 2021, https://www.yourtango.com/2015275766/5-ways-couples-become-more-alike-when-in-love.

David Bruce Hughes, "Sri Vedanta-Sutra: The Confidential Conclusions of the Vedas", Esoteric Teaching Seminars, acesso em 11 de agosto de 2022, https://www.google.com/books/edition/Śrī_Vedānta_sūtra_Adhyāya_2/gfHRFz6lU2kC?hl=en&gb pv=1&dq=-Vedic+%22scriptures%22+meaning&pg=PA117&printsec= frontcover.

REGRA 5 – O PROPÓSITO EM PRIMEIRO LUGAR

David Viscott, *Finding Your Strength in Difficult Times: A Book of Meditations* (Indianapolis, IN: Contemporary Books, 1993).

"Dharma", Yogapedia, 23 de abril de 2020, https://www.yogapedia.com/definition/4967/dharma.

"Artha", Yogapedia, 9 de outubro de 2018, https://www.yogapedia.com/definition/5385/artha.

"Kama", Yogapedia, acesso em 12 de maio de 2022, https://www.yogapedia.com/definition/5303/kama.

"Moksha", Yogapedia, 23 de abril de 2020, https://www.yogapedia.com/definition/5318/moksha.

"Dharma, Artha, Kama, and Moksha: The Four Great Goals of Life", David Frawley (Pandit Vamadeva Shastri), Sivananda, acesso em 16 de maio de 2022, https://articles.sivananda.org/vedic-sciences/dharma-artha-kama-and-moksha-the-four-great-goals-of-life/; David Frawley, *The Art and Science of Vedic Counseling* (Twin Lakes, WI: Lotus Press, 2016).

Barbara L. Fredrickson, Karen M. Grewen, Kimberly A. Coffey, Sara B. Algoe, Ann M. Firestine, Jesusa M. G. Arevalo, Jeffrey Ma e Steven W. Cole, "A Functional Genomic Perspective of Human Well-Being", *Proceedings of the National Academy of Sciences* 110, n. 33 (julho de 2013): 13684–13689, https://doi.org/10.1073/pnas.1305419110.

Anthony L. Burrow e Nicolette Rainone, "How Many *Likes* Did I Get? Purpose Moderates Links Between Positive Social Media Feedback and SelfEsteem", *Journal of Experimental Social Psychology* 69 (março de 2017): 232–36, https://doi.org/10.1016/j.jesp.2016.09.005.

Jackie Swift, "The Benefits of Having a Sense of Purpose: People with a Strong Sense of Purpose Tend to Weather Life's Ups and Downs Better: Anthony Burrow Investigates the Psychology Behind This Phenomenon", Cornell Research, acesso em 16 de maio de 2022, https://research.cornell.edu/news-features/benefits-having-sense-purpose.

Thich Nhat Hanh, *How to Fight* (Berkeley, CA: Parallax Press, 2017), 87–88.

Kelsey Borresen, "6 Ways the Happiest Couples Change Over Time: Long, Happy Relationships Don't Happen by Accident: They Take Work and a Willingness to Evolve", HuffPost, 29 de março de 2019, https://www.huffpost.com/entry/ways-happiest-couple-change-over-time_l_5c9d037de4b 00837f6bbe3e2.

Sal Khan, "Khan Academy: Sal Khan", entrevista a Guy Raz, *How I Built This*, podcast,

NPR, 21 de setembro de 2020, https://www.npr.org/2020/09/18/914394221/khan-academy-sal-khan.

Brigid Schulte, "Brigid Schulte: Why Time Is a Feminist Issue", *Sydney Morning Herald*, 10 de março de 2015, https://www.smh.com.au/lifestyle/health-and-wellness/brigid-schulte-why-time-is-a-feminist-issue-20150309-13zimc.html.

"F1 Records Drivers", F1 Fansite, acesso em 22 de junho de 2022. https://www.f1-fansite.com/f1-results/f1-records-drivers/.

HAO, "Lewis Hamilton: Daily Routine", Balance the Grind, 9 de abril de 2022, https://balancethegrind.co/daily-routines/lewis-hamilton-daily-routine/.

Lewis Hamilton, "Optimize Your Body for Performance", MasterClass, acesso em 22 de junho de 2022, https://www.masterclass.com/classes/lewis-hamilton-teaches-a-winning-mindset/chapters/optimize-your-body-for-performance.

"Seven Steps (Seven Pheras) of Hindu Wedding Ceremony Explained", Vedic Tribe, 17 de novembro de 2020, https://vedictribe.com/bhartiya-rights-rituals/seven-steps-seven-pheras-of-hindu-wedding-ceremony-explained/.

Claire Cain Miller, "The Motherhood Penalty vs. the Fatherhood Bonus", *The New York Times*, 6 de setembro de 2014, https://www.nytimes.com/2014/09/07/upshot/a-child-helps-your-career-if-youre-a-man.html.

A. P. French, *Einstein: A Centenary Volume* (Cambridge, MA: Harvard University Press, 1980), 32.

Jeremy Brown, "How to Balance Two Careers in a Marriage Without Losing Yourselves: It's Possible: You Just Have to Follow These Rules", Fatherly, 2 de janeiro de 2019, https://www.fatherly.com/love-money/marriage-advice-two-career-household/.

PARTE TRÊS – CURA: APRENDENDO A AMAR EM MEIO ÀS DIFICULDADES

REGRA 6 – GANHAR OU PERDER JUNTOS

"M. Esther Harding Quotes", Citatis, acesso em 17 de maio de 2022, https://citatis.com/a229/12e75/.

Society for Personality and Social Psychology, "Sometimes Expressing Anger Can Help a Relationship in the Long-Term", ScienceDaily, 2 de agosto de 2012, www.sciencedaily.com/releases/2012/08/120802133649.htm; James McNulty e V. Michelle Russell, "Forgive and Forget, or Forgive and Regret? Whether Forgiveness Leads to Less or More Offending Depends on Offender Agreeableness", *Personality and Social Psychology Bulletin* 42, n. 5 (30 de março de 2016): 616–631, https://doi.org/10.1177/0146167216637841.

Verso 14.5–9 da *Bhagavad Gita*, introdução e tradução de Eknath Easwaran (Tomales, CA: Nilgiri Press, 2007), 224–225.

Versos 1.21, 28–30, de C. Bhaktivedanta Swami Prabhuppada, *Bhagavad-gita As It Is* (Bhaktivedanta Book Trust International), https://apps.apple.com/us/app/bhagavad-gita-as-it-is/id1080562426.

Sri Swami Krishnananda, "The Gospel of the Bhagavadgita – Resolution of the Fourfold Conflict", Divine Life Society, acesso em 17 de maio de 2022, https://www.dlshq.org/religions/the-gospel-of-the-bhagavadgita-resolution-of-the-fourfold-conflict/.

Carly Breit, "This Is the Best Way to Fight with Your Partner, According to Psychologists", *Time*, 24 de setembro de 2018, https://time.com/5402188/how-to-fight-healthy-partner/.

Art Markman, "Seeing Things from Another's Perspective Creates Empathy: Should You Literally Try to See the World from Someone Else's Perspective?" *Psychology Today*, 6 de junho de 2017, https://www.psychologytoday.com/us/blog/ulterior-motives/201706/seeing-things-anothers-perspective-creates-empathy.

Dimensions of Body Language, "Chapter 17: Maximize the Impact of Seating Formations", Westside Toastmasters, acesso em 17 de maio de 2022, https://westsidetoastmasters.com/resources/book_of_body_language/chap17.html.

"Ritu Ghatourey Quotes", Goodreads, acesso em 17 de maio de 2022, https://www.goodreads.com/quotes/10327953-ten-per-cent-of-conflict-is-due-to-difference-of.

Phillip Lee e Diane Rudolph, *Argument Addiction: Even When You Win, You Lose – Identify the True Cause of Arguments and Fix It for Good*. (Bracey, VA: Lisa Hagan Books, 2019).

REGRA 7 – COMO CONTINUAR INTEIRO APÓS A SEPARAÇÃO

"Rumi Quotes", Goodreads, acesso em 5 de setembro de 2022, https://www.goodreads.com/quotes/9726-your-task-is-not-to-seek-for-love-but-merely.

"Types of Abuse", National Domestic Violence Hotline, acesso em 18 de maio de 2022, https://www.thehotline.org/resources/types-of-abuse/.

Clifford Notarius e Howard Markman, *We Can Work It Out: How to Solve Conflicts, Save Your Marriage, and Strengthen Your Love for Each Other* (Nova York: TarcherPerigee, 1994).

"Admitting to Cheating: Exploring How Honest People Are About Their Infidelity", Health Testing Centers, acesso em 18 de maio de 2022, https://www.healthtestingcenters.com/research-guides/admitting-cheating/.

Shirley P. Glass (com Jean Coppock Staeheli), *NOT "Just Friends": Rebuilding Trust and Recovering Your Sanity After Infidelity* (Nova York: Free Press, 2003), 162–163.

Jim Hutt, "Infidelity Recovery – Consequences of Punishing the Cheater", Emotional Affair Journey, acesso em 18 de maio de 2022, https://www.emotionalaffair.org/infidelity-recovery-consequences-of-punishing-the-cheater/.

Robert Taibbi, "The Appeal and the Risks of Rebound Relationships: When Every Partner Is 'The One', Until the Next One", *Psychology Today*, 14 de novembro de 2014, https://www.psychologytoday.com/us/blog/fixing-families/201411/the-appeal-and-the-risks--rebound-relationships.

Annette Lawson, *Adultery: An Analysis of Love and Betrayal* (Nova York: Basic Books, 1988).

K. Aleisha Fetters, "The Vast Majority of Divorces Are Due to Inertia – and 7 More Marriage Insights from Divorce Lawyers", *Prevention*, 10 de fevereiro de 2015, https://www.prevention.com/sex/relationships/a20448701/marriage-tips-from-divorce-lawyers/.

"Growing Together Separately", Relationship Specialists, acesso em 22 de junho de 2022, https://www.relationshipspecialists.com/media/growing-together-separately/.

"Great Minds Discuss Ideas; Average Minds Discuss Events; Small Minds Discuss People", Quote Investigator, acesso em 18 de maio de 2022, https://quoteinvestigator.com/2014/11/18/great-minds/.

"Travel Strengthens Relationships and Ignites Romance", U.S. Travel Association, 5 de fevereiro de 2013, https://www.ustravel.org/research/travel-strengthens-relationships--and-ignites-romance.

Melissa Matthews, "How to Be Happy: Volunteer and Stay Married, New U.S. Study Shows", Yahoo! News, 12 de setembro de 2017, https://www.yahoo.com/news/happy--volunteer-stay-married-u-121002566.html?guccounter=1.

Charlotte Reissman, Arthur Aron e Merlynn Bergen, "Shared Activities and Marital Satisfaction: Causal Direction and Self-Expansion Versus Boredom", *Journal of Social and Personal Relationships* 10 (1º de maio de 1993): 243–254.

Andrew Huberman, "The Power of Play", *Huberman Lab*, podcast, Scicomm Media, 7 de fevereiro de 2022, https://hubermanlab.com/using-play-to-rewire-and-improve-your-brain/.

Arthur P. Aron e Donald G. Dutton, "Some Evidence for Heightened Sexual Attraction Under Conditions of High Anxiety", *Journal of Personality and Social Psychology* 30, n. 4 (1974): 510–517.

Lisa Marie Bobby, Growingself.com.

"Marriage and Couples", Gottman Institute, acesso em 18 de maio de 2022, https://www.gott man.com/about/research/couples/.

Helen E. Fisher, Lucy L. Brown, Arthur Aron, Greg Strong e Debra Mashek, "Reward, Addiction, and Emotion Regulation Systems Associated with Rejection in Love", *Journal of Neurophysiology* 104, n. 1 (1º de julho de 2010): 51–60.

Florence Williams, *Heartbreak: A Personal and Scientific Journey* (Nova York: Norton, 2022), 36–37.

"Oxytocin Bonding in Relationships – Dr. C. Sue Carter, Ph.D – 320", entrevista a Jayson Gaddis, *The Relationship School Podcast*, Relationship School, 8 de dezembro de 2020, https://relationshipschool.com/podcast/oxytocin-bonding-in-relationships-dr-c-sue--carter-ph-d-320/.

Versos 2.17, 23-24 de C. Bhaktivedanta Swami Prabhuppada, *Bhagavad-gita As It Is*. (The Bhaktivedanta Book Trust International, Inc.). https://apps.apple.com/us/app/bhaga-vad-gita-as-it-is/id1080562426.

Guy Winch, "How to Fix a Broken Heart", TED2017, abril de 2017, https://www.ted.com/talks/guy_winch_how_to_fix_a_broken_heart.

Kyle J. Bourassa, Atina Manvelian, Adriel Boals, Matthias R. Mehl e David A. Sbarra, "Tell Me a Story: The Creation of Narrative as a Mechanism of Psychological Recovery Following Marital Separation", *Journal of Social and Clinical Psychology* 36, n. 5 (24 de maio de 2017): 359–379, https://doi.org/10.1521/jscp.2017.36.5.359.

Brett Sears, "Scar Tissue Massage and Management", Verywell Health, 19 de abril de 2022, https://www.very wellhealth.com/scar-tissue-massage-and-management-2696639.

Mark Matousek, "Releasing the Barriers to Love: An Interview with Tara Brach", *Psychology Today*, 24 de novembro de 2015, https://www.psychologytoday.com/us/blog/ethical-wisdom/201511/releasing-the-barriers-love-interview-tara-brach.

Lisa Capretto, "What Buddhist Teacher Pema Chödrön Learned After a 'Traumatizing' Divorce", HuffPost, 6 de maio de 2015, https://www.huffpost.com/entry/pema-chodron-divorce-lesson_n_7216638.

Verso 3.42 de C. Bhaktivedanta Swami Prabhuppada, *Bhagavad-gita As It Is* (Bhaktivedanta Book Trust International), https://apps.apple.com/us/app/bhagavad-gita-as-it-is/id1080562426.

Christin Ross, "Christin Ross at Story District's Sucker for Love", Story District, 14 de fevereiro de 2020, https://youtu.be/8ClCLIs3h5Q?si=0Dp5msEBHROud41t.

"Maya", Yogapedia, 21 de outubro de 2018, https://www.yogapedia.com/definition/4986/maya.

"Shambhala Sun: A Wind Through the Heart; A Conversation with Alice Walker and Sharon Salzberg on Loving Kindness in a Painful World", Alice Walker Pages, 23 de agosto de 1998, http://math.buffalo.edu/~sww/walker/wind-thru-heart.html.

PARTE QUATRO – CONEXÃO: APRENDENDO A AMAR A TODOS

"Karuna", Yogapedia, 10 de abril de 2016, https://www.yogapedia.com/definition/5305/karuna.

REGRA 8 – CADA VEZ MAIS AMOR

"Kabir", Poet Seers, acesso em 18 de maio de 2022, https://www.poetseers.org/the-poetseers/kabir/.

Joanna Macy, *World as Lover, World as Self: Courage for Global Justice and Ecological Renewal* (Berkeley, CA: Parallax Press, 2007), 156.

"Sannyasin", Yogapedia, 5 de agosto de 2018, https://www.yogapedia.com/definition/5348/sannyasin.

Marianna Pogosyan, "In Helping Others, You Help Yourself", *Psychology Today*, 30 de maio de 2018, https://www.psychologytoday.com/us/blog/between-cultures/201805/in-helping-others-you-help-yourself.

"Anne Frank", Goodreads, acesso em 18 de maio de 2022, https://www.goodreads.com/quotes/81804-no-one-has-ever-become-poor-by-giving.

Larry Dossey, "The Helper's High", *Explore* 14, n. 6 (novembro de 2018): 393–399, https://doi.org/10.1016/j.explore.2018.10.003; Allan Luks (com Peggy Payne), *The Healing Power of Doing Good: The Health and Spiritual Benefits of Helping Others* (Nova York: Fawcett, 1992).

"Sat-Chit-Ananda", Yogapedia, 10 de abril de 2019, https://www.yogapedia.com/definition/5838/ sat-chit-ananda.

Sampadananda Mishra, "Two Paths: Shreyas and Preyas", Bhagavad Gita, 14 de março de 2018, http://bhagavad gita.org.in/Blogs/5ab0b9b75369ed21c4c74c01.

Jamil Zaki, "Caring About Tomorrow: Why Haven't We Stopped Climate Change? We're Not Wired to Empathize with Our Descendents", *The Washington Post*, 22 de agosto de 2019, https://www.washingtonpost.com/outlook/2019/08/22/caring-about-tomorrow/.

"Rumi Quotes", Goodreads, acesso em 18 de maio de 2022, https://www.goodreads.com/author/quotes/875661.Rumi?page=8.

Verso 5.18 de C. Bhaktivedanta Swami Prabhuppada, *Bhagavad-gita As It Is* (Bhaktivedanta Book Trust International), https://apps.apple.com/us/app/bhagavad-gita-as-it--is/id1080562426.

Verso 5.18 de C. Bhaktivedanta Swami Prabhuppada, *Bhagavad-gita As It Is*. (The Bhaktivedanta Book Trust International, Inc.). https://apps.apple.com/us/app/bhagavad-gita-as-it-is/id1080562426.

"Russell A. Barkley Quotes", Goodreads, acesso em 18 de maio de 2022, https://www.goodreads.com/quotes/1061120-the-children-who-need-love-the-most-will-always-ask.

"Dunbar's Number: Why We Can Only Maintain 150 Relationships", BBC, acesso em 18 de maio de 2022, https://www.bbc.com/future/article/20191001-dunbars-number--why-we-can-only-maintain-150-relationships.

Kristin Long, "Infographic: 49 Percent of Employees Would Change Jobs to Feel More Appreciated", Ragan, 23 de abril de 2013, https://www.ragan.com/infographic-49-percent-of-employees-would-change-jobs-to-feel-more-appreciated/.

Stephanie Pappas, "Why You Should Smile at Strangers", Live Science, 25 de maio de 2012, https://www.livescience.com/20578-social-connection-smile-strangers.html; Neil Wagner,TheNeedtoFeelConnected", *Atlantic*, 13 de fevereiro de 2012, https://www.theatlantic.com/health/archive/2012/02/the-need-to-feel-connected/252924/.

"Being Ignored Hurts, Even by a Stranger", Association for Psychological Science, 24 de janeiro de 2012, https://www.psychologicalscience.org/news/releases/being-ignored--hurts-even-by-a-stranger.html.

Ronald E. Riggio, "There's Magic in Your Smile", *Psychology Today*, 25 de junho de 2012, https://www.psychologytoday.com/us/blog/cutting-edge-leadership/201206/there-s--magic-in-your-smile.

"Why Smiles (and Frowns) Are Contagious", Science News, 11 de fevereiro de 2016, https://www.sciencedaily.com/releases/2016/02/160211140428.htm.

"Volunteering Facts & Statistics", Trvst, 11 de junho de 2021, https://www.trvst.world/charity-civil-society/volunteering-facts-statistics/#cmf-SimpleFootnoteLink1.

"Volunteering in the United States—2015", Bureau of Labor Statistics, 25 de fevereiro de 2016, https://www.bls.gov/news.release/pdf/volun.pdf.

Dave Anderson, "A Short Story of Great Selflessness in 500 Words", Anderson Leadership Solutions, 27 de março de 2018, http://www.andersonleadershipsolutions.com/

short-story-great-selflessness-500-words/; "Family of Man Who Was Pictured Being Given Boots by NYPD Cop Say They Didn't Know He Was Homeless", *Daily Mail*, 2 de dezembro de 2012, https://www.dailymail.co.uk/news/article-2241823/Lawrence-De-Primo-Family-man-pictured-given-boots-NYPD-cop-say-didnt-know-homeless.html.

"Our Story", Goats of Anarchy, acesso em 22 de junho de 2022, https://www.goatsofanarchy.org/about.

Gertrude Prokosch Kurath, "Native American Dance", Britannica, acesso em 19 de maio de 2022, https://www.britannica.com/art/Native-American-dance/Regional-dance-styles.

Richard Rosen, "Sun Salutation Poses: The Tradition of Surya Namaskar", *Yoga Journal*, 28 de agosto de 2007, https://www.yogajournal.com/poses/here-comes-the-sun/.

McKenzie Perkins, "Irish Mythology: Festival and Holidays", ThoughtCo, 29 de dezembro de 2019, https://www.thoughtco.com/irish-mythology-festival-and-holidays-4779917.

"Dr. Samer Hattar—Timing Light, Food, & Exercise for Better Sleep, Energy, and Mood", entrevista a Andrew Huberman, *Huberman Lab*, podcast, Scicomm Media, 25 de outubro de 2021, https://hubermanlab.com/dr-samer-hattar-timing-light-food-exercise-for-better-sleep-energy-mood/

Jay Shetty Certification School

Se as regras e os conceitos deste livro o tocam em um nível profundo e você se sente convocado a ser uma fonte maior de orientação no mundo, convido-o a avaliar a possibilidade de se tornar um *life coach* por meio da Jay Shetty Certification School.

Com a visão de impactar um bilhão de vidas, fundei essa escola em 2020 para formar a próxima geração de *coaches*. É uma instituição inteiramente credenciada, que se dedica a tornar o mundo um lugar melhor por meio de um currículo planejado que honra as teorias tradicionais de *coaching*, habilidades úteis ao mercado de trabalho, filosofia oriental e sabedoria védica.

Formamos nossos alunos para se tornarem *coaches* especializados em uma variedade de nichos – relacionamento, negócios, vida. Seja qual for a mudança que você deseja operar no mundo, podemos ajudá-lo a conquistá-la. Sua jornada de certificação vai consistir em estudo guiado, treinamento supervisionado por pares e sessões em grupo que oferecem as ferramentas e as técnicas necessárias para sessões profissionais com clientes. Além disso, você vai aprender a desenvolver uma prática profissional próspera e a vender tanto a si mesmo quanto à sua empresa. Todos os *coaches* certificados pela Jay Shetty ficam listados em um banco de dados global, no qual os clientes podem navegar e escolher.

Mais do que tudo, queria que essa escola estivesse ao alcance de todos. Você pode estudar on-line de qualquer lugar do mundo, em seu ritmo e seu tempo.

A Jay Shetty Certification School é membro oficial da Association for Coaching e da EMCC Global.

Para mais informações, visite www.jayshettycoaching.com.

CONHEÇA OS LIVROS DE JAY SHETTY

Pense como um monge

8 regras do amor

Para saber mais sobre os títulos e autores da Editora Sextante,
visite o nosso site e siga as nossas redes sociais.
Além de informações sobre os próximos lançamentos,
você terá acesso a conteúdos exclusivos
e poderá participar de promoções e sorteios.

sextante.com.br